汉字

应该这么学

——图解201个汉字部首和1000个例字

邓舒月 ◎ 编著

西南交通大学出版社
·成都·

图书在版编目（CIP）数据

汉字应该这么学：图解 201 个汉字部首和 1000 个例字 / 邓舒月编著. —成都：西南交通大学出版社，2019.1
ISBN 978-7-5643-6481-6

Ⅰ.①汉… Ⅱ.①邓… Ⅲ.①汉字 – 图解 Ⅳ.①H12-64

中国版本图书馆 CIP 数据核字（2018）第 230719 号

HANZI YINGGAI ZHEME XUE
——TUJIE 201 GE HANZI BUSHOU HE 1000 GE LIZI

汉字应该这么学
——图解 201 个汉字部首和 1000 个例字

邓舒月　编著

责 任 编 辑	吴　迪
助 理 编 辑	居碧娟
插 图 设 计	古唯卫
封 面 设 计	严春艳
出 版 发 行	西南交通大学出版社 （四川省成都市二环路北一段 111 号 西南交通大学创新大厦 21 楼）
发行部电话	028-87600564　028-87600533
邮 政 编 码	610031
网　　　址	http://www.xnjdcbs.com
印　　　刷	四川煤田地质制图印刷厂
成 品 尺 寸	185 mm×230 mm
印　　　张	22
字　　　数	452 千
版　　　次	2019 年 1 月第 1 版
印　　　次	2019 年 1 月第 1 次
书　　　号	ISBN 978-7-5643-6481-6
定　　　价	49.80 元

图书如有印装质量问题　本社负责退换
版权所有　盗版必究　举报电话：028-87600562

总 目

前　言	1
附　一	5
附　二	9
凡　例	11
部首目录	13
正　文	1-322
参考书目	323

前　言

那些让我百思不得其解的汉字，原来是这个意思

我没有专家头衔

也没有金光灿灿的丰富履历

我只是一个想带领学生感悟汉字之美、汉字之妙的一线语文老师

你有过这样的感受吗？就是一个字越看越不像，越看越不知道怎么写……那是因为我们并没有真正学懂过汉字。学生时代一笔一画地反复书写，使得我们仿佛对汉字很熟悉，似乎可以很轻松地写出常用汉字。但如果真的仔细看一个字或者想分析它的字形时，往往又会陷入困惑。

比如思考的"思"，为什么上部是"田"呢？难道是在田地里思考吗？文字学上是不能这样解释"思"的！

思：（小篆 ❀ ）会意字，从心，从囟（xìn）。"囟"表示脑，"囟门"是婴儿头顶骨未合缝的地方，古人用它表示头脑。"囟"是象形字，像婴儿囟门的形态，中间的"ㄨ"是囟门之形。随着字形演变，"思"上部的"囟"逐渐讹变为"田"。

这样讲下来，再写"思"字时，我们就知道"思"是说思考要用"脑"，用"心"。

汉字，就是这样一种熟悉又陌生的存在。

对于汉字，学生时代的我曾有很多的困惑：为什么这个字要这么写？为什么这个字是这个意思？为什么有些字有几个读音？为什么"阿胶"要读"ē胶"，而不能读成"ā胶"？为什么"武"的右下方不能多写一撇？为什么"降"的右边写得这么奇怪？为什么"考"和"孝"字形这么像？为什么"夫"和"天"字形这么像，但意思却差别那么大？虽然我靠着死记硬背能记住汉字字形，但这些困惑却没有得到解答。

直到大三的时候，我偶然在图书馆里翻到了左民安先生的著作《细说汉字——1000个汉字的起源与演变》，真是如获至宝！关于汉字的"十万个为什么"因为读到了这本书而变成了恍然大悟的通透感，那种感觉真是太美好了！我想把这种思考的通透感分享给我的学生！

当我真正成为一名小学语文老师，一线语文教学的经历让我深深感受到小学阶段系

统汉字教学的缺失和不完善,大部分小学生依然停留在一笔一画地机械学习汉字的阶段,写了错别字也只能机械地修改,导致重复出错。而当时作为一线语文教师的我,也没能找到适合小学生的汉字教学辅助教材,只能一边实践一边摸索。

记得刚开始教一年级的时候,一个学生兴奋地对我说:"老师,我妈妈告诉我一个记住'照'字的好方法!""那你能告诉我吗?""好啊!我妈妈说'照',就是一个日本人,拿了一把刀,杀了一口人,流了四点血。"小朋友一边说一边用小手在空中把"照"字写了出来。这种记住"照"字的方法,我小时候也听过,只是没想到现在还这么讲解。虽然看似记住了"照"字,但稍微敏感的孩子,看到"照"字可能会有血腥的感受。其实我们的祖先在创造"照"字时是用了形声字的造字法,从灬(火),昭声,昭兼表义,表示照耀、照射。

一个原本表示照耀、照射的"照",却因这样的拆解记忆的方式而笼罩上了一层血腥的色彩。这样真的不好!也不对!我不反对偶尔使用拆解记忆法帮助记字,因为这也算是一种学习方法。但拆解记忆法的问题在于把每个汉字都看成了"会意字",似乎汉字的每个构字部件都参与字义的表达,但事实是常用汉字中90%以上都是"形声字"!只有真正理解了汉字的构字原理和本义,才是真正的"磨刀不误砍柴工"啊!

我们先一起来看看"典"字的发展演变。它是一个很漂亮的会意字——

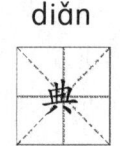

解析 会意字,甲骨文从册,从廾(gǒng,双手),表示双手奉册。后来字形下部的双手变成书架。

本义 重要的文献、简册、书籍,如"典籍"。

引申 ①可以作为标准、典范的文献书籍,如"经典""字典"。②规范,法则,如"典范"。③典礼,仪式,如"庆典"。④用土地、房屋、衣物等作抵押借钱,如"典当(dàng)"等。

"汉字若只如初见",回到造字时的本义,我们才能真正理解汉字。但是,想回到汉字本初真不是一件容易的事。汉字的形体已有几千年的历史,我曾百思不得其解,困惑于汉字带给我的十万个为什么。但通过阅读汉字学相关书籍和教学实践经历,我对汉字的感悟一次次加深。

写书是最能督促我整理思绪的方式,教是最好的学!虽然书稿有些稚嫩,但已是此刻的我能写出的最真诚的文字。这是一本以汉字部首为主线的系统、实用、专业的小学生汉字学习的书稿，写给小学生们、家长、老师，也写给那时候的自己。

汉字不仅数量多，而且历史久远，在几千年的历史长河里，它的形、音、义都经历了各种变化。笔者虽然尽全力做到最好，但水平所限，或有错误之处，恳请广大读者批评指正。

现在，我站在汉字学的门口，微笑着挥挥手臂："嗨，小朋友，汉字真的很有趣！要不要跟着我一起来探索？你再也不会写错别字了，因为你即将知道它们为什么这么写！汉字会告诉你答案！"

本书有四大特点：

最大的特点是"以汉字部首为主线，系统学习汉字"。

以部首为主线，把部首和相关字形关联起来，集中讲解。用系统的思路进行讲解，能够让小学生在了解每个汉字奥秘的同时，逐渐领会汉字的系统性和整体性，对汉字的规律举一反三，触类旁通。

本书详细分析了201个部首及其所系联的1000个左右的常用字。让读者（学生、家长、老师）可以很方便地找到部首所系联的字例，明白部首在这些字例中所表示的意思。

第二大特点是"极简"和"实用"。

笔者没有加入过多的文化延伸，全书是"极简"的写作风格。一方面是因为市面上汉字文化的书籍已经很多了；另一方面是因为笔者觉得太多的延伸讲解有时也是一种信息负担。

"实用"体现在笔者对每一个字例进行讲解时，都加入字形演变，为象形字、指事字、会意字加入图示，便于读者能直观感悟汉字的演变过程。有些图示为了便于读者理解和记忆，可能不那么准确。敬请谅解。解析字义时，先讲本义，再讲引申义，体会字义的演变。

第三大特点是"以汉字学专业为讲解原则"。

市面上流行的一些汉字文化读物存在着各种各样的"硬伤"，最大的问题是对汉字结构的分析不够专业。其中，把"形声字"讲成"会意字"是一种常见的错误。

汉字的字形和字义有着密切的关系，如果我们能对汉字的形体结构做出正确的分析，对于我们了解和掌握汉字的本义、引申义有着极大的帮助。提到汉字结构，我们必须知道"六书"。所谓"六书"，就是前人分析汉字结构所归纳出来的六种条例，包括"象形、指事、会意、形声、转注、假借"。习惯上认为"象形、指事、会意、形声"是造字法，"转注、假借"是用字法。在解析字例时，本书先指出该字的造字法，再做具体的分析。因为将近90%的汉字都是形声字，所以笔者在书稿中反复强调"形声字"这个概念。只有清晰掌握了"象形字、指事字、会意字、形声字"这四种造字法，才算是真正学懂了汉字。

第四个特点是满足《语文课程标准》的要求。

《语文课程标准》要求学生在小学阶段要掌握汉字的基本笔画和常用的偏旁部首，认识常用汉字 3000 个左右，其中 2500 个左右会写。

本书就是根据标准为小学生系统学习汉字编写的实用工具书。帮助学生真正学懂汉字，感悟汉字之美。从根本上消除错别字，提高汉字素养，提升语文的学习效率和学习兴趣。

邓舒月

2018 年 10 月

附一

汉字的结构

汉字的字形和字义有着密切的关系，如果我们能对汉字的结构做出正确的分析，则对于掌握理解汉字的本义、引申义有着极大的帮助。

1. 六书

前人分析汉字结构所归纳出来的六种条例，包括"象形、指事、会意、形声、转注、假借"。习惯上认为"象形、指事、会意、形声"是造字法，"转注、假借"是用字法。

2. 象形字

象形是指描绘事物形状的造字法。用这种方法构造的字就是象形字。象形字是独体字，不能再拆分分析。象形字在汉字中占的数量不多，但它却是构成汉字的基础。大多数的会意字和形声字都是以象形字作为构造字体的部件。常见的象形字有"日、月、山、人、口"等。

3. 指事字

指事是指用指事性的符号来表示事物，用来表示无法描画的事物或抽象概念的造字法。指事分为纯符号指事，象形加符号两类。纯符号指事字，如"上、下"。象形加符号指事字是在象形字的基础上增加指事符号，如"本、末、刃"。

4. 会意字

会意是指用两个或两个以上的独体字组合成一个新的字，表示一个新的意义。会意分为同体会意和异体会意两种。同体会意字是由两个或两个以上相同的独体字组成，如"从、众、林、森"。异体会意字是由两个或两个以上不同的独体字组成，如"伐、采、休、取"。

5. 形声字

（1）形声是指由表示字义的偏旁和表示字音的偏旁组合成新字的造字法。形旁的主要作用是表示字的意义所属，帮助我们了解和区分字的意义；声旁的作用在于表示这个字的读音。形声字都是合体字。

（2）象形、指事、会意局限于具体的物象，只能用于表达最基本的词义，更多、更深、更细致、更复杂的意义需要用更为优化的造字法，也就是形声造字法。形声的造字方法避免了单纯依靠字形来表达字义的缺陷，形声是最优化、最能产的造字法。形声字占汉字总数90%以上，如"字、放、铜"等。

（3）象形法或者会意法是有很大的局限性的，世界上许多事物和抽象概念是很难用象形或会意来表示的。比如，"鱼"是整个鱼类的总称，但是鱼的种类却是成千上万的，显然不能为每一种鱼造一个字。再说各种鱼的样子又很相似，也是难以从字形上一一加以区别。于是，出现了"形声"法。用"鱼"字边表示鱼的种类，再借用原有的字作为读音来表示鱼的种类，如"鲤""鲫""鳝""鳗"等。有"形"有"声"，这就产生了大量的形声字。①

（4）按理说，声旁应该尽可能精确地表示形声字的读音。但由于种种原因，大多数形声字都跟声旁不同音，而且彼此的差异有时还很大。有人曾对《新华字典》里7504个可以分析出偏旁的字（绝大多数是形声字）进行统计，结果读音跟声旁全同的形声字只有355个，占4.7%；声母、韵母同而声调异的只有753个，占10%。二者相加也只占14.7%。估计跟声旁声韵相同的形声字，在全部形声字里所占的比重不会超过1/5。有些形声字的声旁已经变得一点也没有表音作用，实际上已经只能看作记号了。

声旁表音作用的不健全还表现在同从一个声旁的形声字往往有很多种读音这一点上。例如从"者"声的形声字就有十多种读音：

赭 zhě　 䏝 zhē　 诸 zhū　 煮 zhǔ　 箸 zhù　 奢 shē　 暑 shǔ
楮 chǔ　 都 dū　 睹 dǔ　 屠 tú　 绪 xù　 鲝 zhā　……

不过，从绝对数量来看，跟声旁同音的形声字还是相当多的。偶尔还能看到同从一个声旁的很多形声字全都跟声旁同音的现象。从"皇"声的"湟""惶""煌""遑""喤""蝗""篁""锽""徨""艎""凰""鳇""韹""隍"等字全都读作"皇"，就是一个典型的例子。而且即使形声字和声旁的声母、韵母不相同，在多数情况下总还是比较接近的。例如："空"的声母是k，声旁"工"的声母是g，二者都是舌根塞音。"猫"的韵母是ao，声旁"苗"的韵母是iao，区别仅在i介音的有无。尤其是韵尾辅音方面，形声字和声旁大多数是一致的。

有的形声字的读音跟声旁很不一样，但是在跟它同从一声的形声字里可以找到同音或音近的字。例如"垩"（è）从"亚"声，二者的读音差得很远，但是同从"亚"声的"恶"和"垩"同音。如果跟"恶"字联系起来，"垩"字的读音就很容易记住。

---

① 左民安. 细说汉字[M]. 北京：中信出版社，2015.

总之，我们一方面要注意防止"读字读半边"的错误，一方面仍然应该尽量利用声旁来帮助记忆字音。①

（5）形声字中形旁和声旁的位置是有一定的规律的，大致分为八种类型：

左形右声，如"祥"（从示羊声）、"峡"（从山夹声）、"靳"（从革斤声）；

右形左声，如"欣"（从欠斤声）、"斯"（从斤其声）、"雌"（从隹此声）；

上形下声，如"宇"（从宀于声）、"崔"（从山隹声）、"霖"（从雨林声）；

下形上声，如"斧"（从斤父声）、"岱"（从山代声）、"肓"（从月亡声）；

声占一角，如"旗"（从㫃其声）、"病"（从疒丙声）、"徒"（从辵土声）；

形占一角，如"颖"（从禾顷声）、"滕"（从水朕声）、"修"（从彡攸声）；

形外声内，如"圆"（从囗员声）、"衷"（从衣中声）、"阁"（从门各声）；

声外形内，如"斖"（从韭齐声）、"哀"（从口衣声）、"辩"（从言辡声）。②

（6）形符是形声字的表意部分，表示字义所指事物的大致类属。如"柄"的形符是"木"，"鲤"的形符是"鱼"。由于词义引申和文字假借等原因，有个少形声字的形旁已丧失表意作用。例如"特"的本义是公牛，所以用"牛"为形旁，后用来表示"独特"的"特"。由于本义早已不用，对一般人来说，"牛"旁实际上已经成为记号。

（7）声符是形声字的表声部分，表示字音，如"心、米、羊"是"芯、迷、洋"的声符。声符与形声字字的读音在最初造字的时候是相同或相近的，由于古今语音演变等原因，现在大多数形声字都跟声旁不同音，而且彼此的差异有时还很大。

6. 转注字

转注不是造字法，而是一种用字法。转注是指同一部首内读音相同或相近、意义上有共同点的一组字，用来互相解释、互相借用。例如，"老"和"考"都是属于"耂"部，读音相近，意义相同，许慎《说文解字》中"老"字的解释是"考也"，"考"字的解释是"老也"。

7. 假借字

假借属于用字法。当某个新事物或概念出现时，在口语里已经有了这个词，但在笔下却没有代表它的字，就需要借用一个音同或音近的字来代表。如"莫"的本义是日落的时候，后假借作无定代词"莫"；"自"的本义是人的鼻子，后假借作"自己"的"自"；"其"字本来是簸箕的象形字，后来借以表示代词和助词的"其"。

---

① 裘锡圭. 文字学概要[M]. 北京：商务印书馆，1988.
② 裘锡圭. 文字学概要[M]. 北京：商务印书馆，1988.

8. 本义

指一个字在造字时所要记录的那个意义。如"其"的本义是簸箕,"自"的本义是鼻子,"莫"的本义是日落的时候。

9. 部首

部首就是字典、词典中形体相同的表意偏旁,它按照汉字的形体结构取其相同部分排列在一起,以供检字之用。因部首放在一部的开头,作为一部之首,所以叫"部首"。

附二

汉字的形体演变

汉字是世界上最古老的汉字之一。几千年来，汉字的形体发生了很大的变化，先后形成了甲骨文、金文、篆书、隶书、楷书五种正式形体。

1. 甲骨文

甲骨文是通行于殷商时代，契刻在龟甲和兽骨上的文字。因为文字是用钢刀或石刀刻在龟甲和兽骨上的，所以笔画细而硬，而且多用方笔，圆笔很少。

2. 金文

金文主要是指通行于西周的青铜器上的文字。古代人称铜为"吉金"，故称青铜器上的文字为"金文"。青铜器上的文字主要记载这件器物为谁所有，有的记载战功、祭祀以及受王的赏赐等。金文曲笔较多，线条粗而自然，字形趋向工整。

3. 篆书

篆书有大篆、小篆的区别。大篆一般指春秋战国时代秦国的文字；小篆指秦始皇统一六国后整理、推行的标准字体。小篆文字的结构、笔画、位置已差不多固定。小篆有最齐全的材料，是后世书体所据的祖型，也是辨识古代文字的媒介。

4. 隶书

隶书有秦隶、汉隶两种。秦隶是产生于秦代的隶书；汉隶是在秦隶的基础上演变来的，是汉代通行的字体。隶书是小篆字体快速及草率书写的结果。为求书写的快速，隶书以简易的波折改变小篆的浑圆、平衡、典雅的笔势。从小篆到隶书，在字形上变圆形为方形，在线条上变弧线为直线，在笔画上删繁就简，这种变化叫"隶变"，是古今汉字的分水岭。至此文字象形的面貌消失，文字完全失去了图画色彩，变成了纯符号性的交际辅助工具。

5. 楷书

楷书是由隶书演变而来的，用几种易于书写的笔画构成的字体，笔画平直，结构方正，书写方便。从东汉开始使用，一直沿用到现在，有1800多年的历史了。

凡 例

1. 部首

参考教育部、国家语委2009年发布的《汉字部首表》中的主部首和附形部首。

2. 收入部首的原因

例如"收入'一'部的字，多数是书写时起笔或终笔笔画是'一（横）'的独体字"，这部分解说笔者主要参考了两本书籍，一是《商务馆小学生汉字部首图解字典》（薛晓光主编，商务印书馆，2012年6月第1版）；二是《汉字部首解说》（魏励著，商务印书馆国际有限公司，2015年6月第1版）。

3. 例字的选择

笔者从《新华字典》（2011年6月第11版）的各部首中选择了小学生常用的且易于讲解和理解的汉字作为例字。

4. 解析

每个例字属于六书中的哪一类，有些字确实存在一些争议。笔者在编写过程中，主要参考了《汉字源流精解字典》（人民教育出版社辞书研究中心编，人民教育出版社，2015年12月第1版）。以这本字典为参考，一是因为它的出版时间比较近，二是它的出版社和编写人员值得信任。需要说明的是，虽然有一些字例也符合会意兼形声、象形兼会意等，但为了保证书稿的汉字学专业度，笔者决定和《汉字源流精解字典》一样，只用"象形字、会意字、指事字、形声字"四种字形解析。

5. 本义

指一个字在造字时所要记录的那个意义，如"其"的本义是簸箕，"自"的本义是鼻子。笔者主要参考了《汉字源流精解字典》（人民教育出版社辞书研究中心编，人民教育出版社，2015年12月第1版）。

6. 引申

字义的引申如何选择，笔者主要参考了两本书籍，一是《商务馆小学生笔画部首结构全笔顺字典》（商务印书馆，2012年12月第1版）中的义项分析和组词；二是《现代汉语规范词典》（李行建主编，外语教学与研究出版社，2014年6月第3版）中的义项分析和组词。

7. 小链接

主要是包含例字的成语和成语解释。

8. 小拓展

主要是以例字作为声符的形声字,为了读者能更好地理解形声字这一重要概念,同时也可以进一步延伸识字,提升识字效率。

9. 小辨析

主要是与例字有关的形近字辨析,提升读者的识字和写字的准确率。

10. 小提示

主要是提示读者注意例字的读音、易错的笔顺笔画等。

11. 小巧记

帮助读者巧妙记忆汉字的读音和写法。

12. 多音字

指一个字有两个或两个以上的读音。不同的读音表义不同,用法不同,词性也往往不同。读音有区别词性和词义的作用。

部首目录

"一" 部 …………… 1
 一 ………………… 1
 夫 ………………… 1
 开 ………………… 2
 天 ………………… 2

"丨（亅）" 部 …… 2
 凹 ………………… 3
 凸 ………………… 3
 串 ………………… 3
 果 ………………… 3

"丿" 部 …………… 4
 川 ………………… 4
 及 ………………… 4
 册 ………………… 5
 系 ………………… 5

"丶" 部 …………… 5
 之 ………………… 6
 半 ………………… 6
 永 ………………… 6
 州 ………………… 7

"冖" 部 …………… 7
 予 ………………… 7
 丞 ………………… 8
 买 ………………… 8
 承 ………………… 8

"十" 部 …………… 9
 十 ………………… 9
 古 ………………… 9
 卉 ……………… 10
 直 ……………… 10

"厂（厂）" 部 …… 10
 仄 ……………… 10
 原 ……………… 11
 反 ……………… 11
 盾 ……………… 11

"匚" 部 …………… 12
 匠 ……………… 12
 匹 ……………… 12
 匣 ……………… 13
 匿 ……………… 13

"卜（⺊）" 部 …… 13
 卜 ……………… 13
 占 ……………… 14
 贞 ……………… 14
 卤 ……………… 15
 卧 ……………… 15
 赴 ……………… 15

"冂（𠘨）" 部 …… 16
 同 ……………… 16
 网 ……………… 16

肉 ………………… 17
周 ………………… 17

"八（丷）" 部 …… 17
 八 ……………… 18
 分 ……………… 18
 公 ……………… 18
 半 ……………… 19
 共 ……………… 19
 兴 ……………… 19
 典 ……………… 20
 具 ……………… 20

"人（亻、入）" 部 …… 20
 人 ……………… 21
 从 ……………… 21
 化 ……………… 21
 付 ……………… 22
 伐 ……………… 22
 伏 ……………… 22
 伦 ……………… 23
 企 ……………… 23
 休 ……………… 23
 众 ……………… 24
 何 ……………… 24
 信 ……………… 24

"勹" 部 …………… 25
 包 ……………… 25

勺 ……… 25	冥 ……… 35	叔 ……… 46
匈 ……… 26	冤 ……… 36	叙 ……… 46
旬 ……… 26	"凵"部 ……… 36	"厶"部 ……… 46
"儿"部 ……… 26	凶 ……… 36	私 ……… 47
儿 ……… 26	出 ……… 37	去 ……… 47
见 ……… 27	函 ……… 37	牟 ……… 47
元 ……… 27	"卩(㔾)"部 ……… 37	能 ……… 48
先 ……… 28	印 ……… 38	"廴"部 ……… 48
"匕"部 ……… 28	即 ……… 38	建 ……… 48
匕 ……… 28	卿 ……… 38	延 ……… 49
旨 ……… 29	卷 ……… 39	廷 ……… 49
北 ……… 29	"刀(刂、⺈)"部 ……… 39	"干"部 ……… 49
匙 ……… 29	刀 ……… 39	干 ……… 50
"几(几)"部 ……… 30	刃 ……… 40	刊 ……… 50
几 ……… 30	分 ……… 40	罕 ……… 50
凡 ……… 30	初 ……… 40	预 ……… 50
朵 ……… 30	刊 ……… 40	"工"部 ……… 51
凭 ……… 31	利 ……… 41	工 ……… 51
"亠"部 ……… 31	判 ……… 41	功 ……… 51
玄 ……… 31	剌 ……… 42	巧 ……… 52
亦 ……… 32	"力"部 ……… 42	贡 ……… 52
京 ……… 32	力 ……… 42	"土(士)"部 ……… 52
高 ……… 32	夯 ……… 42	土 ……… 53
"冫"部 ……… 33	幼 ……… 43	尘 ……… 53
冰 ……… 33	男 ……… 43	坐 ……… 53
冷 ……… 33	"又"部 ……… 43	堂 ……… 54
冶 ……… 34	又 ……… 44	"士"部 ……… 54
凝 ……… 34	叉 ……… 44	士 ……… 54
"冖"部 ……… 34	友 ……… 45	壮 ……… 55
军 ……… 35	取 ……… 45	壶 ……… 55
冠 ……… 35	受 ……… 45	

"艹（艸）"部 …………56
    草 …………56
    芒 …………56
    英 …………57
    莘 …………57
    莫 …………57
    暮 …………58
    慕 …………58
    幕 …………58

"寸"部 …………59
    寸 …………59
    寻 …………59
    封 …………59
    尊 …………60

"廾"部 …………60
    弄 …………60
    异 …………61
    弃 …………61
    弈 …………62

"大"部 …………62
    大 …………62
    太 …………62
    奔 …………63
    奋 …………63
    美 …………64
    奚 …………64
    套 …………64
    奢 …………65

"尢（兀）"部 …………65
    尢 …………65
    尴 …………66

尬 …………66
尥 …………66
尤 …………66

"弋"部 …………67
    弋 …………67
    式 …………67
    鸢 …………68

"小（⺌）"部 …………68
    小 …………68
    少 …………69
    尖 …………69
    雀 …………69

"口"部 …………70
    口 …………70
    叩 …………70
    召 …………71
    名 …………71
    君 …………71
    唯 …………72
    喜 …………72
    嚣 …………72

"囗"部 …………73
    囚 …………73
    围 …………73
    固 …………74
    圃 …………74

"山"部 …………74
    山 …………74
    岛 …………75
    崩 …………75
    崇 …………75

"巾"部 …………76
    巾 …………76
    布 …………76
    帛 …………77
    带 …………77

"彳"部 …………77
    行 …………78
    得 …………78
    循 …………78
    徐 …………79

"彡"部 …………79
    须 …………79
    彪 …………80
    彩 …………80
    彭 …………80

"夕"部 …………81
    夕 …………81
    外 …………81
    名 …………82
    飧 …………82

"夂"部 …………82
    各 …………82
    备 …………83
    夏 …………83
    冬 …………83

"爿（丬）"部 …………84
    妆 …………84
    壮 …………85
    状 …………85

"广"部 …………85
    广 …………85

库 …… 86	屁 …… 96	巢 …… 105
庭 …… 86	屎 …… 96	"女"部 …… 106
席 …… 86	居 …… 96	女 …… 106
"门（門）"部 …… 87	屏 …… 96	奴 …… 106
门 …… 87	屋 …… 97	妇 …… 106
闩 …… 87	"己（已、巳）"部 …… 97	如 …… 107
闭 …… 88	己 …… 97	妄 …… 107
闯 …… 88	已 …… 98	妥 …… 107
"宀"部 …… 88	巳 …… 98	妻 …… 108
安 …… 89	巴 …… 98	妾 …… 108
宋 …… 89	包 …… 99	"飞（飛）"部 …… 108
宝 …… 89	导 …… 99	飞 …… 109
定 …… 90	异 …… 99	"马（馬）"部 …… 109
宗 …… 90	巷 …… 100	马 …… 109
家 …… 90	"弓"部 …… 100	驭 …… 109
宿 …… 91	弓 …… 100	驯 …… 110
寡 …… 91	引 …… 100	驳 …… 110
"辶"部 …… 92	弘 …… 101	驾 …… 110
之 …… 92	张 …… 101	骄 …… 111
迎 …… 92	"子"部 …… 101	"幺"部 …… 111
逆 …… 92	子 …… 102	幺 …… 111
道 …… 93	孕 …… 102	幼 …… 112
"彐（彑、彐）"部 …… 93	孙 …… 102	幻 …… 112
帚 …… 93	孝 …… 103	幽 …… 112
归 …… 94	孜 …… 103	"巛"部 …… 112
寻 …… 94	季 …… 103	甾 …… 113
彗 …… 94	学 …… 104	邕 …… 113
"尸"部 …… 94	籽 …… 104	巢 …… 113
尸 …… 95	"屮"部 …… 104	"王（玉）"部 …… 114
尼 …… 95	屯 …… 104	玉 …… 114
尿 …… 95	出 …… 105	王 …… 114
	蚩 …… 105	

弄 …… 116	狂 …… 126	"比"部 …… 136
现 …… 116	狱 …… 126	比 …… 136
班 …… 116	臭 …… 126	毕 …… 136
理 …… 117	哭 …… 127	昆 …… 136
球 …… 117	狼 …… 127	皆 …… 137
"无(旡)"部 …… 117	猜 …… 127	"瓦"部 …… 137
无 …… 118	"歹(歺)"部 …… 128	瓦 …… 137
既 …… 118	歹 …… 128	瓮 …… 138
暨 …… 118	死 …… 128	瓴 …… 138
"韦(韋)"部 …… 119	残 …… 128	瓶 …… 138
韦 …… 119	殊 …… 129	"止"部 …… 138
韧 …… 119	"车(车、車)"部 …… 129	止 …… 139
韬 …… 120	车 …… 129	此 …… 139
韪 …… 120	斩 …… 130	步 …… 139
"木(朩)"部 …… 120	轰 …… 130	武 …… 140
木 …… 121	轻 …… 130	"攴(攵)"部 …… 140
本 …… 121	辅 …… 131	敲 …… 140
末 …… 121	输 …… 131	改 …… 141
果 …… 122	"牙"部 …… 131	攻 …… 141
林 …… 122	牙 …… 131	败 …… 141
析 …… 122	邪 …… 132	放 …… 141
杳 …… 122	鸦 …… 132	敖 …… 142
染 …… 123	雅 …… 132	教 …… 142
"支"部 …… 123	"戈"部 …… 133	"日(曰、㞢)"部 …… 143
支 …… 123	戈 …… 133	日 …… 143
翅 …… 124	戊 …… 133	曰 …… 143
豉 …… 124	戌 …… 134	昌 …… 143
鼓 …… 124	戍 …… 134	明 …… 144
"犬(犭)"部 …… 125	戌 …… 134	沓 …… 144
犬 …… 125	戒 …… 134	昧 …… 144
戾 …… 125	威 …… 135	昭 …… 145
	咸 …… 135	暴 …… 145

"贝（貝）"部 ············ 145
　贝 ························· 146
　财 ························· 146
　货 ························· 146
　贫 ························· 146

"水（氵、氺）"部 ······ 147
　水 ························· 147
　永 ························· 147
　注 ························· 148
　浓 ························· 148
　派 ························· 148
　洽 ························· 149
　消 ························· 149
　泰 ························· 149

"见（見）"部 ············ 150
　见 ························· 150
　观 ························· 150
　视 ························· 151
　觉 ························· 151

"牛（牜、牛）"部 ······ 151
　牛 ························· 152
　告 ························· 152
　物 ························· 152
　牲 ························· 153

"手（龵、扌）"部 ······ 153
　手 ························· 153
　看 ························· 154
　推 ························· 154
　掌 ························· 154

"气"部 ····················· 155
　气 ························· 155

　氖 ························· 155
　氧 ························· 155
　氮 ························· 156

"毛"部 ····················· 156
　毛 ························· 156
　毫 ························· 157
　毳 ························· 157
　毯 ························· 157

"长（長、镸）"部 ······ 158
　长 ························· 158
　肆 ························· 158

"片"部 ····················· 159
　片 ························· 159
　版 ························· 159
　牍 ························· 160
　牌 ························· 160

"斤"部 ····················· 160
　斤 ························· 160
　斧 ························· 161
　析 ························· 161
　斩 ························· 161

"爪（爫）"部 ············ 162
　爪 ························· 162
　爬 ························· 162
　采 ························· 162
　舀 ························· 163

"父"部 ····················· 163
　父 ························· 163
　爸 ························· 164
　爷 ························· 164
　釜 ························· 164

"月（月）"部 ············ 165
　月 ························· 165
　朝 ························· 165
　朗 ························· 166
　肉 ························· 166
　肌 ························· 166
　胶 ························· 167
　有 ························· 167
　肴 ························· 167
　胃 ························· 168

"氏"部 ····················· 168
　氏 ························· 168
　氐 ························· 169
　昏 ························· 169

"欠"部 ····················· 169
　欠 ························· 169
　欺 ························· 170
　歇 ························· 170
　歌 ························· 170

"风（風）"部 ············ 171
　风 ························· 171
　飓 ························· 171
　飘 ························· 172
　飙 ························· 172

"殳"部 ····················· 172
　殳 ························· 172
　殴 ························· 173
　段 ························· 173
　毁 ························· 173

"文"部 ····················· 174
　文 ························· 174

虚 …… 174
斌 …… 175
斐 …… 175

"方"部 …… 175
　方 …… 175
　旅 …… 176
　族 …… 176
　旗 …… 176

"火（灬）"部 …… 177
　火 …… 177
　灰 …… 177
　炙 …… 178
　照 …… 178

"斗"部 …… 178
　斗 …… 178
　料 …… 179
　魁 …… 179
　斟 …… 179

"户"部 …… 180
　户 …… 180
　肩 …… 180
　扁 …… 181
　扇 …… 181

"心（忄、⺗）"部 …… 181
　心 …… 182
　忙 …… 182
　思 …… 182
　恭 …… 183

"毋（母）"部 …… 183
　毋 …… 183

母 …… 183
每 …… 184
毓 …… 184

"示（礻）"部 …… 184
　示 …… 185
　祝 …… 185
　祥 …… 185
　福 …… 185

"甘"部 …… 186
　甘 …… 186
　某 …… 186
　邯 …… 187

"石"部 …… 187
　石 …… 187
　础 …… 187
　硬 …… 188
　磨 …… 188

"龙（龍）"部 …… 189
　龙 …… 189
　龚 …… 189
　龛 …… 190
　聋 …… 190

"业"部 …… 190
　业 …… 190
　凿 …… 191
　丛 …… 191

"目"部 …… 191
　目 …… 192
　看 …… 192
　眉 …… 192
　睦 …… 192

"田"部 …… 193
　田 …… 193
　甲 …… 193
　男 …… 194
　畏 …… 194

"罒"部 …… 194
　网 …… 194
　罗 …… 194
　罢 …… 195
　羁 …… 195

"皿"部 …… 195
　皿 …… 196
　盆 …… 196
　益 …… 196
　盐 …… 197

"生"部 …… 197
　生 …… 197
　甥 …… 197

"矢"部 …… 198
　矢 …… 198
　知 …… 198
　矫 …… 198
　短 …… 199

"禾"部 …… 199
　禾 …… 199
　秉 …… 200
　乘 …… 200
　颖 …… 200

"白"部 …… 201
　白 …… 201

帛 ………………………… 201
皓 ………………………… 201
皖 ………………………… 202
"瓜"部 …………………… 202
　瓜 ………………………… 202
　瓠 ………………………… 202
　瓢 ………………………… 203
　瓣 ………………………… 203
　瓤 ………………………… 203
"鸟（鳥）"部 …………… 203
　鸟 ………………………… 204
　鸣 ………………………… 204
　鸠 ………………………… 204
　鸷 ………………………… 205
"疒"部 …………………… 205
　病 ………………………… 205
　疼 ………………………… 205
　痛 ………………………… 206
　痴 ………………………… 206
"立"部 …………………… 206
　立 ………………………… 207
　竖 ………………………… 207
　站 ………………………… 207
　端 ………………………… 208
"穴"部 …………………… 208
　穴 ………………………… 208
　究 ………………………… 208
　穿 ………………………… 209
　突 ………………………… 209
"疋（⺪）"部 …………… 210
　蛋 ………………………… 210

楚 ………………………… 210
疏 ………………………… 210
疑 ………………………… 211
"皮"部 …………………… 211
　皮 ………………………… 211
　皱 ………………………… 212
　颇 ………………………… 212
　皴 ………………………… 212
"癶"部 …………………… 213
　癸 ………………………… 213
　登 ………………………… 213
　凳 ………………………… 214
"矛"部 …………………… 214
　矛 ………………………… 214
　矜 ………………………… 214
　柔 ………………………… 215
　蟊 ………………………… 215
"耒"部 …………………… 215
　耒 ………………………… 215
　耕 ………………………… 216
　耗 ………………………… 216
　耘 ………………………… 216
"老（耂）"部 …………… 217
　老 ………………………… 217
　考 ………………………… 217
　孝 ………………………… 218
　耆 ………………………… 218
"耳"部 …………………… 218
　耳 ………………………… 218
　取 ………………………… 219
　闻 ………………………… 219

聂 ………………………… 219
"臣"部 …………………… 220
　臣 ………………………… 220
　卧 ………………………… 220
　臧 ………………………… 221
"覀（西）"部 …………… 221
　西 ………………………… 221
　要 ………………………… 222
　栗 ………………………… 222
　粟 ………………………… 222
"而"部 …………………… 223
　而 ………………………… 223
　耐 ………………………… 223
　耍 ………………………… 223
　鸸 ………………………… 224
"页（頁）"部 …………… 224
　页 ………………………… 224
　顶 ………………………… 224
　须 ………………………… 225
　烦 ………………………… 225
"至"部 …………………… 225
　至 ………………………… 225
　到 ………………………… 226
　致 ………………………… 226
　臻 ………………………… 226
"虍（虎）"部 …………… 227
　虎 ………………………… 227
　虐 ………………………… 227
　虔 ………………………… 228
　彪 ………………………… 228

"虫"部 …………… 228
　虫 …………… 228
　蚊 …………… 228
　蛊 …………… 229
　蜕 …………… 229

"肉"部 …………… 229
　肉 …………… 230
　胬 …………… 230

"缶"部 …………… 230
　缶 …………… 230
　缸 …………… 231
　缺 …………… 231
　罐 …………… 231
　罐 …………… 231

"舌"部 …………… 232
　舌 …………… 232
　舔 …………… 232
　甜 …………… 232
　舔 …………… 233

"竹（⺮）"部 …… 233
　竹 …………… 233
　笔 …………… 233
　笑 …………… 234
　筋 …………… 234

"臼"部 …………… 234
　臼 …………… 235
　舀 …………… 235
　舂 …………… 235
　舅 …………… 235

"自"部 …………… 236
　自 …………… 236

　臭 …………… 236
　息 …………… 236
　鼻 …………… 237

"血"部 …………… 237
　血 …………… 237
　衅 …………… 238

"舟"部 …………… 238
　舟 …………… 238
　般 …………… 238
　舰 …………… 239
　船 …………… 239

"色"部 …………… 239
　色 …………… 239
　艳 …………… 240

"齐（齊）"部 …… 240
　齐 …………… 240
　剂 …………… 241

"衣（衤）"部 …… 241
　衣 …………… 241
　初 …………… 242
　衮 …………… 242
　裹 …………… 242

"羊（⺷、⺶）"部 …… 242
　羊 …………… 242
　羔 …………… 243
　羞 …………… 243
　羹 …………… 243

"米"部 …………… 244
　米 …………… 244
　粉 …………… 244

　粗 …………… 244
　精 …………… 245

"聿（⺻）"部 …… 245
　聿 …………… 245
　肃 …………… 246
　肆 …………… 246
　肇 …………… 246

"艮"部 …………… 247
　艮 …………… 247
　良 …………… 247
　垦 …………… 248
　恳 …………… 248

"羽"部 …………… 248
　羽 …………… 248
　翅 …………… 249
　扇 …………… 249
　翁 …………… 249
　翎 …………… 250
　翘 …………… 250
　翰 …………… 250
　翼 …………… 251

"糸（纟）"部 …… 251
　系 …………… 251
　级 …………… 251
　索 …………… 252
　纂 …………… 252

"麦"部 …………… 252
　麦 …………… 252
　麸 …………… 253

"走"部 …………… 253
　走 …………… 253

赶 …… 254	豪 …… 262	"谷"部 …… 272
越 …… 254	"卤(鹵)"部 …… 263	谷 …… 272
趣 …… 254	卤 …… 263	欲 …… 272
"赤"部 …… 255	鹾 …… 263	鹆 …… 273
赤 …… 255	"里"部 …… 263	豁 …… 273
赦 …… 255	里 …… 264	"豸"部 …… 274
赫 …… 255	重 …… 264	豸 …… 274
赭 …… 256	"足(⻊)"部 …… 264	豹 …… 274
"豆"部 …… 256	足 …… 265	豺 …… 274
豆 …… 256	趾 …… 265	貂 …… 275
短 …… 257	跳 …… 265	"龟(龜)"部 …… 275
登 …… 257	躁 …… 266	龟 …… 275
壹 …… 257	"邑(⻏右)"部 …… 266	"角"部 …… 276
"酉"部 …… 257	邑 …… 266	角 …… 276
酉 …… 257	邦 …… 266	觞 …… 276
酒 …… 258	那 …… 267	触 …… 277
酝 …… 258	邻 …… 267	觥 …… 277
酣 …… 258	邵 …… 268	解 …… 277
酬 …… 259	郊 …… 268	"言(讠)"部 …… 278
酱 …… 259	都 …… 268	言 …… 278
酷 …… 259	鄙 …… 269	说 …… 278
醉 …… 260	"身"部 …… 269	誉 …… 279
"辰"部 …… 260	身 …… 269	詹 …… 279
辰 …… 260	躯 …… 270	"辛"部 …… 279
唇 …… 261	躲 …… 270	辛 …… 279
辱 …… 261	躺 …… 270	辟 …… 280
晨 …… 261	"采"部 …… 270	辣 …… 280
"豕"部 …… 262	采 …… 271	辨 …… 280
豕 …… 262	悉 …… 271	"青"部 …… 281
家 …… 262	番 …… 271	青 …… 281
豢 …… 262	释 …… 272	

靖……281	"阜（阝左）"部……291	"香"部……300
静……282	阜……291	香……300
靛……282	阿……291	馥……300
"卓"部……282	降……292	馨……300
乾……283	限……292	磬……301
朝……283	"金（钅）"部……292	"鬼"部……301
翰……283	金……293	鬼……301
"雨（⻗）"部……284	钢……293	魅……302
雨……284	锦……293	魄……302
雪……284	镜……294	魔……302
雷……284	"鱼（魚）"部……294	"食（饣）"部……303
霍……285	鱼……294	食……303
"非"部……285	鲁……294	饭……303
非……285	鲜……295	饰……304
韭……286	鲨……295	馅……304
悲……286	"隶"部……296	"音"部……304
辈……286	隶……296	音……304
"齿（齒）"部……287	"革"部……296	竟……305
齿……287	革……296	韵……305
龄……287	勒……297	韶……305
龈……287	靴……297	"首"部……306
龌……288	鞋……297	首……306
"黾（黽）"部……288	"面"部……298	馗……306
黾……288	面……298	"髟"部……307
鼋……289	"韭"部……298	髦……307
鼍……289	韭……298	髯……307
"隹"部……289	齑……299	鬃……307
隹……290	"骨"部……299	鬓……308
雀……290	骨……299	"鬲"部……308
集……290	骸……299	鬲……308
焦……290		融……308

鬻 …………… 309	"鹿"部 …………… 314	"鼓"部 …………… 318
鬻 …………… 309	鹿 …………… 314	鼓 …………… 318
"鬥"部 …………… 309	麋 …………… 314	鼕 …………… 319
斗 …………… 310	麒 …………… 314	"鼠"部 …………… 319
闹 …………… 310	麝 …………… 315	鼠 …………… 319
"高"部 …………… 310	"鼎"部 …………… 315	鼬 …………… 320
高 …………… 310	鼎 …………… 315	鼯 …………… 320
膏 …………… 311	鼐 …………… 316	鼹 …………… 320
"黄"部 …………… 311	"黑"部 …………… 316	"鼻"部 …………… 320
黄 …………… 311	黑 …………… 316	鼻 …………… 321
簧 …………… 312	墨 …………… 316	劓 …………… 321
"麻"部 …………… 312	黜 …………… 317	"龠"部 …………… 321
麻 …………… 312	黛 …………… 317	龠 …………… 321
磨 …………… 313	"黍"部 …………… 317	龢 …………… 322
靡 …………… 313	黍 …………… 318	
	黏 …………… 318	

"一"部

作为部首，读作"横（héng）部"或"一（yī）部"。收入"一"部的字，多数是书写时起笔或终笔笔画是"一"的独体字，如"夫、开、天、丝"。

yī

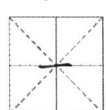

解析 指事字，用一横画表示抽象的数目一。
本义 计数的开始，数词一。
引申 ① 相同，同一，如"万众一心"。② 整个，完全，如"耳目一新"。③ 专一，如"一心一意"等。

小链接： 成语"一叶知秋"，意思是看到一片落叶就知道秋天来临。比喻从细微的变化中洞察到事物发展的趋势。

fū/fú

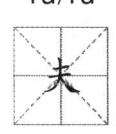

解析 指事字，从大，上面一横表示成年男子束发的簪（zān）子。也有说法认为是象形字。
本义 成年男子，如"匹夫""懦夫""一夫当关，万夫莫开"。
引申 ① 丈夫，如"夫妻""夫唱妇随"。② 从事某种体力劳动的人，如"农夫""渔夫"等。
多音字 读 fú，文言中表示以下意思：① 文言指示代词，如"食夫稻"。② 文言发语词，如"夫天地者"。③ 文言助词，如"逝者如斯夫"等。

小拓展： 以"夫"作声符的形声字有"肤（fū）、芙（fú）、扶（fú）"等。
小提示： 古时候的人们不能随意剪头发，古时男子的成人仪式之一就是束发加冠，用簪子把头发固定在头顶，历史古装剧里常常能看到这样的发型。

kāi 开

解析 繁体为"開",会意字,小篆字形表示双手拉开门闩打开门。

本义 开门。繁体"開"简化为"开",省去了门扇,只保留了里面的字形"开"。

引申 ① 打开,如"开锁"。② 打通,如"开路"。③ 发动,如"开车"等。

> 小提示:"开"的第三笔是"丿(撇)",不要写成"丨(竖)"。
>
> 小链接:成语"开门见山",比喻说话、写文章直截了当,一开始就点明正题。

tiān 天

解析 象形字,甲骨文像正面站立的人形,突出上面的头。也有说法认为是会意字或指事字。

本义 头,头顶,如"刑天舞干戚,猛志固常在"。(刑天是《山海经·海外西经》中的神话人物,原是一个无名的巨人,因和黄帝争权,被黄帝砍掉了脑袋。有人认为这是刑天名字的由来)

引申 ① 天空,如"蓝天"。② 位置在顶部的,架在空中的,如"天窗""天线"。③ 一昼夜,如"每天"。④ 季节,如"夏天"。⑤ 自然的,天生的,如"天赋"等。

> 小拓展:以"天"作声符的形声字有"吞、忝"等。"吞(tūn)""忝(tiǎn)"在古代造字时的读音跟声符"天(tiān)"应该是相同或相似的,但由于古今语音演变等原因,现在的读音不一样了。

"丨(亅)"部

作为部首,读作"竖(shù)部"。收在"丨"部的字,多数是书写时起笔笔画是"丨"或字形中有上下贯通的"丨"的独体字,如"凹、凸、串、果、申、甲、由"。"亅"是"丨"的附形部首。

āo 凹

解析 指事字，用抽象的符号表示低于周围的意义。也有说法认为是象形字。
本义 低于周围，中间比四周低，跟"凸"相对，如"凹地""凹陷""凹凸不平"。

> 小提示："凹"的笔顺是丨㇄凹凹凹，共五画。
> "凹"的读音是āo，不要读成wā。

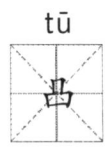

tū 凸

解析 指事字，用抽象的符号表示高出周围的意义。也有说法认为是象形字。
本义 高于四周，跟"凹"相对，如"凸显""凹凸""凸透镜"。

> 小提示："凸"的笔顺是丨丨㇉凸凸，共五画。（可能我们更熟悉先写"凸"左边的一短竖，但笔者决定还是以《现代汉语规范词典》上标注的笔顺为准，第一笔为左上方的一短竖）
> 小辨析："凸"和"突"是同音字，注意区分。（组词：凸，凹凸。突，突出）

chuàn 串

解析 象形字，像两个物品连贯在一起的样子。
本义 连贯，将物品贯穿在一起，如"串珠子"。
引申 ① 连贯起来的东西，如"珠串"。② 相互勾结（含贬义），如"串通"。③ 走动，往来，如"串门"等。

> 小提示："串"的笔顺是丶㇇口口吕吕串，共七画。
> 小拓展：以"串（chuàn）"作声符的形声字有"窜（cuàn）、患（huàn）"等。"窜""患"在古代造字时的读音跟"串"应该是相同或相似的，但由于古今语音演变等原因，现在的读音不一样了。这种情况很常见。可以翻看前面附一中关于"形声字"这一概念的详细解释。

guǒ 果

【解析】 象形字，甲骨文像树上结了果实的样子。
【本义】 果子，植物的果实，如"水果""果树""开花结果"。
【引申】 ① 事情的结局，跟"因"相对，如"成果""前因后果"。② 坚决，不犹豫，如"果断""果敢"。③ 表示事情跟预料的一致，如"果然""果真""果不其然"等。

> 【小提示】："果"的笔顺是 丨 冂 冃 日 旦 甲 果 果，共八画。
> 【小拓展】：以"果"作声符的形声字有"裹（guǒ）、课（kè）、棵（kē）、颗（kē）、稞（kē）"等。声符"果"和"裹、课、棵、颗、稞"现在的读音不一样了，但是在造字时它们的读音应该是相同或相似的。

"丿"部

作为部首，读作"撇（piě）部"。收在"丿"部的字，多数是书写时起笔笔画是"丿"的独体字，如"川、及、册、币、年、我、系"。

chuān 川

【解析】 象形字，甲骨文像河川的形态。
【本义】 河流，水道，如"山川""河川""百川归海""名山大川"。
【引申】 ① 山间的平地，平原，如"一马平川"。② 四川省的简称，如"川菜""川剧"等。

> 【小提示】："川"的第一笔是"丿（撇）"，不要写成"丨（竖）"。
> 【小链接】："川流不息"，形容来来往往的行人、车马等像水流一样连续不断。

jí 及

【解析】 会意字，甲骨文从又（手），从人，表示手及于人。
【本义】 追上，如"望尘莫及"。
【引申】 ① 到，到达，如"及格""由此及彼"。② 推广到，牵涉到，如"爱屋及乌"等。

小提示： "及"的笔顺是丿乃及，共三画。

小拓展： 以"及"作声符的形声字有"级（jí）、极（jí）、圾（jī）"等。

小链接： "爱屋及乌"，比喻因喜欢某个人，连带着也喜欢跟这个人有关的人或物。（出自《尚书大传·大战》："爱人者，兼其屋上之乌。"屋，房屋。乌，乌鸦）

cè 册

解析 象形字，甲骨文像书册的形态。上古文字写在竹片或木片上，用皮绳编串起来成为书籍。甲骨文字形的竖画表示写字的竹片或木片，横圈画表示皮绳。

本义 书册，简册。

引申 ① 装订好的书或本子，如"画册""手册"。② 量词，用于计算书籍、画册的本数，如"这套丛书共十册"。③ 古代特指帝王封爵的命令，如"册封""册立"。

小辨析： "册"和"朋（péng）"是形近字，注意区分。（组词：册，手册。朋，朋友）

xì/jì 系

解析 会意字，甲骨文像用手把丝系在一起。

本义 联属，接续。

引申 ① 系统，如"语系"。② 关联，如"联系""维系"等。以上意义都读 xì。

多音字 读 jì，表示打结，扣，如"系鞋带""系扣子"。

小链接： "解铃还须系铃人"，《指月录》记载，法眼和尚问众僧："老虎脖子上的金铃，谁能解下来？"大家答不上来。这时泰钦禅师来了，回答说："系上去的人能解下来。"后以此比喻谁惹出麻烦还得由谁去解决。

"丶"部

作为部首，读作"点（diǎn）部"。收在"丶"部的汉字，多数为书写时起笔笔画是

"丶"的字，如"之、半、永、州、农、为、义"。

zhī 之

解析 会意字，甲骨文从止（表示脚），从一（此处表示起点），表示离此前往。
本义 到，往，如"君将何之""辍耕之垄上"。
引申 ① 助词，相当于"的"，如"赤子之心""无价之宝"。② 代词，代替人或事物，如"求之不得""取而代之"。③ 代词，指代作用有所虚化，无具体所指，如"久而久之"等。

> 小提示："之"的笔顺是丶㇇之，共三画。
> 小拓展：以"之"作声符的形声字有"芝（zhī）"。
> 小辨析："之"和"乏（fá）"是形近字，注意区分。（组词：之，无价之宝。乏，乏力）

bàn 半

解析 会意字，小篆从八（表示分开），从牛，表示牛大可分。
本义 二分之一，如"半年""半价"。
引申 ① 在……中间，如"半夜"。② 不完全的，如"一知半解"。③ 数量很少，如"一星半点"等。

> 小拓展：以"半"作声符的形声字有"伴（bàn）、拌（bàn）、绊（bàn）"等。
> 小辨析："半"和"牛（niú）"是形近字，注意区分。（组词：半，半价。牛，水牛）

yǒng 永

解析 会意字，甲骨文像长长的水流。也有说法认为是象形字。
本义 水流长，如"江之永矣，不可方思"。也有说法认为甲骨文像人在水中游泳，这个意义后写作"泳"。
引申 长久，久远，如"永恒""永久"等。

- 小提示："永"的笔顺是 ` 亅 刁 永 永，共五画。第二笔是"横折钩"，不要写成"竖钩"。
- 小拓展：以"永"作声符的形声字有"泳（yǒng）、咏（yǒng）"等。
- 小辨析："永"和"水（shuǐ）"是形近字，注意区分。（组词：永，永远。水，雨水）

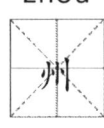

zhōu 州

解析 象形字，甲骨文像水中有小块陆地的形态，楷书字形变成了三个点。也有说法认为是会意字。

本义 水中的一块块陆地，这个意义后写作"洲"，如"关关雎鸠，在河之洲"。

引申 ①旧时行政区划单位，现在多保留在地名中，如"杭州""苏州"。②我国少数民族地区的自治行政区划单位，介于自治区和自治县之间，如"凉山彝族自治州"等。

- 小提示："州"的笔顺是 ` 丿 丬 州 州 州，共六画。
- 小拓展：以"州"作声符的形声字有"洲（zhōu）、酬（chóu）"等。

"㇇"部

作为部首，读作"折（zhé）部"。收在"㇇"部的汉字，多为书写时起笔笔画是"㇇"部的独体字，如"予、丞、买、承"。"㇇"部包括：㇆、㇉、㇈、㇄、丨、㇜、㇋、㇌、乙、㇅、㇆、乚、乚、乙、㇎，共15个附形部首。

yǔ/yú 予

解析 象形字，像相予之形。笔者认为小篆像上下两个织布的梭子尖端交错形，其中一个还有线引出。

本义 授予，给予，如"予人口实""予以协助"。笔者认为本义是梭子推来推去织布，是"杼"的本字。

多音字 读 yú，文言中说话人称自己，相当于"我"，如"予取予求"。

小链接	"予人口实",给人留下可以利用的把柄。(口实:借口,把柄)
小拓展	以"予"作声符的形声字有"序(xù)、预(yù)、豫(yù)"等。
小辨析	"予"和"矛(máo)"是形近字,注意区分。(组词:予,给予。矛,矛盾)

chéng 丞

解析 会意字,甲骨文上面像两只手往下伸,表示将陷入坑里的人救出。

本义 拯救,这个意义后来写作"拯"。

引申 辅佐,辅助,如"丞相"(百官之长,始设于战国,秦代以后为辅佐皇帝的最高官职)等。

小提示:"丞"的读音是后鼻音chéng,不要读成前鼻音chén。
"丞"字最下面的"一"是由陷坑之形演变来的。

mǎi 买

解析 繁体为"買",会意字,从罒(网,表示网罗、收进),从贝(贝在古代曾用作货币,与钱财有关)。

本义 用货币换东西,跟"卖"相对,如"购买""买卖"。

引申 用金钱或其他手段拉拢,贿赂,如"买通""收买人心"。

小巧记:繁体"買"简化为"买",可以巧记为买东西时先要用"头(头脑)"想清楚到底需不需要买。

小辨析:"买"和"卖(mài)"是反义词,注意区分。(组词:买,购买。卖,卖出)

chéng 承

解析 会意字,甲骨文像两手朝上捧着一个人。

本义 奉,捧着,托着,如"承载"。

引申 ①接受,担当,如"承担""承受"。②敬辞,表示受到,如"承蒙""承恩"。③继续,接续,如"继承""承上启下"等。

> 小提示："承"的第一笔是"一（横勾）"，字形中间是三个短横，别少写了哟！
> 小提示："承"的笔顺是 ㇆ 了 了 了 孓 孓 承 承，共八画。

"十"部

作为部首，读作"十部"。根据"十"在字中的不同位置，也读作"十字头""十字旁""十字底"。部中字有的与众多、多数有关，如"协、博"；有的是楷书字形中只是纯粹带有"十"这一部件，如"古、卉、直、南"。

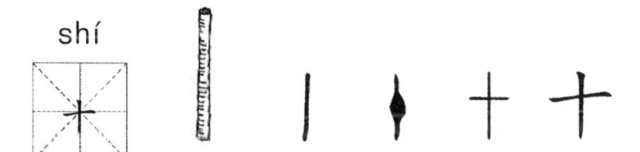

shí

【解析】指事字，甲骨文用一竖表示十。金文中间加厚或加一圆点，类似结绳计数，用一个结表示十。小篆演变为一横和一竖相交。
【本义】数字十，如"十天""十指连心"。
【引申】① 达到顶点，完全，如"十足""十全十美"。② 表示很多，如"一目十行"等。

> 小提示："十"的读音是翘舌音 shí，不要读成平舌音 sí。
> 小拓展：以"十"作声符的形声字有"汁（zhī）"等。

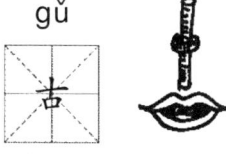

gǔ

【解析】会意字，从十，从口。"十口相传为古"，经过许多代人口口流传的事为古。
【本义】往昔，过去的时间，跟"今"相对，如"远古""古今中外"。
【引申】① 古代的事物，年代久远的，如"考古""古书"。② 古体诗的简称，如"五古""七古"等。

> 小拓展：以"古"作声符的形声字有"咕（gū）、姑（gū）、辜（gū）、苦（kǔ）、胡（hú）"等。
> 小辨析："古"和"占（zhān/zhàn）"是形近字，注意区分。（组词：古，古人。占，占卜，占据）

huì 卉

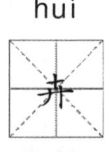

解析 会意字，小篆像三棵草，表示许多草。

本义 "卉，草之总名也"，草的总名，如"花卉""奇花异卉"。

小链接："奇花异卉"，珍奇罕见的花草。
小辨析："卉"和"奔（bēn/bèn）"是形近字，注意区分。（组词：卉，花卉。奔，奔跑）

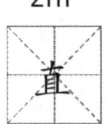

zhí 直

解析 会意字，甲骨文是目上一竖（眼睛的上方画了一条笔直的竖线），表示用眼睛正对标杆。金文增加表示脸部的曲线。小篆将"目"竖起。楷书将"目"与下面的笔画连写，里面成三短横。

本义 不弯曲，不斜，跟"曲"相对，如"直线""笔直"。
引申 ① 跟地面垂直的，从上到下的，如"直升飞机"。② 公正的，合理的，如"正直""耿直""理直气壮"。③ 爽快，坦率，如"直率""心直口快"等。

小提示："直"的里面是三个短横哟。
小拓展：以"直"作声符的形声字有"值（zhí）、植（zhí）、殖（zhí）、置（zhì）"等。

"厂（厂）"部

"厂"作为部首，读作"厂字头"。部中的字有的跟山崖有关系，如"仄、原"。"厂"是"厂"的附形部首，因为"反"是部中常用字，所以读作"反字框"。

zè 仄

解析 会意字，从人在厂（古音读 hǎn，表示山崖岩洞之类）下，表示人在低矮的山崖岩洞下身体不能伸直，即倾侧不能伸直。

本义 倾斜，如"日仄而归"。

引申 ① 狭窄，如"逼仄"。② 心里不安，如"歉仄""愧仄"。③ 仄声，如"平仄"。

> 小链接："仄声"是古汉语声调中平声以外声调的统称，跟"平声"相对。
> 小辨析："仄"和"厅（tīng）"是形近字，注意区分。（组词：仄，平仄。厅，客厅）

yuán
原

解析 会意字，金文表示水从山崖石穴中向下涌出。

本义 水流起头的地方，这个意义后来写作"源"。

引申 ① 事情的开始或根本，如"本原"。② 最初的，开始的，如"原始""原生"。③ 宽广而平坦的地方，如"平原""草原"等。

> 小提示："原"的字形下部是"小"，不要写成"水"。
> 小辨析："原"和"源"是同音字，注意区分。（组词：原，原始。源，来源）

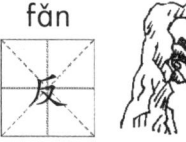

fǎn
反

解析 形声字，从又（表示手），厂（古音读 hǎn）声。也有说法认为是会意字。

本义 翻转，翻转手。

引申 ① 颠倒的，方向相背的，如"反面"。② 回，还，如"反攻""反击"等。

> 小提示："反"的第一笔是短撇，不要写成横。
> 小拓展：以"反"作声符的形声字有"返（fǎn）、饭（fàn）、版（bǎn）、阪（bǎn）"等。
> 小辨析："反"和"友（yǒu）"是形近字，注意区分。（组词：反，反面。友，朋友）

dùn
盾

解析 象形字，甲骨文像人手持盾牌的样子。小篆像盾牌的侧面之形、"十"（像盾牌里面的握把）和"目"（眼睛，"盾之用，窥敌之至而御之"）。

本义 盾牌（古代兵器，打仗时防护身体，用来遮挡敌方刀箭的防御性兵器）。

引申 ①形状像盾的东西，如"金盾""银盾"。②支持或援助的力量，如"后盾"等。

小拓展：以"盾"作声符的形声字有"遁（dùn）、楯（dùn）"。
小辨析："盾"和"眉（méi）"是形近字，注意区分。（组词：盾，矛盾。眉，眉毛）

"匚"部

作为部首，读作"三框旁"。因为"区、匠"是部中常用字，所以也读作"区字框""匠字框"。

匠 jiàng

解析 会意字，从匚（一种方形盛物器），从斤（古代指斧类工具）。
本义 木匠。
引申 ①有专门手艺的人，如"铁匠""瓦匠""能工巧匠"。②在某方面有很深造诣的人，如"文坛巨匠"。③灵巧，巧妙，如"匠心"等。

小提示："匠"的笔顺是一 丆 丆 匚 匞 匠，共六画，最后一笔是"𠃊"。

匹 pǐ

解析 象形字，金文像一匹布叠起来的形状。楷书字形的"匹"外部的"匚"是布叠起来后的外形轮廓，里面的"儿"是布卷曲褶皱之形。也有说法认为是会意字，金文用山崖的凹凸不平来比喻布匹的褶皱。
本义 织品的长度单位，"匹，四丈也"。
引申 ①量词，用于整卷的纺织品，如"一匹布"。②量词，用于马、骡子等，如"两匹马"。③相当，相配，如"匹敌""匹配"。④单独的，如"单枪匹马"等。

小提示："匹"的笔顺是一 丆 兀 匹，共四画，最后一笔是"𠃊"。

小辨析："匹"和"叵（pǒ）"是形近字，注意区分。（组词：匹，匹敌。叵，叵测）

xiá
匣

解析 形声字，从匚（方形盛物器），甲声。
本义 装东西用的方形小盒子，如"木匣""镜匣""梳妆匣"。

小提示："匣"的笔顺是一丆丌丙丙甲匣，共七画。
　　　　虽然"匣"的声符是"甲"，但"匣"的正确读音是xiá，不要读成jiǎ。
小辨析："匣"和"押（yā）"是形近字，注意区分。（组词：匣，木匣。押，抵押）

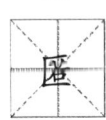

nì
匿

解析 会意字，从匚（方形盛物器，此处表示隐匿），从若（古文字形像女子在梳理头发，梳理头发通常在内室，也有隐藏的意思）。也有说法认为是形声字，从匚，若声。
本义 隐藏，躲藏，如"藏匿""匿名""销声匿迹"。

小提示："匿"的里面是"若"，不要写成"右"。
小辨析："匿"和"诺（nuò）"是形近字，注意区分。（组词：匿，匿名。诺，诺言）

"卜（⺊）"部

"卜"作为部首，读作"卜部""卜字旁"。附形部首"⺊"，因为"占"是部中常用字，所以读作"占字头"。部中字有的与占卜有关系，如"占、贞"；有的只是因为前两笔为"⺊"，如"卤、卢"。

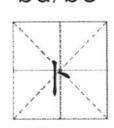

bǔ/bo
卜

解析 象形字，甲骨文像龟甲烧过后出现的裂纹之形。古人曾根据这些裂纹来预测吉凶祸福。

本义 烧灼龟甲以占卜吉凶祸福，如"卜卦""求签问卦"。

引申 预测，推测，如"预卜""生死未卜"。以上意义都读 bǔ。

多音字 读轻声 bo，只在"萝卜"一词中。

小拓展：以"卜"作声符的形声字有"补（bǔ）、扑（pū）、仆（pū/pú）、赴（fù）"等。

小辨析："卜"和"十（shí）"是形近字，注意区分。（组词：卜，占卜。十，十个）

背景知识简介：

左民安先生的《细说汉字》中这样写道："上古人，特别在殷商之时，凡是年成的丰歉、战事的胜负、天气的阴晴等必先占卜。所谓占卜，即把乌龟的甲刮光，再进行钻凿，并放在火上烤，这样在龟甲上就会出现或横或纵的裂纹，根据这种裂纹再来分析是凶还是吉。"

"占卜"就是古时用龟甲、兽骨等预测吉凶的一种活动。后泛指用其他方法预测吉凶。古人最初用龟甲进行占卜，是因为乌龟是最长寿的动物，觉得用乌龟壳的占卜效果最好最灵验。至于"bu"这个音的来源，大概是因为在烧灼龟甲时，龟甲开裂时会发出"bu bu"的声音，好像龟甲在诉说着什么……远古时代，这确实是一件很神秘的事情。

zhān/zhàn

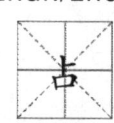

解析 会意字，甲骨文从卜，从口。"卜"像龟甲裂纹，"口"表示卜问。

本义 根据龟甲的裂纹征兆推知吉凶，如"占卜"。

引申 泛指通过龟甲、铜钱、牙牌等各种方式预测吉凶，如"占卦"等。以上意义读 zhān。

多音字 读 zhàn，表示以下意思：① 用强力或其他手段取得，如"占领"。② 拥有，使用，如"占地"。③ 处于某种地位，属于某种情况，如"占上风""赞成的占多数"等。

小拓展：以"占"作声符的形声字有"沾（zhān）、站（zhàn）、战（zhàn）、店（diàn）、黏（nián）"等。

小辨析："占"和"古（gǔ）"是形近字，注意区分。（组词：占，占卜。古，古文）

zhēn

解析 甲骨文像鼎形，"鼎"假借为"贞"。金文加"卜"，突出卜问之义。小篆字

形把"鼎"讹变为"貝（贝）"。也有说法认为是会意字，从卜，从贝（"鼎"讹变而来，鼎本是食器，这里表示火具，即用火具来占卜）。

本义 占卜。

引申 ① 忠于自己的信仰操守，坚定不移，如"坚贞""忠贞"。② 旧指女子坚守节操，不失身，不改嫁，如"贞节""贞烈"等。

> 小提示："贞"的上部是由"卜"演变而来的，不要写成"十"。
>
> 小拓展：以"贞"作声符的形声字有"侦（zhēn）、祯（zhēn）、帧（zhēn）"等。

lǔ

卤

解析 繁体为"鹵"，象形字，甲骨文像装着盐卤的容器。

本义 盐卤。也有说法认为是不生长谷物的盐碱地。

引申 ① 用盐水或酱油加调料煮，如"卤菜""卤鸡""卤味"。② 用肉、菜等做成的浓汁，多浇在煮好的面条上，如"打卤面"等。

> 小辨析："卤（lǔ）"和"囟（xìn）"是形似字。"卤"字上部字形可以看成装盐容器外部的提手把柄，中间的"乂"表示容器中装的盐。而"囟"字外部轮廓像婴儿的头，中间的"乂"表示婴儿囟门所在之处，"乂"也可以记忆为这个地方不能随意用手触碰。"囟门"是新生婴儿头顶颅骨未合拢的地方，不能随意用手触碰。（组词：卤，卤菜。囟，囟门）

fù

讣

解析 形声字，从讠（言），卜声。

本义 报丧，如"讣告""讣闻"。

> 小提示：虽然"讣"的声符是"卜"，但由于古今语言演变等原因，"讣"的正确读音是 fù，不要读成 bǔ。"讣"在字典中归入"讠"部，放在此处讲解是为了加深对"形声字"这一概念的理解。
>
> 小辨析："讣"和"计（jì）"是形近字，注意区分。（组词：讣，讣告。计，设计）

fù

赴

解析 形声字，从走，卜声。
本义 前往，到某处去，如"赴宴""赴约"。
引申 特指投向凶险的处所或危险的事情，如"赴汤蹈火"。

> **小提示**："赴"的里面是声符"卜"，不要写成"十"。"赴"在字典中归入"走"部，放在此处讲解是为了加深对"形声字"这一概念的理解。
> **小链接**：成语"赴汤蹈火"，奔向沸水，踏着烈火。形容奋不顾身，无所畏惧。
> **小辨析**："赴"和"赶（gǎn）"是形近字，注意区分。（组词：赴，赴约。赶，赶快）

"冂（勹）"部

"冂"作为部首，因为像框形，"同"是部中常用字，所以读作"同字框"。附形部首"勹"是"周"的外框，所以读作"周字框"。

tóng/tòng 同

解析 会意字，甲骨文从凡，从口。
本义 会合，聚集。
引申 ① 一样，没有差异，如"相同""大同小异"。② 共同，如"同学"等。
多音字 读 tòng 时，仅用在"胡同"（蒙古语音译，原指北方地区的小街小巷）。

> **小拓展**：以"同"作声符的形声字有"桐（tóng）、铜（tóng）、茼（tóng）、筒（tǒng）"等。
> **小辨析**："同"和"回（huí）"是形近字，注意区分。（组词：同，共同。回，回来）

wǎng 网

解析 象形字，甲骨文像渔网的形态。
本义 用绳线等编织成的渔猎器具，如"渔网"。
引申 ① 用绳、线等结成的有孔眼的捕鱼或捉鸟兽的工具。② 像网一样的东西，如"电网""网兜"。③ 纵横交错如网的组织、系统，如"网络"等。

小链接：成语"网开一面"，比喻对仇人或坏人采取宽大态度，给他们留下一条生路；也泛指处理事情要宽容，要给人留出路。

小辨析："网"和"冈（gāng）"是形近字，注意区分。（组词：网，渔网。冈，山冈）

ròu 肉

【解析】象形字，甲骨文像肉的形态。外部的"冂"像一块肉的外轮廓，里面像肉的纹理。

【本义】切成块的肉。

【引申】① 人和动物皮肤下面柔韧的物质，如"猪肉""肌肉"。② 某些瓜果里可以吃的部分，如"果肉"等。

小链接："肉"作形符在字的左侧时写作"月"，读作"肉月旁"，如"肌、脂"，之后会讲解这个重要部首。

小辨析："肉"和"内（nèi）"是形近字，注意区分。（组词：肉，牛肉。内，内心）

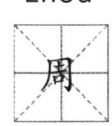

zhōu 周

【解析】会意字，甲骨文像农田里长满庄稼的形态，表示周密之义。也有说法认为是象形字。

【本义】周密。

【引申】① 周围，如"四周"。② 完备，完善，如"周密""周到"。③ 循环，如"周旋"。④ 星期，如"下周""周末"等。

小提示："周"的第一笔是"丿（撇）"，不要写成"丨（竖）"。"周"的里面是"土"，不要写成"士"。

小拓展：以"周"作声符的形声字有"稠（chóu）、绸（chóu）、惆（chóu）"等。

"八（丷）"部

"八"作为部首，读作"八字头"或"八字底"。附形部首"丷"，因为像八的倒形，读作"倒八字"。部中的字有的与分开有关系，如"分、半"；有的是由其他字形演变来的，如"公、共、兴、典、具"。

bā
八

解析	指事字，由两条相对的曲线构成。
本义	《说文·八部》中说："八，别也，象分别相背之形。""别"就是分开之义。
引申	假借用为数目字，指七和九之间的整数，如"八股""八仙""八卦"等。

小拓展：以"八"作声符的形声字有"扒（bā/pá）、叭（bā）、趴（pā）"等。
小辨析："八"和"入（rù）"是形近字，注意区分。（组词：八，八个。入，出入）

fēn/fèn
分

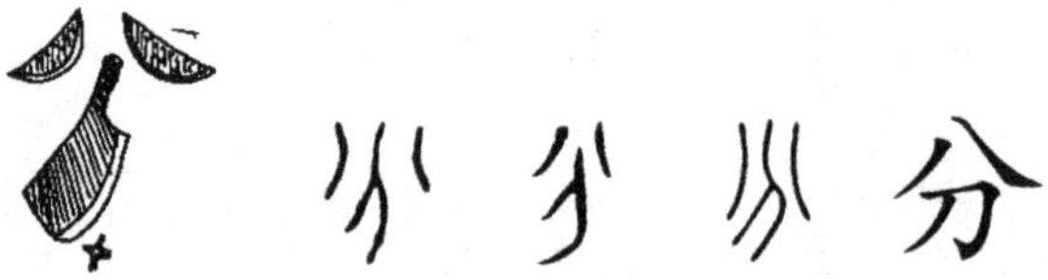

解析	会意字，从八（分开），从刀（可用来分开物体）。
本义	分开，区划开。
引申	① 分配，分发，如"分工"。② 成绩、货币（十分为一角）、时间（六十分为一小时）、角或弧（六十分为一度）、经度或纬度等的单位。③ 辨别，区别，如"分析""五谷不分"等。
多音字	读 fèn 时，表示以下意思：① 成分，如"水分"。② 职责、权力等的限度，如"本分""分内"。③ 人与人相处的情感、情义，如"情分"等。

小提示："分"的上部是"八"，不要写成"入"或"人"。
小拓展：以"分"作声符的形声字有"吩（fēn）、芬（fēn）、氛（fēn）、盆（pén）"等。

gōng
公

解析	会意字，从八（相背），从厶（环手向自己之形，表示自私），字形合起来表示背私为公。
本义	诸侯的，官方的。

| 引申 | ① 属于国家或集体的，跟"私"相对，如"公事""公务"。② 公平，没有偏私，如"公正""公道"。③ 共同的，公认的，如"公式"。④ 雄性的，跟"雌"相对，如"公鸡"等。 |

| 小拓展： | 以"公"作声符的形声字有"松（sōng）、颂（sòng）、蚣（gōng）"等。 |

bàn

详见第 6 页"、"部"半"字。

gòng

解析	会意字，金文像两只手供设器皿。也有说法认为是象形字。
本义	供奉，供给，这个意义后写作"供"。
引申	① 同，一起，一齐，如"共事""同甘共苦"。② 总共，总计，如"共计"等。

小提示：	"共"的下部是由两只手之形演变而来的哟！
小拓展：	以"共"作声符的形声字有"烘（hōng）、洪（hóng）、恭（gōng）、供（gōng/gòng）"等。
小辨析：	"共"和"井（jǐng）"是形近字，注意区分。（组词：共，共计。井，井水）

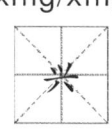

xīng/xìng

解析	繁体"興"，会意字，甲骨文像用四手抬起器物，下部的"口"表示齐声合力。小篆字形把器物和"口"写成"同"，表示同力。繁体"興"简化为"兴"，上部只保留了大致轮廓。
本义	起来，举起。
引申	① 起，如"兴起""夙兴夜寐"。② 举办，发动，如"兴办"。③ 兴盛，流行，如"新兴""时兴""兴旺"等。以上意义读 xīng。
多音字	读 xìng 时，表示兴致，兴趣，如"高兴""兴高采烈"。

小链接: "兴高采烈",表示兴致很高,神采飞扬。(此处的"采"表示神采,不要写成彩色的"彩")

小辨析: "兴"和"光(guāng)"是形近字,注意区分。(组词:兴,高兴。光,灯光)

diǎn 典

解析 会意字,甲骨文从册,从廾(gǒng,双手),表示双手奉册。后来字形下部的双手变成书架。

本义 重要的文献、简册、书籍,如"典籍"。

引申 ① 可以作为标准、典范的文献书籍,如"经典""字典"。② 规范,法则,如"典范"。③ 典礼,仪式,如"庆典"。④ 用土地、房屋、衣物等作抵押借钱,如"典当(dàng)"等。

小提示: "典"的笔顺是丨冂冂曲曲典典典,共八画。

小拓展: 以"典"作声符的形声字有"碘(diǎn)、腆(tiǎn)"等。

jù 具

解析 会意字,金文像双手捧着鼎。鼎是远古时代煮饭的炊具,类似于锅,后来也用作盛食物的器具。

本义 供置,古代特指供设酒食。

引申 ① 备办,准备,如"谨具薄礼"。② 使用的器物,器具,如"工具""玩具""文具"等。

小提示: "具"的上部里面是三个短横哟!

小拓展: 以"具"作声符的形声字有"惧(jù)、飓(jù)"等。

小辨析: "具"和"真(zhēn)"是形近字,注意区分。(组词:具,文具。真,真实)

"人(亻、人)"部

"人"作为部首,读作"人部"或"人字头"。附形部首"亻"是"人"在字的左侧作偏旁时写成的样子，读作"单人旁"或"单立人旁"。"亻"是"人"的附形部首。

部中的字多与人有关，大致分为三类：① 与人的行为有关，如"从、企、休、伐、伏、付"。② 与人的德行有关，如"信、仁、俭、傲"。③ 与人的称谓、身份相关，如"伯、你、僧、儒"。

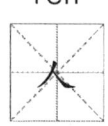

rén 人

解析 象形字，甲骨文像人侧身站立的样子。

本义 由类人猿进化而来，能制作并使用工具，能用语言进行思维和交际的高等动物，如"人类""男人""女人"。

引申 ① 从事某种工作或具有某种身份的人，如"工人""军人"。② 别人，如"人云亦云""助人为乐"。③ 成年人，如"长大成人"等。

小辨析："人"和"入（rù）"是形近字，注意区分。（组词：人，大人。入，入门）

cóng 从

解析 会意字，从二人，两人一前一后。

本义 二人相随而行，跟随，如"随从"。

引申 ① 听从，如"言听计从"。② 从事，参与，如"从军"。③ 依照，采取某种原则或办法，如"一切从简"。④ 附属的，次要的，如"从句""从犯"等。

小链接："从善如流"，形容乐于采纳正确的意见或建议，像水往低处流一样自然顺畅。
小拓展：以"从"作声符的形声字有"苁（cōng）、枞（cōng/zōng）、纵（zòng）"等。

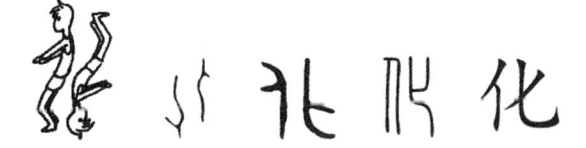

huà 化

解析 会意字，甲骨文像两人一正一倒，表示变化。

本义 变化，如"进化""转化"。

引申 ① 用言语、行为来诱导、影响，使有所转变，如"感化""潜移默化"。② 化学，如"化肥"等。

> **小提示**："化"的右边字形是由人倒过来之形演变而来的，不要写成"匕"或"七"。
> **小拓展**：以"化"作声符的形声字有"花（huā）、华（huá/huà）"等。

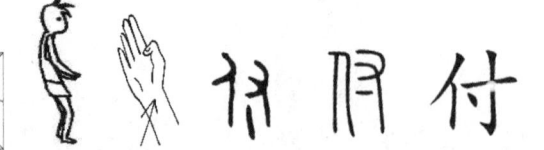

fù 付

解析 会意字，从亻（人），从寸（表示手）。
本义 手持物给别人。
引申 ① 交给，给予，如"交付""付出"。② 付钱，如"支付""兑付""付款"等。

> **小提示**："付"的右边是"寸"，"寸"的本义是手，之后会有详细讲解。
> **小拓展**：以"付"作声符的形声字有"咐（fù）、附（fù）、府（fǔ）、符（fú）"等。

fá 伐

解析 会意字，从人，从戈（gē，古代武器），表示用戈砍人头。
本义 击刺、砍杀。
引申 ① 泛指砍（树木等），如"伐木""砍伐"。② 攻打，征讨，如"讨伐""口诛笔伐"等。

> **小提示**："伐"的右边是"戈"，"戈"的本义是武器，之后会有详细讲解。
> **小辨析**："伐"和"代（dài）"是形近字，注意区分。（组词：伐，伐木。代，古代）

fú 伏

解析 会意字，从亻，从犬，会意为狗趴伏着在等待人或准备袭击人。
本义 面向下卧，趴，如"俯伏""趴伏"。
引申 ① 身体向前靠着，如"伏案"。② 隐藏，如"伏击""伏兵""潜伏"。③ 屈服，承认错误接受惩罚，如"伏法"。④ 低下去，如"此起彼伏"等。

> **小提示**："伏"的右边是"犬"，不要写成"大"。
> **小拓展**：以"伏"作声符的形声字有"茯（fú）、袱（fú）"等。

lún 伦

解析 繁体为"倫","倫"简化为"伦",右边只保留了大致轮廓。形声字,从亻,仑声,仑兼表义,表示人与人之间的关系是有秩序的。

本义 人与人之间的关系,这种关系以一定的等级、次序为基础,称为"伦常",如"人伦"。

引申 ① 条理,**次序**,如**"语无伦次"**。② **类,同类**,如"无与伦比""不伦不类"等。

> **小辨析**:"伦"和"轮"是同音字,注意区分。(组词:伦,伦理。轮,车轮)
> **小拓展**:"仑"和"仓"是形近字,常作为声符构成形声字,注意区分。以"仑(lún)"作声符的形声字有"伦(lún)、沦(lún)、轮(lún)、囵(lún)、论(lún/lùn)、纶(lún/guān)"等。以"仓(cāng)"作声符的形声字有"苍(cāng)、沧(cāng)、舱(cāng)、创(chuāng/chuàng)、疮(chuāng)、怆(chuàng)、枪(qiāng)、抢(qiǎng/qiāng)、炝(qiàng)"等。

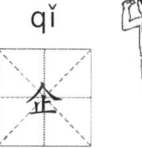

qǐ 企

解析 会意字,从人,从止(表示脚)。甲骨文上部是人,下部突出人的脚,合起来表示人踮起脚跟之形。

本义 踮起脚跟,如"企望""企足而待"。

引申 盼望,希望,如"企盼""企图""企及"。

> **小提示**:"企"的读音是 qǐ,不要读成 qì。
> "企"的下部是"止",不要写成"正"。"止"的本义是脚,之后会有详细讲解。

xiū 休

解析 会意字,从亻,从木,表示人在树旁休息。

本义 歇息,如"休息""午休"。

引申 ① 停止,如"休会""休学"。② 旧时指丈夫把妻子赶回娘家,断绝夫妻关系，如"休妻""休书"。③副词，表示禁止或劝阻，不要，如"休想""休要胡说"等。

| 小拓展：以"休"作声符的形声字有"咻（xiū）、貅（xiū）、髤（xiū）"等。
| 小辨析："休"和"体（tǐ/tī）"是形近字，注意区分。（组词：休，休息。体，体育，体己）

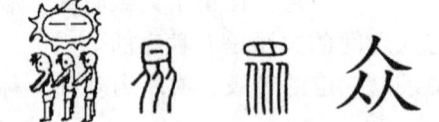

zhòng 众

解析 会意字，甲骨文为太阳下有三人，表示众人日出而作。
本义 许多，与"寡"相对，如"众人""众多"。
引申 许多人，如"群众""众口难调""万众一心"等。

| 小链接：成语"众志成城"，万众一心就能形成一道坚不可摧的城墙。比喻大家团结一致就可形成无比强大的力量。
| 小辨析："众"和"晶（jīng）"是形近字，注意区分。（组词：众，众多。晶，水晶）

hé 何

解析 甲骨文是象形字，像面朝左的一人肩扛一物的样子。字形演变过程中人形简化为"亻"，肩扛之物变成了"可"，小篆"何"是形声字，从亻，可声。
本义 担，扛，这个意义后写作"荷"。
引申 ①假借为疑问代词，如"何事""为何"。②代词，代替处所，相当于"哪里"，如"何去何从"。③代词，代替原因，相当于"为什么"或"怎么"，如"何至于此"等。

| 小拓展：以"何"作声符的形声字有"荷（hé/hè）"。
| 小辨析："何"和"向（xiàng）"是形近字，注意区分。（组词：何，如何。向，方向）

xìn 信

解析 会意字，从亻（人），从言，以人们实践诺言为信。
本义 言语真实，说到做到，如"言而有信"。

引申 ① 相信，如"信任"。② 凭据，如"信物"。③ 消息，如"信息"。④ 书信，如"送信""介绍信"。⑤ 任凭，随意，如"信口开河""信手拈来""信马由缰"等。

小链接："信马由缰"，骑马时不勒缰绳，让马任意地走。比喻无目的地随意行动。
小辨析："信"和"言（yán）"是形近字，注意区分。（组词：信，信任。言，语言）

"勹"部

作为部首，因为"包"和"句"是部中常用字，所以读作"包字头"或"句字框"。部中的字有的跟弯曲、包裹、环绕有关，如"包、勺、匈、旬"。

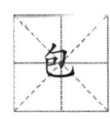

bāo 包

解析 象形字，小篆像肚子里的胎儿包在胎衣内的样子。另有说法认为是形声字，从巳，勹声。
本义 胎衣。"包，象人怀妊。"（《说文·包部》）
引申 ① 因为胎衣包裹着胎儿，引申为裹，如"包扎""包书"。② 包裹起来的东西，如"邮包"。③ 装东西的袋子，如"书包""钱包"。④ 容纳，总括，如"包括""包罗万象"等。

小提示："包"的下部是"巳（sì）"，不要写成"己（jǐ）"或"已（yǐ）"。
小拓展：以"包"作声符的形声字有"胞（bāo）、苞（bāo）、饱（bǎo）、抱（bào）、跑（pǎo）"等。

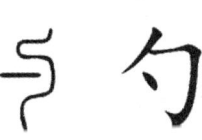

sháo 勺

解析 象形字，小篆像勺子里面盛着东西。
本义 勺子，舀东西的用具，多为空心半球形，有柄，如"饭勺""铁勺"。
引申 像勺的半球形物体，如"后脑勺"等。

小拓展：以"勺"作声符的形声字有"芍（sháo）、趵（bào）、豹（bào）"等。

小辨析:"勹"和"匀(yún)"是形近字,注意区分。(组词:勹,勺子。匀,均匀)

xiōng 匈

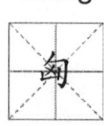

解析 形声字,从勹(胸腔是包容内脏的,故从勹),凶声,是"胸"的本字。
本义 胸腔,胸膛,这个意义后写作"胸"。
引申 假借表示"匈奴"(我国古代北方游牧民族)。

小提示:"匈"的笔顺是丿勹勺匀匈匈,共六画。"匈"的下部是声符"凶",不要写成"乂"。
小辨析:"匈"和"勾(gōu)"是形近字,注意区分。(组词:匈,匈奴。勾,勾结)

xún 旬

解析 会意字,从日,从勹。甲骨文像回环之形,表示一周匝。金文增加了"日",表示由甲到癸为十日一循环。
本义 从甲到癸满十日,一个循环为一旬,也就是十天。
引申 ① 十天为一旬,一个月分为上中下三旬,如"上旬""中旬"。② 一个十岁为一旬(一般用于较大的年龄),如"年过八旬"等。

小拓展:以"旬"作声符的形声字有"荀(xún)、询(xún)、珣(xún)、殉(xùn)"等。
小辨析:"旬"和"句(jù)"是形近字,注意区分。(组词:旬,上旬。句,语句)

"儿"部

作为部首,读作"儿部"或"儿字底"。部中的字有的与人及其行为有关,如"见、元、先"。

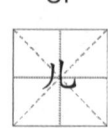

ér 儿

| 解析 | 繁体为"兒",象形字,甲骨文像小儿头大而头顶囟(xìn)门未闭合之形。繁体"兒"简化为"儿"。
| 本义 | 小孩子,如"婴儿""幼儿"。
| 引申 | ①儿子,如"儿孙""儿女"。②年轻人(多指男子),如"健儿""男儿"。③词的后缀,读时与前面合成一个音节,叫作"儿化",如"鸟儿""盆儿"等。

小提示:繁体"兒"上部的"臼"是小儿头大而头顶囟门未闭合之形演变来的,可见古人造字时观察得多么仔细啊!繁体"兒"是简化为"儿",字形上只保留了小儿的身体。

小辨析:"儿"和"几(jǐ)"是形近字,注意区分。(组词:儿,儿子。几,几个)

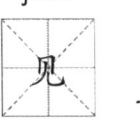

jiàn 见

| 解析 | 繁体为"見",甲骨文是象形字,像人睁大眼睛看之形。小篆是会意字,从目,从儿。繁体"見"简化为"见"。
| 本义 | 看到,看见,如"视而不见""喜闻乐见"。
| 引申 | ①会见,如"接见"。②见解,对事物的认识和看法,如"成见""固执己见""真知灼见"等。

小拓展:以"见"作声符的形声字有"苋(xiàn)、现(xiàn)、砚(yàn)、舰(jiàn)"等。

小辨析:"见"和"贝(bèi)"是形近字,注意区分。(组词:见,看见。贝,宝贝)

yuán 元

| 解析 | 指事字,甲骨文字形人头上加"一",指明头的部位。
| 本义 | 人头。
| 引申 | ①因头部是人最重要的部位,故引申表示为首的,如"元首"。②因头部在身体的最上面,故又引申表示开始的,如"元旦""元月"。③主要的,基本的,如"元素""元气"等。

小拓展:以"元"作声符的形声字有"园(yuán)、远(yuǎn)、玩(wán)、完(wán)、顽(wán)"等。

小辨析:"元"和"无(wú)"是形近字,注意区分。(组词:元,元旦。无,有无)

xiān 先

解析 会意字，从儿，从止。甲骨文上部是止（表示脚），下部是儿（表示人），会意为走在前面。

本义 走在前面。

引申 ① 时间或顺序在前的，跟"后"相对，如"先进""先锋"。② 祖先，前代人，如"祖先""先民"。③ 以前，开始的，如"起先""原先"等。

小拓展：以"先"作声符的形声字有"选（xuǎn）、筅（xiǎn）"等。

小辨析："先"和"光（guāng）"是形近字，注意区分。（组词：先，先生。光，火光）

"匕"部

作为部首，读作"匕部""匕字旁"。部中字有的与取食的器具有关，如"旨、匙"；有的由其他字形演变而来，如"北"。

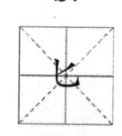

bǐ 匕

解析 象形字，长柄浅斗，像古代一种取食的器具，类似饭勺。也有说法认为甲骨文像人跪拜的样子。

本义 饭勺。

引申 "匕首"，短剑之类的兵器，因其上端像"匕"，故称"匕首"。

小链接：成语"图穷匕见"，《战国策》记载：荆轲受燕太子丹之命去刺杀秦王时，向秦王献上内藏匕首的燕国督亢地图，地图打开后露出了匕首。比喻事情发展到最后，真相才完全显露出来（多含贬义）。（"见"在"图穷匕见"里读作 xiàn）

小辨析："匕"和"七（qī）"是形近字，注意区分。（组词：匕，匕首。七，七天）

zhǐ 旨

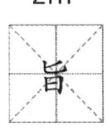

解析 会意字，小篆从匕（饭勺），从甘。到楷体中，"甘"已演成了"日"。
本义 滋味美好，如"甘旨""旨酒"。
引申 ① 意思，用意，目的，如"主旨""宗旨"。② 特指帝王的命令，如"圣旨""遵旨"等。

小提示："旨"的上部是"匕"（饭勺），不要写成"七"。
小拓展：以"旨"作声符的形声字有"指（zhǐ）、脂（zhī）"等。

běi 北

解析 会意字，甲骨文像两人相背。
本义 背离，违背。
引申 ① 假借表示北方，四个主要方向之一，跟"南"相对，如"北方""北边""南北"。② 文言中表示打了败仗往回逃跑，如"败北"。

小提示："北"的笔顺是丨一十北北，共五画。
小拓展：以"北"作声兼义符的形声字有"背（bēi/bèi）"。
小辨析："北"和"化（huà）"是形近字，注意区分。（组词：北，北方。化，变化）

chí/shi 匙

解析 形声字，从匕，是声。
本义 匙子，舀取液体、粉末状物体的小勺，读 chí，如"汤匙""茶匙"。
多音字 读 shi，表示开锁的"钥匙"，作者猜想可能是因为饭勺跟古代钥匙外形类似。

小巧记：记少不记多，"匙"只在"钥匙"一词中读轻声 shi，其他情况都读 chí。
小辨析："匙"和"题（tí）"是形近字，注意区分。（组词：匙，钥匙。题，题目）

"几（几）"部

作为部首，读作"几部""几字底"。部中字有的与供坐靠的器具有关，如"凭"；有的是由其他字形演变而来，如"凡、朵"。附形部首"几"读作"凤字框"或"风字框"，因为"凤""风"是部中常用字。

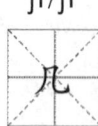

jī/jǐ 几

解析：象形字，像几案的形状，古人坐时倚靠的家具之形。
本义：古人坐时倚靠的家具。
引申：① 由凭靠用的几引申为放置物件的小桌子，如"茶几""几案""窗明几净"。② 副词，表示接近某种情况，如"几乎""几近""几率"。以上意义都读 jī。
多音字：读 jǐ，表示以下意思：① 询问数量或时间，如"几斤"。② 表示大概的数目，如"几次三番"。

> **小拓展**：以"几"作声符的形声字有"饥（jī）、肌（jī）、机（jī）、讥（jī）"等。
> **小辨析**："几"和"九（jiǔ）"是形近字，注意区分。（组词：几，几乎。九，九天）

fán 凡

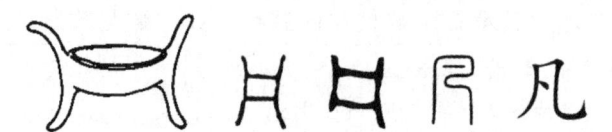

解析：象形字，像古代的一种高圈足的盘子。也有说法认为"凡"是"帆"的本字，甲骨文的长竖是风力将绳索吹弯的样子。
本义：大概，要略，如"大凡""发凡"。
引申：① 平常，普通，如"平凡""非凡"。② 神话中指人世间，如"凡间""仙女下凡"等。

> **小拓展**：以"凡"作声符的形声字有"帆（fān）、矾（fán）、梵（fàn）"等。
> **小辨析**："凡"和"风（fēng）"是形近字，注意区分。（组词：凡，平凡。风，吹风）

duǒ 朵

| 解析 | 象形字，甲骨文像树木枝叶花实下垂的样子。
| 本义 | 树木枝叶花实下垂的样子。也有说法认为是鼓凸、凸出，用于花、云等有凸延性的事物。
| 引申 | ①植物的花或苞，如"花朵"。②量词，用于花朵或像花朵的东西，如"一朵云""一朵花"等。

> 小提示："朵"的上部是"几"的变形，不能写成"几"。第二笔是横折弯，不是横折弯钩。
> 小拓展：以"朵"作声符的形声字有"躲（duǒ）、剁（duò）、跺（duò）"等。

píng 凭

| 解析 | 会意字，从任（表示倚靠），从几（表示桌几）。
| 本义 | 身体靠在物件上，如"凭几""凭栏远望"。
| 引申 | ①依靠，根据，如"凭借"。②证据，如"凭据""凭证""真凭实据"等。

> 小提示："凭"的下部是表示桌几的"几"，不要写成"九"；读音是后鼻音píng，不要读成前鼻音pín。
> 小辨析："凭"和"秃（tū）"是形近字，注意区分。（组词：凭，凭借。秃，秃头）

"亠"部

作为部首，在字的上边，读作"点横头"。因为"玄""京""六"是部中的常用字，所以又读作"玄字头""京字头"或"六字头"。"亠"作为部首本身没有意义，它不是从意义的角度设立的，而是作为一部分字的共有字形为便于检索而定的。

xuán 玄

| 解析 | 字形结构暂无定论。笔者觉得甲骨文字形像一束丝，之后的字形在上部加了"亠"。

本义 "玄，幽远也。"(《说文·玄部》)

引申 ① 幽远则难知难测，引申为深奥难懂，如"玄妙""玄机"。② 不真实，不可靠，玄虚，如"玄乎""故弄玄虚"。③ 黑色，如"玄青"（形容颜色深黑）、"玄狐"（一种毛色深黑色的狐）。

> **小拓展**：以"玄（xuán）"作声符的形声字有"炫（xuàn）、眩（xuàn）、舷（xián）"等。
>
> **小辨析**："玄"和"亥（hài）"是形近字，注意区分。（组词：玄，玄妙。亥，亥时）

yì 亦

解析 指事字，甲骨文像正面站立的人形，两侧的两点指示人的腋下部位。

本义 腋下，这个意义后来写作"腋"。

引申 假借用作文言虚词，表示也，也是，如"人云亦云""亦步亦趋""反之亦然"。

> **小链接**："亦步亦趋"，别人慢走就跟着慢走，别人快走也跟着快走。比喻没有主见或为了讨好，事事追随或模仿别人。（步，慢走；趋，快走）
>
> **小拓展**：以"亦"作声符的形声字有"奕（yì）、弈（yì）、迹（jì）"等。

jīng 京

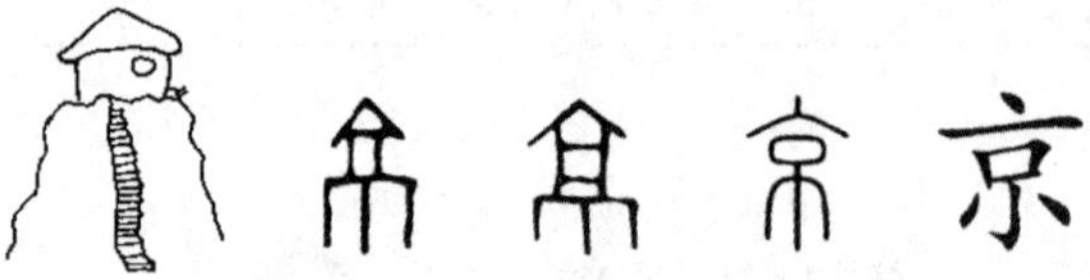

解析 象形字，甲骨文像人工建造的穴居房屋。徐中舒《甲骨文字典》："人为穴居形。（下部）象丘上累土之高；（上部）象穴上正出之阶梯及房屋形，（两竖画）象充作楹柱之立木。"

本义 人工筑成的高丘。

引申 ① 把国都称为"京"，取其大之意，如"京师""京畿"。② 特指我国首都北京，如"北京"。

> **小提示**："京"的读音是后鼻音 jīng，不要读成前鼻音 jīn。
>
> **小拓展**：以"京"作声符的形声字有"惊（jīng）、鲸（jīng）、景（jǐng）"等。

gāo 高

解 析	会意字，甲骨文像一所房子的形状，楼台层叠，表示上下距离大。另有说法认为是象形字。
本 义	高，跟"低"相对，如"高低""高大""高山"。
引 申	① 高度，如"身高"。② 地位、等级在上的，如"高级""高等"。③ 敬辞，用于称跟对方有关的事物，如"高见""高寿"等。

小拓展：以"高"作声符的形声字有"膏（gāo）、稿（gǎo）、搞（gǎo）、犒（kào）"等。

"冫"部

作为部首，因像两个水点，所以读作"两点水"。"冰"是部中常用字，所以也读作"冰字旁"。部中的字大都跟冰或寒冷有关，如"冰、冷、凝"。

bīng 冰

解 析	会意字，从水，从冫（像水结冰后表面拱起的样子）。
本 义	水在0℃或0℃以下凝结成的固体，如"结冰""冰块"。
引 申	① 使人感到寒冷，如"冰凉"。② 用冰或冷水使物体变凉，如"冰镇"。③ 样子像冰一样的东西，如"干冰""冰糖"等。

小提示："冰"的读音是后鼻音 bīng，不要读成前鼻音 bīn。

小链接："冰冻三尺，非一日之寒"，三尺厚的冰，不是短时间的寒冷就能冻成的。比喻某种情况的形成是长期积累的结果，暗示要消除它也不容易。

lěng 冷

| 解 析 | 形声字，从冫（像水结冰后表面拱起的样子），令声。 |
| 本 义 | 温度低，跟"热"相对，如"冷热""寒冷"。 |

引申 ① 不热情，不温和，如"冷淡""冷眼"。② 不热闹，如"冷清"。③ 注意的人不多，如"冷门"等。

小提示："冷"的右边是声符"令（lìng）"，不要写成"今（jīn）"。
声符"令"和"冷"现在读起来只有声母一样了，这是古今语音演变等多种原因造成的，古代造字时两者的读音应该是相同或相似的。

yě 冶

解析 形声字，从冫（像水结冰后表面拱起的样子），台（古音读 yí）声。
本义 熔炼（金属），如"冶炼""冶金"。
引申 ① 比喻锤炼影响，如"陶冶"。② 文言中形容女子装饰打扮过于艳丽（含贬义），如"冶艳""妖冶"。

小提示："冶"字从"冫"，是因为熔炼金属时既需要高温，也需要冷却，过程跟结冰的原理一样。
小辨析："冶"和"治（zhì）"是形近字，注意区分。（组词：冶，陶冶。治，治理）

níng 凝

解析 形声字，从冫（像水结冰后表面拱起的样子），疑声。
本义 结冰，如"凝结""凝固"。
引申 因为水结冰后不能随意流动，引申为聚集、集中，如"凝神""凝望""凝视"。

小提示："凝"的读音是鼻音 níng，不要读成边音 líng。
小链接："凝神贯注"，形容精神高度集中。

"冖"部

作为部首，因为"冖"像"宀"（宝盖头），但上边光秃秃少了一点，所以读作"秃宝盖"。部中的字多与覆盖、遮蔽有关，如"冠、冤、冥"。

jūn 军

解析 会意字，小篆从勹（环围），从车（兵车）。古代车战，军队宿营休止时以兵车环绕自围来作为屏障。

本义 军队宿营休止时以兵车环绕自围，泛指驻扎。

引申 ① 军队，武装部队，如"空军""参军"。② 军队的编制单位，是"师"的上一级，如"军长"等。

> **小提示**："军"字上部是"冖"（表示环绕），不要写成"宀"。
> **小拓展**：以"军"作声符的形声字有"荤（hūn）、浑（hún）、晕（yūn/yùn）"等。

guān/guàn 冠

解析 形声字，从冖（表示帽子），从寸（表示手），元声，元（表示头）兼表义，合起来表示用手戴帽子。

本义 帽子，如"衣冠""张冠李戴"。

引申 像帽子的东西，如"鸡冠""树冠"。以上意义读 guān。

多音字 读 guàn，表示以下意思：① 戴帽子，如"冠礼"（古代男子 20 岁时举行的表示成年的加冠礼仪）。② 居第一位，超出众人，如"冠军"。③ 在前面加上某种名号，如"冠名"等。

> **小链接**："冠冕堂皇"，形容表面上庄严体面或光明正大的样子（多含讥讽意）。
> **小辨析**："冠"和"寇（kòu）"是形近字，注意区分。（组词：冠，冠军。寇，敌寇）

míng 冥

解析 会意字，从冖，从日，从六，表示太阳被罩住而幽暗。

本义 幽暗不明，昏暗，如"幽冥"。

引申 ① 愚昧，如"冥顽不灵"。② 深奥，深入，如"冥思""冥想""冥思苦想"等。

小巧记："冥"可拆解为"冖、日、六",可以巧记为太阳被遮盖了六日,真的是幽暗不明啊!"冥"的下部是"六",不要写成"大"。

小拓展：以"冥"作声符的形声字有"暝（míng）、溟（míng）、螟（míng）"等。

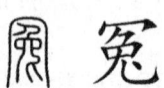

yuān 冤

解析 会意字,从冖,从兔,表示兔子被罩住,屈缩而不能伸展。

本义 屈缩,不能伸展。

引申 ① 冤枉,受到不公正待遇,如"冤屈"。② 仇恨,如"冤家"。③ 上当,如"这钱花得真冤"等。

小提示："冤"的下部是"兔（tù）"（右下角的点可以看成兔子的小尾巴）,不要写成"免（miǎn）"。

小巧记：兔子善于跑跳,"兔"被罩住就是"冤（冤屈）","兔"逃走了就是"逸（yì,逃逸）"。

"凵"部

作为部首,在字的下边,"凶"是部中常用字,读作"凶字底"或"凶字框"。部中的字多与坑穴、低洼有关,如"凶、出、凼、函"。

xiōng 凶

解析 指事字,从凵（陷坑）,从乂（指事符号,表示凶险）。

本义 凶险,不吉利,跟"吉"相对,如"凶事""吉凶祸福"。

引申 ① 凶恶,残暴,如"凶悍""穷凶极恶"。② 杀害或伤害人的行为,如"行凶""凶手"。③ 杀人害人的坏人,恶人,如"元凶"等。

小提示："凶"的笔顺是ノㄨ凵凶,共四画。

小拓展：以"凶"作声符的形声字有"匈（xiōng）、汹（xiōng）"等。

chū 出

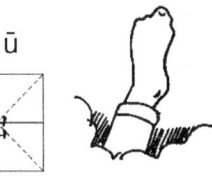

解析 会意字，从止（表示脚），从凵（表示半地穴式的原始居住处），用脚跨出洞穴口表示出去。

本义 从里面到外面，跟"进、入"相对，如"出口""出去""进出"。

引申 ① 出现，显露，如"出面""水落石出"。② 离开，如"出发""出家"。③ 来到（某个处所、场合），如"出席""出场"等。

小提示："出"的笔顺是 一凵屮出出，共五画。不要写成上下两个"山"。

小拓展：以"出"作声符的形声字有"础（chǔ）、绌（chù）、黜（chù）"等。

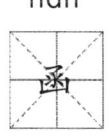

---

hán 函

解析 象形字，甲骨文像矢（shǐ，箭）放在箭袋里之形，箭袋外有小耳，可钩挂。

本义 箭袋。

引申 ① 包裹物件的东西，匣子，封套，如"镜函""石函"。② 古代寄信用木函，后用"函"指信件，如"信函""公函""函授"等。

小提示："函"的笔顺是 ⁊ 了 ⁊ 孑 孖 函 函 函，共八画。第一笔是"横勾"。

小拓展：以"函"作声符的形声字有"涵（hán）、菡（hàn）"等。

小辨析："函"和"丞（chéng）"是形近字，注意区分。（组词：函，信函。丞，丞相）

"卩（㔾）"部

作为部首，因与"阝"（双耳旁）相似，但中间没有弯折，所以读作"单耳旁"或"单刀旁"。部中的字多与人的动作行为有关，如"印、即、卿"。"卩（jié）"也作声符构成形声字，如"节、爷"。

附形部首"㔾"是"卩"的变体，在字的下部，"卷"是部中常用字，读作"卷字底"。

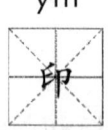

yìn 印

解析 会意字，甲骨文从爪（手），从卩（跪坐的人），表示用手按抑住人使跪伏。
本义 按抑，用手按抑住人使跪伏，这个意义后写作"抑"。
引申 ① 盖印时需要用手按压，引申为图章，如"印章"。② 痕迹，如"脚印"。③ 留下痕迹，特指使图像、文字等附着在纸、布等上面，如"复印""印染"等。

小提示："印"的笔顺是 ㇒ 𠂉 𠂊 印 印，共五画。右边是"卩"，不要写成"阝"。
小辨析："印"和"抑（yì）"是形近字，注意细节的区分。（组词：印，印章。抑，压抑）

jí 即

解析 会意字，甲骨文左边像盛满食物的食器，右边像人，表示人靠近食器吃食物。
本义 走过去吃东西，就食。
引申 ① 靠近，接近，如"若即若离"。② 到，开始从事，如"即位"。③ 就是，如"非此即彼"等。

小拓展：以"即"作声符的形声字有"鲫（jì）、唧（jī）"。
小辨析："即"和"郎（láng）"是形近字，注意区分。（组词：即，即使。郎，新郎）

qīng 卿

解析 会意字，甲骨文像两人跪坐着相向就食的样子，中间是一个食器。
本义 古代高级官名，是古代天子和诸侯属下的一种高级官员，汉以前有六卿，汉设九卿，如"卿相""三公九卿"。
引申 ① 古代君主对大臣的爱称，如"爱卿"。② 古代夫妻或朋友之间亲切的称呼，如"卿卿我我"等。

小提示	"卿"的读音是后鼻音 qīng，不要读成前鼻音 qīn。
小辨析	"卿"和"鲫（jì）"是形近字，注意区分。（组词：卿，公卿。鲫，鲫鱼）

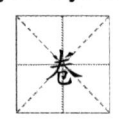

juǎn/juàn 卷

解析	形声字，从㔾（像跪坐的人），巻声，巻兼表义，表示弯曲。
本义	膝关节的后部。
引申	① 弯曲，把东西弯转裹成圆筒形或半圆形，如"卷帘子"。② 弯转成的圆筒形的东西，如"烟卷""蛋卷"等。以上意义都读 juǎn。
多音字	读 juàn，表示以下意义：① 可以卷起来收藏的书画，泛指书画，如"画卷""手不释卷"。② 书籍的册本或部分，如"上卷"。③ 考试用的试卷，如"阅卷""考卷"等。

小提示	"卷"的卜部是"㔾"，不要写成"巳（sì）"。
小辨析	"卷"和"券（quàn）"是形近字，注意区分。（组词：卷，试卷。券，证券）

"刀（刂、⺈）"部

"刀"作为部首，读作"刀部"。附形部首"刂"是"刀"的变体，因像竖立的刀，所以读作"立刀旁"。附形部首"⺈"读作"刀字头"或"负字头"。部中的字多表示与刀有关的事物、性状或动作，如"刃、分、初、利、刺"。

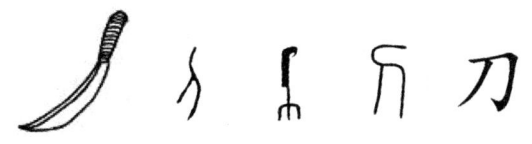

dāo 刀

解析	象形字，甲骨文像刀形。
本义	古代一种武器，有锋刃可以砍切的工具或武器，如"刀刃""刀枪"。
引申	① 形状像刀的东西，如"冰刀""瓦刀"。② 量词，计算纸张的单位，通常一刀为一百张。

小拓展：以"刀"作声符的形声字有"叨（dāo）、到（dào）、召（zhào）"等。
小辨析："刀"和"力（lì）"是形近字，注意区分。（组词：刀，刀刃。力，力气）

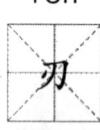

rèn 刃

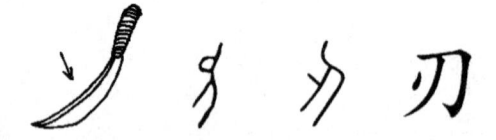

解析：指事字，从刀，刀口上一短画是指事符号，指出刀刃的所在之处。
本义：刀、剑上锋利的部分，如"刀刃""迎刃而解"。
引申：①刀、剑等，如"利刃""白刃战"。②用刀杀，如"手刃国贼"等。

小拓展：以"刃"作声符的形声字有"仞（rèn）、纫（rèn）、韧（rèn）、轫（rèn）、忍（rěn）"等。
小辨析："刃"和"办（bàn）"是形近字，注意区分。（组词：刃，刀刃。办，办法）

fēn/fèn 分

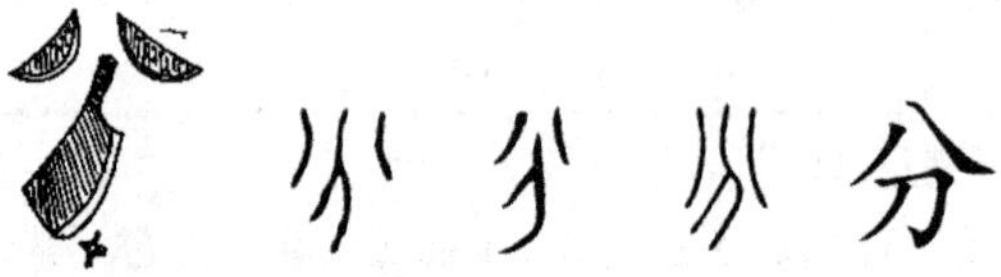

详见第18页"八部""分"字。

chū 初

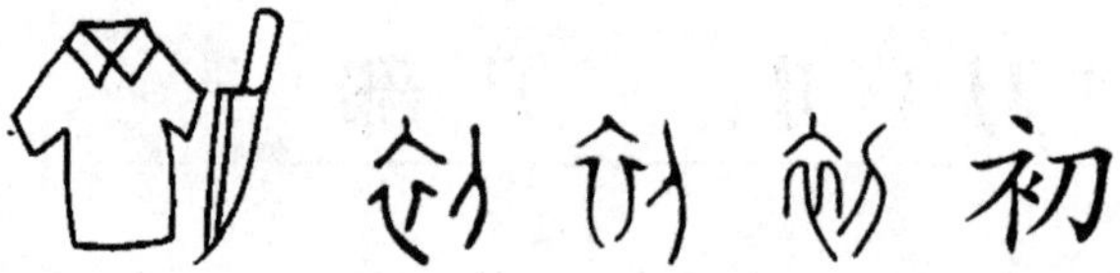

解析：会意字，从刀，从衤（衣），表示制作衣服从裁剪开始。
本义：开始，开始的，如"初学""起初"。
引申：①第一个，第一次，如"初恋"。②原来的，本来的，如"初衷"。③最低的，如"初级"等。

小提示："初"的部首是"衤"（衣字旁，右边是两点），不要写成"礻"（示字旁，右边是一点）。
小链接："初出茅庐"，东汉末年，年轻的诸葛亮接受刘备的恳请，走出隐居的茅庐，辅助刘备打天下。后比喻刚刚进入社会参加工作。

kān 刊

解析 形声字，从刂，干声。
本义 砍斫，削除。
引申 ① 古代文书写在竹简上，有错误就要削去，引申为修改订正，如"刊误"。② 古代指雕刻书版，后泛指印刷出版，如"刊印"。③ 刊物，也指报纸上定期刊出的专版，如"报刊""特刊"等。

小链接："不刊之论"，指不可改动的或不可磨灭的言论。形容言论精当，无懈可击。（"不刊之论"里的"刊"是订正修改的意思，而不是刊登刊载，要注意区分）

小提示：虽然"干（gān）"是"刊（kān）"的声符，但由于古今语言演变等原因，"刊"的正确读音是 kān，不要读成 gān。可以翻看前面部分对"形声字"这一概念的详细解释。

小辨析："刊"和"刑（xíng）"是形近字，注意区分。（组词：刊，报刊。刑，刑法）

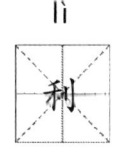

lì
利

解析 会意字，从禾，从刂。用刀起禾断表示锋利。
本义 锋利，与"钝"相对，如"利刃""锐利"。
引申 ① 顺利，没有或很少遇到困难，如"便利""流利"。② 好处，利益，如"福利""利弊"。③ 利润，利息，如"利率""薄利多销"等。

小拓展：以"利"作声符的形声字有"莉（lì）、梨（lí）、犁（lí）"等。

小辨析："利"和"和（hé）"是形近字，注意区分。（组词：利，便利。和，和平）

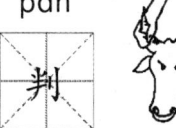

pàn
判

解析 形声字，从刂，半声，半兼表义，表示分作两半。
本义 分开。
引申 ① 分辨，如"判断"。② 评定，如"评判"。③ 判决，如"审判"。④ 区别明显，如"判然不同"等。

小提示："判"的第五笔是丿（撇），不要写成丨（竖）。

小链接："判若两人"，区别明显，就像是两个人一样。形容一个人在不同场合或不同时间的态度、言行变化巨大。

cì 刺

解析 形声字，从刂（刀），朿声，朿（cì，树木上的尖刺之形）兼表义。
本义 用尖利的东西扎入或穿透，如"针刺""刺绣"。
引申 ①像针一样尖的东西，如"鱼刺""芒刺"。②刺激，如"刺耳""刺鼻"。③讥讽，如"讽刺"。④暗杀，如"刺杀"。⑤侦察，暗中打听，如"刺探"等。

> 小提示："刺"的左边是"朿（cì）"，"朿"像树木上左右横生的尖刺之形，不要写成"束（shù）"。
> 小辨析："刺"和"枣（zǎo）"是形近字，注意区分。（组词：刺，鱼刺。枣，红枣）

"力"部

作为部首，读作"力部""力字旁"或"力字底"。部中的字多表示与力量有关的动作、性状或事物，如"夯、幼、男"。

lì 力

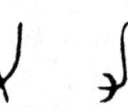

解析 象形字，甲骨文像耒（lěi，古代一种松土耕田的农具）的形状。
本义 用耒耕作需要用力，故指力量，力气，如"气力""力大无穷"。
引申 ①身体器官的功能，如"听力""视力"。②泛指事物的功能，如"火力""药力"。③用很大的力量，尽力，如"努力""力争""力求"等。

> 小提示："力"的笔顺是 フ力，共两画。
> 小拓展：以"力"作声符的形声字有"历（lì）、肋（lèi）"等。
> 小辨析："力"和"刀（dāo）"是形近字，注意区分。（组词：力，努力。刀，刀刃）

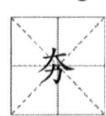

hāng 夯

| 解 析 | 会意字，从大，从力。
| 本 义 | 用力担扛重物。
| 引 申 | ① 砸实地基的工具，如"打夯"。② 用夯砸，如"夯地基"。

小提示："夯"的读音是 hāng，不要读成 káng。
小链接："夯实"，用夯或夯机把地基砸结实。比喻打好基础。
小辨析："夯"和"务（wù）"是形近字，注意区分。（组词：夯，夯实。务，任务）

yòu
幼

| 解 析 | 会意字，从幺（yāo，像一束丝，表示小），从力。用力气小表示年纪小。
| 本 义 | 年纪小，初生的，如"幼儿""幼苗"。
| 引 申 | 小孩，儿童，如"男女老幼""扶老携幼"等。

小拓展：以"幼"作声符的形声字有"呦（yōu）、黝（yǒu）、窈（yǎo）"等。
小辨析："幼"和"幻（huàn）"是形近字，注意区分。（组词：幼，幼小。幻，幻想）

nán
男

| 解 析 | 会意字，从田，从力。字形表示在田里从事耕作。
| 本 义 | 农耕是男子的事，故指男性，如"男人""男女""男耕女织"。
| 引 申 | ① 儿子，如"长男"。② 古代贵族五等爵位的第五等，如"公侯伯子男"。

小提示："男"是上下结构的字，上"田"下"力"。
小拓展：以"男"作义符的形声字有"甥（shēng）、舅（jiù）"。
小辨析："男"和"另（lìng）"是形近字，注意区分。（组词：男，男人。另，另外）

"又"部

作为部首，读作"又部"或"又字旁"。部中字有的与手的动作有关，如"叉、友、取、受"；有的是简化符号。

汉字简化时，"又"作为一种简单抽象的符号，代替了一些原来的繁难部件，如"汉（漢）、难（難）、艰（艱）、叹（歎）、对（對）、仅（僅）、戏（戲）、权（權）、劝（勸）、欢（歡）、观（觀）、鸡（雞）、邓（鄧）、树（樹）、凤（鳳）、双（雙）、变（變）、轰（轟）、聂（聶）、叠（疊）"等。在这些字中，"又"只是简化符号，与手的意义无关。

yòu

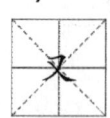

解析 象形字，像手的形状，表示右手。甲骨文像三个手指朝左的一只右手，字形只有三个手指，而不是五个手指，一是因为古时候常常用"三"代表多，二是因为常用的手指就是大拇指、食指、中指三个手指。

本义 右手。

引申 ① 假借表示动作的重复或继续，如"又来""想了又想""野火烧不尽，春风吹又生"。② 表示几种情况并存，如"又快又好"等。

小辨析："又"和"叉"是形近字，注意区分。（组词：又，又来。叉，刀叉）

chā/chá/chǎ/chà

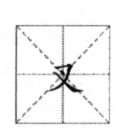

解析 象形字，像手之形，中间一画表示夹进另一只手的手指。另有说法认为是指事字。

本义 手指相交错，如"叉手"。

引申 ① 叉子，用来扎取东西的器具，如"刀叉"。② 用叉子扎取东西，如"叉鱼"。③ 交错，如"交叉"。④ 叉形符号，一般用来代表错误或作废，如"打叉"等。以上意义都读 chā。

多音字 ① 读 chá 时，来自方言，表示挡住、堵塞住，如"车把路口叉住了"。② 读 chǎ 时，表示动作，指分开成叉形，如"叉开腿"。③ 读 chà 时，指呈叉形的东西或姿势，如"分叉""劈叉"（两腿分开成一字形，臀部着地，是体操或武术动作）等。

小提示："叉"的笔顺是フ又叉，共三画。

小拓展：以"叉"作声符的形声字有"杈（chā/chà）、衩（chǎ/chà）、钗（chāi）"等。

yǒu 友

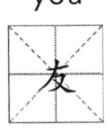

解析 会意字，甲骨文像方向相同的两只手。
本义 朋友，如"好友""亲友""良师益友"。
引申 关系好，亲近，如"友好""友爱""友谊"等。

> 小辨析："友""有（yǒu）""灰（huī）""发（fā/fà）"是形近字，注意区分。（组词：友，朋友。有，没有。灰，灰色。发，出发，头发）

qǔ 取

解析 会意字，从耳，从又（表示手）。古代捕获到野兽或战俘时，会割取左耳用于计数报功。
本义 捕获。
引申 ① 拿，领取，如"取书"。② 获得，如"取得"。③ 选取，挑选，如"取材""取景"。④ 接受，采用，如"听取""吸取"等。

> 小提示："取"的右边是"又"，"又"的本义是手，不要写成反文旁"攵"。
> 小拓展：以"取"作声符的形声字有"娶（qǔ）、趣（qù）、聚（jù）"等。

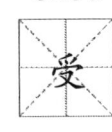

shòu 受

解析 会意字，甲骨文上部是爪（手），下部是又（手），中间是盛物的器具，合起来表示一手授予另一手。
本义 给予，授予，这个意义后来分化作"授"。
引申 ① 接受，如"受聘""享受"。② 遭到，如"受难""受灾"。③ 忍耐，如"忍受"等。

> 小辨析："受"和"授"，"受"在古代可表示给予和接受两个意义，现在只表示接受，不表示给予；"授"表示给予。

| 小拓展： | "受"和"爱（ài）"是形近字，注意区分。（组词：受，接受。爱，爱心）以"受"作声符的形声字有"授（shòu）、绶（shòu）"。 |

shū
叔

解析	会意字，金文像又（手）在捡拾落在地面的豆子。
本义	拾取。
引申	① 假借表示父亲的弟弟，如"叔侄""叔父"。② 与父亲同辈而年纪较小的男子，如"表叔"。③ 丈夫的弟弟，如"叔嫂""小叔子"。④ 文言中，兄弟排行第三，如"伯仲叔季"等。

| 小提示： | "叔"字的左上部是"上"，不要写成"十"。 |
| 小拓展： | 以"叔"作声符的形声字有"淑（shū）、菽（shū）、督（dū）"等。 |

xù
叙

解析	形声字，从又（表示手），余声。
本义	排列顺序。
引申	① 文言中，表示次序，如"四时不失其叙"。② 评定等级次序，如"叙功"。③ 把事情的经过按次序说出来或写出来，如"叙述""叙事"。④ 交谈，述说，如"叙旧"等。

| 小提示： | "叙"的右边是"又"，"又"的本义是手，不要写成反文旁"攵"。虽然"余（yú）"是"叙"的声符，但由于古今语音演变等原因，"叙"的正确读音是xù，不要读成yú。 |

"厶"部

作为部首，因为像三角，所以读作"三角"。"私"是部中常用字，也读作"私字旁"。部中字的"厶"是由不同的偏旁演变而来，没有固定的意思。

sī 私

解析 形声字，从禾，厶声。（"私"在《新华字典》中归入"禾"部，放在此处讲解是为了读者更好理解"厶"）

本义 一种禾的名字。也有说法认为其本义是"自留口粮"。

引申 ① 假借表示个人的，自己的，跟"公"相对，如"私事""私利"。② 只顾个人利益的，如"自私"。③ 暗地里，不公开的，如"私下""窃窃私语"等。

> **小提示**："私"的声符是"厶（sī）"，注意不要写成"幺（yāo）"。
> **小辨析**："私"和"弘（hóng）"是形近字，注意区分。（组词：私，自私。弘，弘扬）

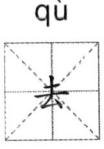

qù 去

解析 会意字，从大（表示人），从口（表示洞穴口），合起来表示离开居住的地方。

本义 离开，如"去留""离去"。

引申 ① 从所在的地方到别处，如"去上海"。② 除掉，减掉，如"去火""去除"。③ 过去的（一年），如"去年"。④ 动作的趋向或动作已完成，如"上去"等。

> **小提示**："去"上部的"土"是由人之形演变而来。
> **小拓展**：以"去"作声符的形声字有"袪（qū）、胠（qū）、怯（qiè）"等。
> **小辨析**："去"和"云（yún）"是形近字，注意区分。（组词：去，去年。云，白云）

móu/mù 牟

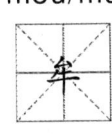

解析 会意字，下部是"牛"，上部表示气从口出。

本义 牛叫声。

引申 ① 假借表示谋取，如"牟利""牟取"。② 用于姓氏，如"姓牟"。以上意义都读 móu。

多音字 读 mù 时，用于地名，如"牟平"（在山东省）、"中牟"（在河南省）。也用作姓氏。

> 小提示："牟"字上部的"厶"是由气从口出之形演变来的哟。
> 小拓展：以"牟"作声符的形声字有"眸（móu）、侔（móu）、蛑（móu）"等。
> 小辨析："牟"和"牢（láo）"是形近字，注意区分。（组词：牟，牟取。牢，牢固）

néng 能

解析 象形字，像熊一类的动物的样子。
本义 熊一类的野兽，这个意义后写作"熊"。
引申 ① 假借表示能力，技能，才干，如"才能""无能"。② 有才干的，如"能人""能手""能工巧匠"。③ 物理学上指能量，如"光能""电能"等。

> 小提示："能"的左上方"厶"表示熊的头，左下方的"月"表示熊的躯干，右边上下的两个"匕"表示熊的四肢，写的时候要注意区别。
> 小辨析："能"和"熊（xióng）"是形近字，注意区分。（组词：能，能力。熊，熊猫）

"廴"部

作为部首，因为"建"是部中常用字，又跟"之"的字形相近，所以读作"建之旁"或"建之底"。小篆从彳，末笔延长，表示长行，即连续行走或行途绵长。

"廴"部中只有"建""延""廷"三个常用字。

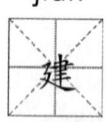

jiàn 建

解析 会意字，从廴，从聿省。
本义 建立典章法度。
引申 ① 立，设立，成立，如"建立""建国""建军"。② 修筑，修造，如"建造""建筑"。③ 提出（主张），如"建议"等。

> 小提示："建"的笔顺是 ㇆ 一 ㇀ 甘 ヨ 聿 建 建，共八画。
> "建"的部首是"廴"，不要写成"辶"。

小拓展： 以"建"作声符的形声字有"健（jiàn）、毽（jiàn）、键（jiàn）、腱（jiàn）"等。
小辨析： "建"和"健"是同音字，注意区分。（组词：建，建立。健，健康）

yán 延

解析 会意字，从廴，从止（脚）。用走长路来表示长。
本义 长，伸长，如"延长""延伸"。
引申 ① 延长（距离、时间等），如"蔓延""延年益寿"。② 推迟，如"延期""延误"。③ 文言中表示引进，邀请，如"延请""延聘"等。

小提示： "延"的笔顺是丿丨一正延延，共六画。
　　"延"的里面是"止"的变形，不要写成"止"或"正"。
小拓展： 以"延"作声符的形声字有"蜒（yán）、筵（yán）、涎（xián）、诞（dàn）"等。

tíng 廷

解析 形声字，从廴，壬（tǐng）声。
本义 庭院。这个意义后写作"庭"。
引申 特指君主接受朝见、处理政事的地方，如"宫廷""朝廷"。

小提示： "廷"的里面是"壬（tǐng）"，不能写成"壬（rén）"，一定要注意区分。"壬（tǐng）"的最后是一长横；"壬（rén）"的最后是一短横。
小拓展： 以"廷"作声符的形声字有"蜓（tíng）、霆（tíng）、挺（tǐng）、艇（tǐng）"等。
小辨析： "廷"和"庭"是同音字，注意区分。（组词：廷，宫廷。庭，家庭）

"干"部

作为部首，读作"干部""干字旁"。部中只有"干、刊、邗、平、罕、顸"六个常用字。

gān/gàn 干

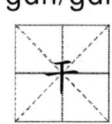

解析 象形字，甲骨文、金文像所使用的武器的形状，在丫杈的两端和中间捆上石头，用以进攻对方。

本义 触犯，冒犯，如"干犯""干涉"。

引申 ① 扰乱，如"干扰"。② 关联，牵涉，如"相干"。③ 没有水分或水分很少，如"干旱"等。

多音字 读 gàn，表示以下意义：① 事物的主体或重要部分，如"干线""树干"。② 做，从事，如"实干"。③ 能干，有能力的，如"强干""干将"等。

> 小拓展："干"多作音符构成形声字，如"竿（gān）、肝（gān）、赶（gǎn）、汗（hàn）、旱（hàn）"。
> 小辨析："干"和"千（qiān）"是形近字，注意区分。（组词：干，树干。千，千万）

kān 刊

详见第 40 页"刀"部"刊"字。

hǎn 罕

解析 形声字，小篆从网，干声。

本义 捕鸟的长柄网。

引申 常用义是稀少，如"罕见""稀罕""人迹罕至"。

> 小提示："罕"的上部是由"网"演变而来的，不要多加一点写成"穴"。
> "罕"的读音是 hǎn，不要读成 gān。

hān 顸

| 解析 | 形声字，从页（表示与头有关），干声。
| 本义 | "颟（mān）顸"，表示脸盘很大的样子。后指不明事理。
| 引申 | 现代用"顸"表示粗，多用于方言口语，如"这柱子真够顸的"。

小提示："顸"的读音是 hān，不要读成 gān。
小辨析："顸"和"预（yù）"是形近字，注意区分。（组词：顸，颟顸。预，预习）

"工"部

作为部首，读作"工部""工字旁"。部中字有的跟工具、技能有关，如"巧、式、功"；有的是以"工"为声符的形声字，如"贡"。

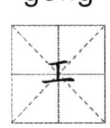

gōng 工

| 解析 | 象形字，金文像斧头的形状，下面是锋利的刃。小篆把斧刃之形写成了一横。
| 本义 | 工具。
| 引申 | ① 持工具的人，工人，如"木工""工匠""能工巧匠"。② 生产劳动，如"加工"。③ 精巧，精细，如"工巧""工整"。④ 工业，如"化工"等。

小拓展："工"也作音符构成形声字，如"攻（gōng）、贡（gòng）、空（kōng/kòng）、虹（hóng）"等。
小辨析："工"和"土（tǔ）"是形近字，注意区分。（组词：工，工人。土，土地）

gōng 功

| 解析 | 形声字，从力，工声，工兼表义。
| 本义 | 工作，用力从事工作。
| 引申 | ① 做工的成效，效果，如"功效""事半功倍"。② 功劳，做出的贡献，如"立功"。③ 技术或技术修养，如"练功""基本功"等。

小链接："事半功倍"和"事倍功半"，"事半功倍"是下一半功夫，收双倍成效，形容费力小而

收获大;"事倍功半"是下两倍功夫,收一半成效,形容费力大而收获小。

小辨析: "功"和"劝(quàn)"是形近字,注意区分。(组词:功,立功。劝,劝说)

qiǎo

巧 巧

解析 形声字,从工,丂(kǎo)声。

本义 技艺,技能,如"技巧"。

引申 ① 手艺高超,心思、动作灵敏,如"灵巧""能工巧匠""心灵手巧"。② 恰好,正好,如"巧合""碰巧"。③ 虚假,不真实,如"花言巧语""巧言令色"等。

小拓展: 以"巧"作声符的形声字有"窍(qiào)"。

小链接: "巧言令色",动听的言辞,讨好的表情。形容用花言巧语和谄媚的态度讨好别人。

gòng

贡 贡

解析 形声字,从贝,工声。从贝表示与财物有关。

本义 古代臣民或属国向朝廷进献物品,如"进贡""贡品"。

引申 科举时代为朝廷选拔举荐人才,如"贡生""贡院"。

小提示: 虽然"贡"的声符是"工",但"贡"的读音是 gòng,不要读成 gōng。

小链接: "贡献"本指向君王进献财物。现多指把自己的财力、才智、力量等不计回报地献给国家或公众;也指对国家或公众所做的有益的事。

"土(士)"部

作为部首,读作"土部""土字旁"。有的在字的左边,读作"提土旁";有的在字的下边,读作"土字底"。部中的字多与土的种类、地形、农耕、建筑、疆界等有关。附形部首"士"在下一页有详细讲解。

tǔ 土

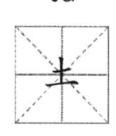

解析 会意字，甲骨文一横表示地，上像土块。另有说法认为是象形字。
本义 泥土，如"沙土""黄土"。
引申 ① 土地，国土，如"领土"。② 家乡，如"故土"。③ 本地的，地方的，如"土产"。④ 不开通，不合潮流，如"土里土气""土头土脑"等。

> 小拓展：以"土"作声符的形声字有"吐（tǔ/tù）、杜（dù）、肚（dǔ/dù）、徒（tú）"等。
> 小辨析："土"和"士（shì）"是形近字，注意区分。（组词：土，土地。士，士兵）

chén 尘

解析 繁体为"塵"，会意字，从鹿（表示鹿群），从土，表示鹿群奔跑时扬起的尘土。繁体"塵"简化为"尘"，也是会意字，从小，从土。
本义 飞扬的细土，如"尘埃""灰尘""一尘不染"。
引申 ① 佛教、道教指现实世界、人世间，如"红尘""尘世"。② 踪迹，事迹，如"步人后尘"等。

> 小提示："尘"的上部是"小"的变形，第一笔是"丨（竖）"，不要写成"亅（竖钩）"。
> 小链接："尘埃落定"，比喻事情已经有了结果，成为定局。
> 小辨析："尘"和"尖（jiān）"是形近字，注意区分。（组词：尘，尘土。尖，笔尖）

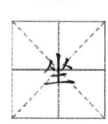

zuò 坐

解析 会意字，从二人，从土，像两个人对坐在土上。
本义 坐。古代的坐和现在有所不同，古代是铺席于地，两膝着地，臀部压在脚后跟上。
引申 ① 把臀部放在物体上以支持身体，如"坐下""请坐"。② 乘坐（交通工具），如"坐车""坐船"，③（建筑物）背对着某一方向，如"坐北朝南"等。

小拓展：以"坐"作声符的形声字有"挫（cuò）、锉（cuò）、矬（cuó）、痤（cuó）"等。

小辨析："坐"和"座"是同音字，注意区分。（组词：坐，坐下。座，座位）

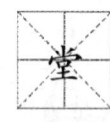

táng 堂

解析 形声字，从土，尚声。

本义 正室前面的厅堂。古代屋室，前为堂，后为室。

引申 ① 正房，高大的屋子，如"堂屋"。② 旧时官吏办公、审案的地方，如"公堂""升堂"。③ 专门从事某种活动的房屋或场所，如"礼堂""食堂""课堂"。④ 跟父亲的兄弟的子女之间的亲属关系，如"堂弟"。⑤ 量词，多用于分节的课程，如"两堂课"等。

小拓展：以"堂"作声符的形声字有"膛（táng）、螳（táng）、蹚（tāng）、嘡（tāng）"等。

小辨析："堂"和"常（cháng）"是形近字，注意区分。（组词：堂，课堂。常，经常）

"士"部

"士"部是"土"部的附形部首，读作"士部"或"士字头"。部中字有的与男子、志向有关，如"仕、壮"；有的是由其他字形演变来的，如"壶、嘉、喜"。

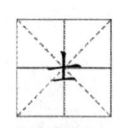

shì 士

解析 象形字，甲骨文像斧子之形。

本义 男子，如"男士"。

引申 ① 军人，如"将士""士兵"。② 军衔名，在尉级以下，如"上士""中士"。③ 具有某些技术、学识或品德的人，如"护士""博士""勇士"。④ 古代指读书人，如"寒士"等。

小提示："士"的读音是翘舌音 shì，不要读成平舌音 sì。

小链接："身先士卒"，作战时将帅一马当先，冲在士兵的前头；现多比喻工作中领导走在群众前面，起带头作用。

shì

仕 仕

解析 会意字，从亻，从士。
本义 做官，如"仕途""出仕""学而优则仕"。

小提示："仕"的右边是"士"，不要写成"土"。
小辨析："仕"和"什（shén/shí）"是形近字，注意区分。（组词：仕，仕途。什，什么，什锦）

zhuàng

壯 壮

解析 繁体为"壯"，形声字，从士（男子），爿声。
本义 人体高大。
引申 ① 强壮，如"健壮""壮实""年轻力壮"。② 雄壮，伟大，如"壮志""壮观""壮丽"。③ 加强，使壮大，如"壮胆"等。

小拓展：以"壮"作声符的形声字有"装（zhuāng）"等。
小辨析："壮"和"状（zhuàng）"是形近字，注意区分。（组词：壮，壮年。状，形状）

hú

壶 壶 壶 壶

解析 象形字，甲骨文上部是壶盖，下部是葫芦形的容器，两侧有耳，没有壶嘴。
本义 盛酒浆或粮食的器具。
引申 盛液体的器具，一般有盖，有嘴，有提梁，如"茶壶""酒壶"。

小辨析："壶"和"壸（kǔn）"是形近字。"壶"的下部是"业"；"壸"表示宫中道路，下部是"亚"。"壶"和"壹（yī）"是形近字，注意区分。（组词：壶，茶壶。壹，壹圆）

"艹（艸）"部

作为部首，读作"草字头"。部中的字多与草木植物及其气味等有关，如"草、芒、英、荤"。"艸"是"艹"的附形部首，是"艹"的繁体字形。

注意，有几个"艹"头的字跟植物没关系，是它们的声旁"莫"带有"艹"部，所以被归入"艹"部，如"慕、暮、墓、幕、募、摹"。

cǎo 草

解析 形声字，从艹，早声。

本义 草木植物，如"青草""花草""草丛"。

引申 ① 用作燃料、饲料等的植物茎叶，如"粮草""草料"。② 马虎，不细致，如"潦草""草率"。③ 初步的，试行的，如"草稿""草案"。④ 汉字字体的一种，如"草书""狂草"等。

> **小链接**：成语"草木皆兵"，公元383年，前秦苻坚带兵进攻东晋，行至淝水，北望八公山，见山上草木皆像人形，疑为晋军，非常害怕。后用"草木皆兵"形容极度惊恐疑惧的心理。
>
> **小辨析**："草"和"卓（zhuó）"是形近字，注意区分。（组词：草，花草。卓，卓越）

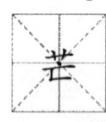

máng 芒

解析 形声字，从艹，亡声。

本义 植物的细刺，如"芒刺""麦芒"。

引申 ① 多年生草木植物，秆高1~2米，叶子狭长，叶端尖刺形，秆皮可以造纸、编草鞋，如"芒鞋竹杖"。② 某些像芒的东西，如"光芒""锋芒"等。

> **小提示**：虽然"亡"是"芒"的声符，但"芒"的正确读音是máng，不要读成wáng。
>
> **小辨析**："芒"和"荒（huāng）"是形近字，注意区分。（组词：芒，光芒。荒，荒芜）

yīng

英

解析 形声字，从艹，央声。

本义 花，如"落英""落英缤纷"。

引申 ① 才能出众的，如"英才""英俊"。② 才能出众的人，如"精英""英豪"等。

> **小提示**：虽然"央"是"英"的声符，但由于古今语音演变等原因，它们现在的读音不一样了。"英"的正确读音是 yīng，不要读成 yāng。
>
> **小拓展**：以"英"作声符的形声字有"瑛（yīng）、媖（yīng）、锳（yīng）"等。

hūn

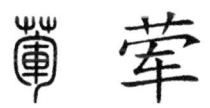

荤

解析 形声字，从艹，军声。

本义 葱、蒜、韭、椿等有特殊气味的菜，如"五荤"。

引申 ① 因为葱蒜等常与肉食同用，所有"荤"后来转指肉食，跟"素"相对，如"荤菜""荤素"。② 比喻低俗的，淫秽的，如"荤话""荤段子"。

> **小提示**：虽然"军"是"荤"的声符，但由于古今语音演变等原因，它们现在的读音不一样了。"荤"的正确读音是 hūn，不要读成 jūn。

mò

莫

解析 会意字，甲骨文字形上下是草木，中间是日，表示日暮时分太阳落下。

本义 日落的时候，这个意义后来写作"暮"。

引申 ① 假借用作否定性无定代词，表示没有谁、没有什么，如"哀莫大于心死"。② 副词，不，如"一筹莫展""望尘莫及""爱莫能助"。③ 不要，别，如"莫走"等。

> **小提示**："莫"下部的"大"是由草木之形演变来的哟！

> **小拓展**：以"莫"作声符的形声字有"模（mó/mú）、慕（mù）、暮（mù）、幕（mù）、墓（mù）、漠（mò）、寞（mò）、蓦（mò）、馍（mó）、摹（mó）、膜（mó）、摸（mō）"等。

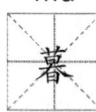

暮 mù

解析 形声字，从日（太阳），莫声。
本义 日落时分，傍晚，如"日暮""暮色""朝思暮想"。
引申 晚，临近终了，如"暮春""暮年"等。

> **小提示**：虽然"莫"是"暮"的声符，但"暮"的正确读音是mù，不要读成mò。
> **小辨析**："暮"和"慕"是同音字，注意区分。（组词：暮，暮色。慕，爱慕）

慕 mù

解析 形声字，从心（表示心中思念），莫声。
本义 思念，思慕，如"爱慕"。
引申 敬仰，喜爱，如"仰慕""羡慕""慕名而来"等。

> **小提示**：虽然"莫"是"慕"的声符，但"慕"的正确读音是mù，不要读成mò。
> "慕"的下部不是"小"而是"心"的变形哟！也就是把"心"的第二笔卧钩写成了竖钩，所以右下角是两点，不要少写了哟！

幕 mù

解析 形声字，从巾（表示帷帐），莫声。
本义 遮在上面的帷帐，如"帐幕"。
引申 ①挂起来的帘幕，如"幕布"。②古代作战时将帅办公的帐篷，如"幕府"。③量词，戏剧中的一个段落，如"多幕剧"等。

> **小提示**：虽然"莫"是"幕"的声符，但"幕"的正确读音是mù，不要读成mò。
> **小辨析**："幕"和"暮"是同音字，注意区分。（组词：幕，幕布。暮，暮色）

"寸"部

作为部首，读作"寸部""寸字旁"或"寸字底"。部中字有的与手有关，如"寻、封、尊"。

cùn 寸

解析 指事字，小篆从又（像手的形状），从一（指示出手靠后一寸的地方）。

本义 长度单位，十寸为一尺，如"尺寸"。

引申 ①"寸口"，中医切脉的部位，在手腕后一寸左右的桡动脉处。包括寸、关、尺三个部位，切脉时用食指、中指和无名指依次按这三个部位。狭义的寸口，只指寸部。②形容极短或极小，如"寸草""手无寸铁""鼠目寸光"等。

> 小拓展："寸"也作声符构成形声字，如"村（cūn）、忖（cǔn）、衬（chèn）"。
> 小辨析："寸"和"才（cái）"是形近字，注意区分。（组词：寸，尺寸。才，人才）

xún 寻

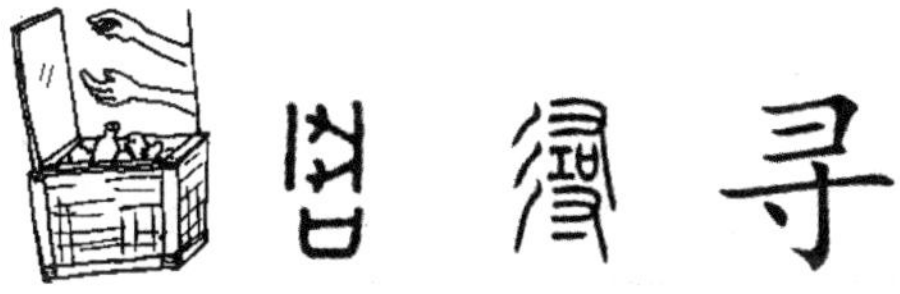

解析 繁体为"尋"，会意字，甲骨文像张开两臂测量尺寸之形，小篆增加了"工、口"和声符"彡"。繁体"尋"简化为"寻"，只保留了上下两只手。

本义 伸开两臂的长度。古代长度单位，八尺为一寻。

引申 ①找，如"寻找""寻觅"。②探求，如"寻根究底"。

> 小记：笔者觉得"寻"也可以理解为会意字，甲骨文像上下两只手在杂乱的物品中寻找。
> 小拓展：以"寻"作声符的形声字有"浔（xún）、荨（xún）、鲟（xún）"等。

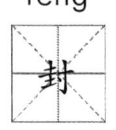

fēng 封

解析 会意字，金文像用手给树培土。楷书字形中，树木写成了"圭"，手写成了"寸"。

本义 给树木培土。

引申 ①密闭，如"密封"。②田界，疆界，如"封疆"。③古代帝王把土地、爵位等分给亲属、臣属，如"封侯""分封"。④用来封装东西的纸袋或外皮，如"信封""封套"等。

小提示："封"的左边是上下两个"土"，不要写成"丰（fēng）"。

小辨析："封"和"卦（guà）"是形近字，注意区分。（组词：封，封闭。卦，八卦）

zūn

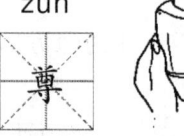

解析 会意字，从酋，从寸。甲骨文像双手捧酒樽的样子，表示敬酒。小篆字形两只手变成一只手（寸）。

本义 酒器，即酒樽，这个意义后写作"樽"。

引申 ①地位或辈分高，如"尊长""尊贵"。②敬重，如"尊敬""尊重""尊老爱幼"。③敬辞，用于称跟对方有关的人或事物，如"尊姓大名"等。

小提示："尊"下部的"寸"是由手之形演变来的哟。

小拓展：以"尊"作声符的形声字有"遵（zūn）、鳟（zūn）、樽（zūn）"等。

小辨析："尊"和"奠（diàn）"是形近字，注意区分。（组词：尊，尊敬。奠，祭奠）

"廾"部

作为部首，"弄"是部中常用字，所以读作"弄字底"。部中字大多与手及其动作有关，如"弄、异、弃、弈"。

nòng/lòng

| 解析 | 会意字，从王（表示玉），从廾（gǒng，表示双手），表示用手把玩。
| 本义 | 把玩。
| 引申 | ① 用手拿着玩，如"摆弄"。② 耍，玩弄，卖弄，如"捉弄""戏弄""舞文弄墨"等。
| 多音字 | 读 lòng 时，表示小巷，胡同，如"弄堂""里弄"。

小提示："弄"字上部虽然写作"王"，但表示的是"玉（yù）"的意思，之后会有详细讲解。

小链接："弄巧成拙"，本想取巧，结果却把事情办坏了。（拙，读 zhuō）

yì 异

| 解析 | 繁体为"異"，象形字，甲骨文像人双手向上戴物于头上的样子。繁体"異"简化为"异"。另有说法认为是会意字。
| 本义 | 人双手向上戴物于头上之形，这个意义后写作"戴"。
| 引申 | ① 可能是因为头上戴了物品的人，其外形跟普通人不一样，故引申为特别的、与众不同的，如"奇异""异类""奇花异草"。② 不同，如"大同小异"。③ 分开，如"离异"。④ 别的，另外的，如"异乡"等。

小提示："异"的上部是"巳（sì）"，不要写成"己（jǐ）"或"已（yǐ）"。

小辨析："异"和"导（dǎo）"是形近字，要注意区分。"异"的下部是"廾"（gǒng，两只手），"导"的下部是"寸"（cùn，一只手）。（组词：异，奇异。导，指导）

qì 弃

| 解析 | 繁体为"棄"，会意字，古代有弃婴的传说，小篆字形"棄"字上部是婴儿的倒形，中间是畚箕，下部是两只手，表示用双手把放在畚箕里的婴儿遗弃。
| 本义 | 抛弃，不要，如"舍弃""丢弃""放弃"。

小提示：繁体"棄"简化为"弃"，省去了中间的畚箕，只保留了婴儿和双手。"弃"的上部是由婴儿之形演变来的，不要写成"云"。

小链接："弃暗投明"，离开黑暗，走向光明。比喻脱离黑暗势力，走上光明道路。

yì

弈

解析 形声字，从廾（gǒng，表示双手），亦声。
本义 围棋。
引申 作动词指下棋，如"对弈"。

小辨析："弈"和"羿"是同音字，注意区分。（组词：弈，对弈。羿，后羿）

"大"部

作为部首，读作"大部""大字头"或"大字底"。部中字有的与人及其行为相关，如"夫、天、夹、奔、美、奚"；有的跟外形大有关系，如"太、奢、奋、套"。

dà/dài

大

解析 象形字，甲骨文像伸开双臂的人的形状。用大人张开四肢的形象来表示"大"的概念。
本义 大，跟"小"相对，如"大小""高大"。
引申 ① 程度深，如"大红""大吃一惊"。② 排行第一的，如"老大""大舅"。③ 敬辞，称跟对方有关的事物，如"大作""尊姓大名"等。
多音字 读 dài 时，表示"大夫"（医生）、"大王"（指戏曲和古典小说中对国王或强盗首领、妖怪头目等的称呼）。

小拓展：以"大"作声符的形声字有"达（dá）、奓（dā）、驮（tuó）"等。
小辨析："大"和"天（tiān）"是形近字，注意区分。（组词：大，大小。天，天气）

tài

太

解析: "太"与"大"本来是一个字，都指大，后来分化为两个字。

本义: 大，如"太学"。

引申: ① 用于空间，表示高，如"太空"。② 用于时间，表示极久远的，如"太古""太初"。③ 身份最高的，辈分更高的，如"太医""太夫人"。④ 程度极高，如"太好了"等。

> **小拓展**: 以"太"作声符的形声字有"忲（tài）、汰（tài）、肽（tài）、钛（tài）"等。
>
> **小链接**: "太空"原指高远广阔的天空；现也指地球大气层以外的宇宙空间。

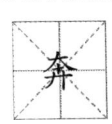

bēn/bèn 奔

解析: 会意字，金文字形上从夭（像人奔跑时双臂摆动之形），下从三个止（脚）。三个止表示跑得很快，类似动画片表示奔跑时的无影脚。小篆字形把"夭"讹变成"大"，三个止讹变成三个屮（草），变成了人在草地上奔跑。

本义: 急走，快跑，如"狂奔""奔跑""奔走相告"。

引申: ① 逃跑，流亡，如"逃奔"。② 女子私自与男子结合而出走，如"私奔"等。以上意义读 bēn。

多音字: 读 bèn 时，表示以下意思：① 直接朝着目的地走去，如"投奔"。② 为某种目的而尽力去做。③ 接近（某个年龄段），如"我们都是奔六十的人了"。

> **小辨析**: 在表示快跑、行走意义时，读 bēn，不强调方向、目的，如"奔跑"；读 bèn，则强调方向、目的，如"直奔学校""奔小康"。

fèn 奋

解析: 繁体为"奮"，会意字。笔者觉得繁体的"奮"可用拆解法来记忆，奮=大+隹（鸟）+田，当鸟儿（隹）要从"田"里向天空奋飞时，肯定会因为羽毛振起而使身体变"大"。

本义: 鸟用力振翅飞翔，如"奋飞"。

引申: ① 振作，鼓劲，如"奋力""振奋"。② 举起，挥动，如"奋笔疾书""奋臂高呼"。③ 用力去做某事，如"奋斗"等。

> **小巧记**: 繁体"奮"简化为"奋"，只保留了"大"和"田"，可以巧记为在田地里大力地耕种奋斗。

小辨析："奋"和"夯（hāng）"是形近字，注意区分。（组词：奋，奋斗。夯，夯实）

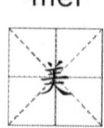

měi 美

解析 象形字，甲骨文下面像人，上面像人戴着羽毛之类的头饰（⺷），显得威武而好看，古人以此为美。另有说法认为是会意字。

本义 好看，漂亮，跟"丑"相对，如"美丽""美人"。

引申 ① 使漂亮，使变美，如"美容""美发"。② 好的，令人满意的，如"美德""美名"。③ 得意，如"美滋滋"。④ 好吃的，如"美食"等。

小提示："美"是上下结构的字，要先写上部由头饰演变来的"⺷"，再写下部的"大"哟。

小拓展：以"美"作声符的形声字有"镁（měi）、渼（měi）"等。

小辨析："美"和"羔（gāo）"是形近字，注意区分。（组词：美，美丽。羔，羊羔）

xī 奚

解析 会意字，从爫（手），从幺（发辫），从大（此处表示奴隶），金文像用手抓住罪犯、奴隶的发辫。

本义 古代的奴隶，如"奚奴"。

引申 ① 假借用作文言中的疑问词，相当于"哪里""什么""为什么"，如"奚为""奚不去也"。② "奚落"，用尖酸刻薄的话语讥讽嘲笑他人缺点。

小拓展：以"奚"作声符的形声字有"溪（xī）、豀（xī）、蹊（qī/xī）"等。

tào 套

解析 原写作"奤"，会意字，从大，从長（长的繁体字形）。要比物体本身"大"和"长"才能把物体罩住。

本义 （依照物体的形制）罩住。

引申 ①罩在物体外面的东西，如"手套"。②罩在物体外面，如"套上"。③模仿，照着做，如"套公式""生搬硬套"。④拉拢，如"套近乎"。⑤量词，用于配成组的事物，如"一套家具""一套西服"等。

> **小提示**："套"的下部是由"镸"（"长"的繁体字形）演变而来的，不要错写成"云"。
> **小辨析**："套"和"肆（sì）"是形近字，注意区分。（组词：套，手套。肆，放肆）

shē

解析 形声字，从大，者声。
本义 花费大量钱财追求过分享受，跟"俭"相对，如"奢侈""奢华""穷奢极欲"。
引申 过分的，过度的，如"奢望""奢求"。

> **小提示**：虽然"奢"的声符是"者（zhě）"，但由于古今语音演变等原因，"奢"的正确读音是翘舌音 shē，不要读成 zhě。
> **小辨析**："奢"和"著（zhù）"是形近字，注意区分。（组词：奢，奢侈。著，著名）

"尢（兀）"部

作为部首，读作"尢字旁"。部中字有的与腿脚或行走不便有关，如"尴、尬、尥"。"兀（wù）"是"尢"的附形部首。

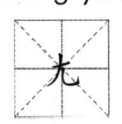

wāng/yóu

解析 象形字，金文像跛了一条腿正面站立的人的样子。
本义 跛（bǒ），表示腿或脚有毛病、走路身体不平衡。

> **小提示**：虽然读作"尢字旁"，但"尢"比"尤（yóu）"少一点，需要注意区分。特别是部中的"尴、尬、尥"，部首是"尢"，不要写成"尤"或"九"！

gān　gà
尷　尬

解析 形声字。"尷"，从尢，监声。"尬"，从尢，介声。
本义 行为不端正，鬼鬼祟祟。
引申 ① 处境困难，不易处理，如"处境尷尬"。② 神态不自然，难为情，如"表情有点尷尬"。

小提示："尷、尬"的部首是"尢"，不要写成"九（jiǔ）"或者"尤（yóu）"哟！
小巧记："尷、尬"的声符是"监"和"介"，由于古今语言演变等原因，读起来不像了，可以巧记为做事时总是被别人"监"督和"介"入，确实很"尷尬"。

liào
尥

解析 形声字，从尢，勺声。
本义 "尥蹶（juě）子"，指骡、马等跳起来用后腿往后踢。

小提示："尥"的读音是 liào，不要读成 sháo。

yóu
尤

解析 指事字，甲骨文从又（手），从一（表示手上的赘疣）。
本义 手上的赘疣，这个意义后写作"肬"。"赘疣"的本义是皮肤上出现的黄褐色的不痛不痒的小疙瘩，比喻多余而无用的累赘。
引申 ① 假借表示特异的、突出的，如"尤物""无耻之尤"。② 副词，格外，更加，如"尤其"。③ 过失，过错，如"效尤""以儆效尤"。④ 怨恨，责怪，如"怨天尤人"等。

小拓展：以"尤"作声符的形声字有"优（yōu）、忧（yōu）、犹（yóu）、鱿（yóu）"等。
小辨析："尤"和"龙（lóng）"是形近字，注意区分。（组词：尤，尤其。龙，龙舟）

"弋"部

作为部首，读作"弋部"。"式"是部中常用字，也读作"式字框"。"弋"也作声符构成形声字，如"式、忒"。由于古今语音演变等原因，声符"弋（yì）"和"式（shì）""忒（tēi）"的读音不一样了。

yì

弋

解析 象形字，金文像下端尖锐的木橛形。
本义 下端尖锐的木橛，小木桩，这个意义后写作"杙"。
引申 ① 因为弋（小木桩）可以拴东西，所以假借指用带绳子的箭射，如"弋射"。
② 泛指猎取，猎得，如"弋获"。③ 地名用字，"弋阳"，在江西省。

小巧记：记少不记多，"弋"部只有"弋、式、弒、忒、甙、鸢、贰"七个常用字。这七个字都是"弋"部，不要写成"戈"哟！

小辨析："弋"和"戈（gē，古代一种兵器）"是形近字，注意区分。（组词：弋，弋射。戈，干戈）

这是战国时期的弋射图。注意观察此图，你看到"弋射"了吗？

shì

式

解析 形声字，从工，弋声。笔者觉得，从"工"可理解为尺和矩（矩是木工用来画直角或方形的曲尺）等工具，工具提供和代表了一种规格。
本义 规格，标准，法度，如"格式""程式""法式"。
引申 ① 样式，样子，如"形式"。② 仪式，典礼，如"开幕式"。③ 自然科学中表示某种规律的一组符号，如"公式""算式""分子式""方程式"等。

> **小提示**："式"的笔顺是 一 二 キ 三 式 式，共六画。
> **小拓展**：以"式"作声符的形声字有"试（shì）、轼（shì）、拭（shì）、弑（shì）"等。
> **小辨析**："式"和"武（wǔ）"是形近字，注意区分。（组词：式，样式。武，武术）

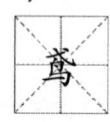

yuān 鸢

解析 字形结构暂无定论。笔者觉得可以理解为会意字，从弋，从鸟。"鸢"指老鹰，老鹰是一种猛禽，上嘴弯曲，而"弋"的古文字形像下端尖锐的木橛之形，两者外形很相似。

本义 老鹰。

引申 "纸鸢"表示风筝，大概是因为"弋"是带细绳的箭，而风筝也恰好带有细绳，如"儿童散学归来早，忙趁东风放纸鸢"。

> **小提示**："鸢"的上部是"弋（yì）"，不要写成"戈（gē）"哟！
> **小辨析**："鸢"和"鸳"是同音字，注意区分。（组词：鸢，纸鸢。鸳，鸳鸯）

"小（⺌）"部

作为部首，读作"小部"或"小字头"。部中的字有的与形体小、细微有关系，如"少、尖、雀"。"⺌"是"小"的附形部首，因为"光、尚"是部中常用字，所以读作"光字头"或"尚字头"。

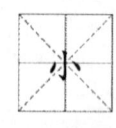

xiǎo 小

解析 象形字，甲骨文像散落的微小颗粒，表示微小。

本义 小，跟"大"相对，如"大小""小鱼"。

引申 ①时间短，如"小住"。②排行最末的，如"小姑""小儿子"。③轻视，如"小看"等。

小提示："小"的笔顺是 亅 小 小，共三画。第一笔是"亅"，不要写成"丨"。

shǎo/shào

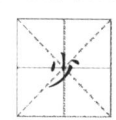

解析 象形字，甲骨文用几个小点表示微小之义。"少"是由四点的"小"演变而来的。另有说法认为是会意字。

本义 数量小，跟"多"相对，如"多少""少数"。

引申 ① 缺，不足，如"必不可少"。② 丢失，如"少了两个人"等。以上意义都读 shǎo。

多音字 读 shào 时，表示以下意义：① 年纪小，跟"老"相对，如"少年""少女"。② 同级军衔中较低的，如"少将""少尉"。③ 旧称有钱有势人家的儿子，如"少爷""阔少"等。

小提示："少"的第一笔是"丨"，不要写成"亅"。"少"跟"小"的第一笔不一样哟！
小拓展：以"少"作声符的形声字有"抄（chāo）、钞（chāo）、炒（chǎo）、吵（chǎo/chāo）"等。

jiān

解析 会意字，从小，从大。

本义 物体细小、尖锐的末端，如"笔尖""针尖"。

引申 ① 末端细小，尖锐，如"尖刀"。②（视觉、听觉、嗅觉）灵敏，如"耳朵尖""眼睛尖"。③ 超出同类的，如"拔尖儿""学习尖子"。④ 说话带刺，刻薄，如"尖酸刻薄"等。

小提示："尖"的上部是"小"的变形，跟"小"不一样，第一笔是"丨"，不要写成"亅"。

què/qiāo/qiǎo

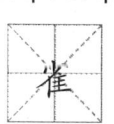

解析 会意字，从小，从隹（zhuī，表示鸟），合起来表示小鸟。

本义 鸟名，体型小，善鸣叫的鸟，有麻雀、黄雀等。有时特指麻雀，有时泛指小鸟，如"麻雀虽小，五脏俱全""螳螂捕蝉，黄雀在后"。

| 引申 | 形容小，如"雀斑""雀鹰"等。以上意义都读 què。
| 多音字 | 读 qiāo 时，用于"雀子"，指人脸上的雀斑。读 qiǎo 时，用于口语词"家雀儿""黄雀儿"等。

> 小提示：为了字形结构的工整，"隹"的第一笔和"小"合在了一起，所以"雀"的上部看起来像"少"。
>
> 小链接：成语"鸦雀无声"，连乌鸦和麻雀的声音都没有，形容非常寂静。

"口"部

作为部首，根据"口"在字形中的不同位置，读作"口字头""口字旁"或"口字底"。部中的字多与口及其功能动作有关，如"召、名、君、唯、嚣"。

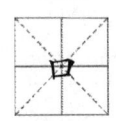

kǒu

| 解析 | 象形字，像张开的嘴的样子。
| 本义 | 嘴，如"张口""漱口"。
| 引申 | ① 出入通过的地方，如"出口""门口"。② 容器等与外界相通的部分，如"碗口"。③ 破裂的地方，如"伤口"。④ 人对饮食味道的感觉和喜好，如"口味"等。

> 小提示："口"的笔顺是丨冂口，共三画。第二笔是横折。
>
> 小拓展："口"也作声符构成形声字，如"叩（kòu）、扣（kòu）"。

kòu

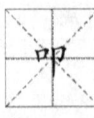

| 解析 | 形声字，从卩，口声。
| 本义 | 敲打，如"叩门""叩齿"。
| 引申 | ① 磕头，如"叩首""叩拜""三跪九叩"。② 询问，探求，如"叩问"等。

> 小提示：虽然"叩"的声符是"口"，但"叩"的正确读音是 kòu。"叩"的右边是"卩"，不要写成"阝"。

小辨析："叩"和"即（jí）"是形近字，注意区分。（组词：叩，叩门。即，即使）

zhào

召

解析 形声字，从口，刀声。
本义 召唤，召请，如"号召""召集"。

小拓展：以"召"作声符的形声字有"昭（zhāo）、招（zhāo）、沼（zhǎo）、邵（shào）、绍（shào）、韶（sháo）、超（chāo）"等。因为古今语言演变等原因，这些字现在的读音和"召"已经有一些区别了。

小提示："召"的正确读音是zhào，要读四声，不要读成zhāo。

míng

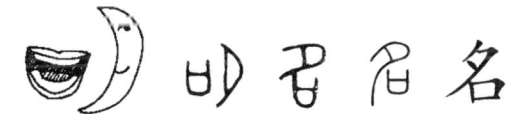

名

解析 会意字，从口，从夕（月亮，表示晚上），合起来表示晚上看不清对方，需要用口说出自己的名字以互相确认对方是谁。
本义 名称，名字，如"人名""姓名"。
引申 ①有名的，出名的，如"名人""名山"。②声誉，如"赫赫有名"。③说出，如"不可名状""莫名其妙"。④量词，用于人、名次，如"六名学生""第二名"等。

小提示："名"的读音是后鼻音míng，不要读成前鼻音mín。
小拓展：以"名"作声符的形声字有"茗（míng）、洺（míng）、铭（míng）、酩（mǐng）"等。

jūn

君

解析 会意字，从尹（表示掌握权力者），从口（表示发号施令），合起来表示发布命令、治理国家的君主。
本义 古代指帝王或诸侯，如"君王""君臣""国君"。
引申 ①战国时代作为贵族、功臣的封号，如"孟尝君""平原君"。②对他人的尊称，如"诸君""李君"等。

小拓展：	以"君"作声符的形声字有"郡（jùn）、珺（jùn）、裙（qún）、群（qún）、窘（jiǒng）"等。
小辨析：	"君"和"伊（yī）"是形近字，注意区分。（组词：君，君子。伊，伊人）

wéi 唯

解析	形声字，从口，隹（zhuī，本义是短尾巴的鸟）声，表示应答声从口中发出。
本义	答应的声音，如"唯唯诺诺"。
引申	假借表示范围的副词，相当于"只""只有""单单"，如"唯利是图""唯我独尊""唯一"等。

小提示：	"唯"的右边是声符"隹（zhuī）"，不要写成"住（zhù）"。
小链接：	"唯唯诺诺"，谦卑地连声答应。形容不敢提出意见，一味顺从（含贬义）。

xǐ 喜

解析	会意字，从壴（表示鼓），从口（表示人开口大笑之形）。笔者觉得"喜"字描绘了一幅古人敲鼓庆祝、开口大笑的欢乐情景。
本义	快乐，高兴，如"欢喜""喜出望外""喜气洋洋"。
引申	① 令人高兴的，值得庆贺的，如"喜事""喜讯"。② 喜欢，爱好，如"喜好""喜闻乐见"等。

小提示：	"喜"的上部是"士"，不要写成"十"或"土"。
小拓展：	以"喜"作声符的形声字有"熹（xī）、嘻（xī）、嬉（xī）"等。
小辨析：	"喜"和"善（shàn）"是形近字，注意区分。（组词：喜，喜欢。善，善良）

xiāo 嚣

解析	会意字，从页（本义是头，这里表示人），从四口（表示口里发出声音）。
本义	众人喧嚷声，喧哗，吵闹，如"喧嚣""叫嚣"。

引申 形容放肆，猖狂，如"嚣张"。

小提示："页"的本义是头，之后会详细讲解这个部首。
小链接："甚嚣尘上"，人声喧扰，尘土飞扬。形容传闻或某种言论非常嚣张。
小辨析："嚣"和"器（qì）"是形近字，注意区分。（组词：嚣，嚣张。器，器物）

"口"部

作为部首，读作"方框"。因为"国"是部中常用字，也读作"国字框"。部中字有的与围绕、环绕有关，如"囚、围、固、圃"。

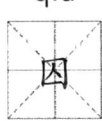

囚 qiú

解析 会意字，从口，从人，表示把人关押起来。
本义 拘禁，如"囚禁""囚犯"。
引申 被囚禁的人，如"阶下囚""死囚"。

小链接："囚首垢面"，形容很长时间没有梳洗，以致头发蓬乱，脸上肮脏，好像囚犯一样。
小辨析："囚"和"因（yīn）"是形近字，注意区分。（组词：囚，囚犯。因，原因）

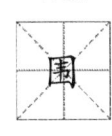

围 wéi

解析 繁体为"圍"，形声字，从口，韦声。笔者觉得，"韦"也兼表义，因为"韦"的繁体字形是"韋"，像两只脚环绕城墙的样子。
本义 环绕，把四周拦挡起来，如"围绕""包围"。
引申 ① 四周，周围，如"周围""外围"。② 周长，如"腰围""胸围"等。

小链接：成语"围魏救赵"，战国时魏国军队围攻赵国国都，齐军用围攻魏国国都的办法迫使魏国撤回军队，从而使赵国得救。后用"围魏救赵"指作战中使用围困敌军后方，迫使前来进攻之敌自动撤兵的战术。

gù 固

解析 形声字，从囗，古声。

本义 四面闭塞。

引申 ① 结实，牢靠，如"牢固""坚固"。② 坚硬，如"固体""凝固"。③ 坚决的，不变的，如"顽固""固执己见"等。

> 小提示："固"的笔顺是丨冂冂冋冋冋周固，共八画。
>
> 小拓展：以"固"作声符的形声字有"崮（gù）、锢（gù）、痼（gù）"等。

pǔ 圃

解析 形声字，从囗（表示一块田地），甫声。笔者觉得"甫"也兼表义，因为"甫"像田中长有菜苗的样子。

本义 种菜的园地，菜园。

引申 泛指种植蔬菜、花草、苗木的园地，如"花圃""苗圃"等。

> 小提示："圃"的读音是pǔ，不要读成fǔ。
>
> 小辨析："圃"和"浦"是同音字，注意区分。（组词：圃，苗圃。浦，浦东）

"山"部

作为部首，根据"山"在字形中的不同位置，读作"山字头""山字旁"或"山字底"。部中的字多与山岭有关，如"岭、岛、崩、崇"。

shān 山

解析 象形字，甲骨文像山峰的形状。

| 本 义 | 地面上由土、石构成的高高耸立的部分，如"山峰""山川"。
| 引 申 | 形状像山的，如"冰山"等。

> 小提示："山"的笔顺是 丨 凵 山，共三画。
> 小拓展：以"山"作声符的形声字有"舢（shān）、汕（shàn）、籼（xiān）、氙（xiān）"等。

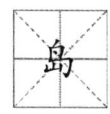

dǎo 岛

| 解 析 | 形声字，从山，鸟省声。
| 本 义 | 海洋、湖泊里四面被水围着的陆地，如"海岛""岛屿"。

> 小提示：虽然"岛"的声符是"鸟"，但"岛"的读音是 dǎo，不要读成 niǎo。
> "鸟省声"就是"鸟"在给"岛"作声符时，为了字形更规整，省去了一些笔画。
> 小拓展：以"岛"作声符的形声字有"捣（dǎo）"。
> 小辨析："岛"和"鸟（niǎo）"是形近字，注意区分。（组词：岛，海岛。鸟，小鸟）

bēng 崩

| 解 析 | 形声字，从山，朋声。
| 本 义 | 山塌陷，如"山崩地裂"。
| 引 申 | ① 倒塌，如"崩塌""雪崩"。② 彻底垮掉，如"崩溃"。③ 古代称帝王死，如"驾崩"等。

> 小提示：虽然"崩"的声符是"朋"，但"崩"的读音是后鼻音 bēng，不要读成 péng。
> 小拓展：以"崩"作声符的形声字有"嘣（bēng）、蹦（bèng）"等。

chóng 崇

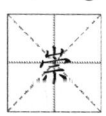

| 解 析 | 形声字，从山，宗声。
| 本 义 | 高大，如"崇山峻岭"。
| 引 申 | 把人或事物看得十分高大，即重视，尊敬，如"崇高""崇拜""推崇"等。

> **小提示**：虽然"崇"的声符是"宗"，但"崇"的读音是翘舌音 chóng，不要读成 zōng。
>
> **小辨析**："崇"和"祟（suì）"是形近字，注意区分。"崇"是形声字，从山，宗声。"祟"是会意字，从出，从示。（组词：崇，崇高。祟，鬼鬼祟祟）

"巾"部

作为部首，读作"巾部""巾字旁"或"巾字底"。部中的字多与佩巾、布帛有关，如"布、帛、带"。

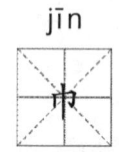

jīn 巾

解析 象形字，像佩巾下垂的样子。
本义 佩巾。
引申 泛指用于擦拭或包裹、覆盖东西的纺织品，如"餐巾""手巾""头巾"。

> **小提示**："巾"的读音是前鼻音 jīn，不要读成后鼻音 jīng。
>
> **小链接**："巾帼"，表示古代妇女的头巾和发饰，借指妇女，如"巾帼不让须眉"。
>
> **小辨析**："巾"和"斤"是同音字，注意区分。（组词：巾，头巾。斤，斤两）

bù 布

解析 形声字，古文字形从巾，父声。到楷书字形中，声符"父"已简化成"布"左上方的一横一撇。
本义 麻布。古代布帛并称，丝织品称"帛"，麻织品称"布"。
引申 ① 用棉、麻等做成的织物，如"麻布""棉布""布匹"。② 布可以铺开，故引申为散开、分散，如"分布""散布"。③ 宣告，宣布，如"公布""发布"等。

> **小拓展**：以"布"作声符的形声字有"怖（bù）"。

小辨析:"布"和"友(yǒu)"是形近字,注意区分。(组词:布,织布。友,朋友)

bó

帛 帛 帛 帛 帛

解析 形声字,从巾,白声,白兼表义。
本义 白色缯,后来不仅限于白色。
引申 丝织品的总称,如"布帛""帛书""化干戈为玉帛"。

小提示:"帛"的读音是 bó,不要读成 bái。
小拓展:以"帛"作义符的形声字有"锦(jǐn)",是少见的义符在右边的形声字,"锦"的声符是"钅(金)"。

dài

带 带 带

解析 会意字,从巾,像系配的形态。笔者觉得,"带"的上部字形像系衣带时衣服形成的褶皱之形。
本义 衣带。
引申 ①带子,像带子的东西,如"鞋带"。②地带,地域,如"热带"。③率领,引导,如"带兵""带队""带路"等。

小提示:"带"和"戴"不同,"带"表示随身携带;"戴"表示把物品放置在能发挥其功能作用的身体某一部位,如"戴帽子"。
小辨析:"带"和"帚(zhǒu)"是形近字,注意区分。(组词:带,腰带。帚,扫帚)

"彳"部

作为部首,读作"双人旁"。必须说明的是,"彳"虽然读作"双人旁",但它表示的意思跟人没有关系!"彳"是"行"的左半部分。部中的字大多与道路或行走有关,如"行、得、循、徐"。

háng/xíng 行

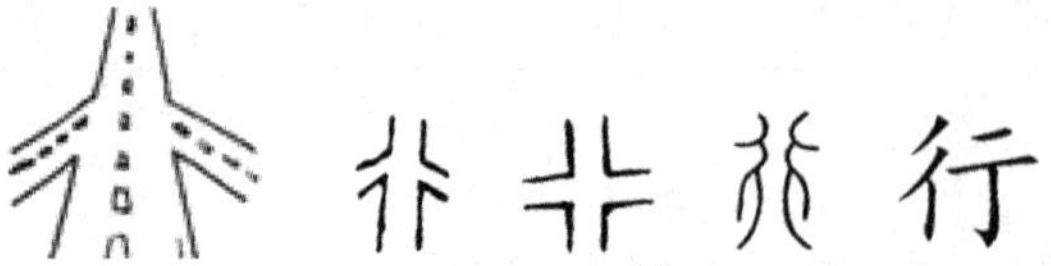

解析 象形字，甲骨文像十字路之形。另有说法认为是会意字。

本义 道路。

引申 ① 由一条一条的道路转指行列，如"单行""行列"。② 兄弟姐妹按长幼排列的顺序，如"排行"。③ 行业，如"同行"。④ 量词，用于成行的事物，如"两行字"等。以上意义都读 háng。

多音字 读 xíng 时，表示以下意义：① 道路用来行走，故引申为走，如"行走""步行"。② 流动，流通，如"流行""行销"。③ 做，从事，如"举行""行善"等。

小拓展 以"行"作义符的形声字有"衍（yǎn）、衔（xián）、街（jiē）"等。以"行"作声符的形声字有"荇（xìng）"等。

dé/de/děi 得

解析 会意字，甲骨文右边像手持贝，表示有所得，左边是"彳"，合起来表示"行有所得"。

本义 获得，获取，跟"失"相对，如"得到""得胜"。

引申 ① 获得以后感到高兴，引申为满意、心满意足，如"得意""洋洋自得"。② 适合，如"得体"等。

多音字 ① 读 de，助词，用在动词或形容词后，表示可能、结果或程度，如"写得很好""好得很"等。② 读 děi，口语词，需要，应该，如"这事得跟你说明一下"等。

小链接 "得鱼忘筌"，捕到了鱼，就忘记了捕鱼的工具（筌，quán，捕鱼的竹器）。比喻达到了目的，就忘了赖以成功的条件。

小辨析 "得"和"碍（ài）"是形近字，注意区分。（组词：得，得到。碍，阻碍）

xún 循

| 解析 | 形声字，从彳（表示行走），盾声。
| 本义 | 顺着走，如"循道而趋"。
| 引申 | 用于抽象意义，表示沿袭、遵照，如"遵循""循环"。

> 小提示：虽然"循"的声符是"盾"，但"循"的正确读音是 xún，不要读成 dùn。
> 小链接："循规蹈矩"，表示遵守规则；也指墨守成规，不知变通。

xú

徐

| 解析 | 形声字，从彳（行走），余声。
| 本义 | 从容不迫，缓步而行。
| 引申 | 泛指缓慢，如"徐徐""清风徐来"（清风慢慢地吹过来）。

> 小提示：虽然"徐"的声符是"余"，但"徐"的正确读音是 xú，不要读成 yú。
> 小辨析："徐"和"叙（xù）"是形近字，注意区分。（组词：徐，徐缓。叙，叙述）

"彡"部

作为部首，读作"三撇""三撇旁"。部中的字多与须发、花纹、声响有关，如"须、彪、彩、彭"。

xū

须

| 解析 | 象形字，甲骨文像人脸上长着胡须的样子。小篆字形把胡须和人分开了。另有说法认为是会意字。
| 本义 | 下巴上长的胡子，泛指胡子，如"胡须""须发"。
| 引申 | ① 像胡须的东西，如"根须""触须""玉米须"。② 假借表示必得，应当，如"必须""须知"等。

> 小链接："须眉"，胡须和眉毛，古代男子以须眉稠秀为美，用须眉作为男子的代称，如"巾帼不让须眉"。

小拓展："彡"也作声符构成形声字，如"衫（shān）、杉（shān/shā）"。
小辨析："须"和"顶（dǐng）"是形近字，注意区分。（组词：须，胡须。顶，头顶）

biāo 彪

解析 会意字，从虎，从彡（花纹）。
本义 老虎身上的斑纹。
引申 ① 有文采，如"彪炳"。② 形容人身材魁梧高大，如"彪形大汉"。

小链接："彪炳千秋"，形容功绩或成就千秋万代永放光辉。

cǎi 彩

解析 形声字，从彡，采声。
本义 华美的颜色，多种颜色，如"彩色""彩绘"。
引申 ① 彩色的丝织品，如"张灯结彩"。② 在古代，彩色丝织品常用作奖赏，赐给有功的人，引申为游戏、竞赛或赌博中赢的东西，如"彩金"。③ 称赞的欢呼声，如"喝彩""满堂彩"等。

小提示："彩"的读音是平舌音 cǎi，不要读成翘舌音 chǎi。
小辨析："彩"与"采"，"彩"偏重于色彩，如"彩照""丰富多彩"；"采"偏重于神色，如"神采""风采""兴高采烈"。

péng 彭

解析 会意字，甲骨文左边像一个鼓，右面的三画表示敲鼓发出声音。
本义 象声词，表示鼓声。笔者认为，"彭"的读音就是由敲鼓时发出的"peng peng"声而得来的。
引申 还可用作姓氏。

小提示："彭"的读音是后鼻音 péng，不要读成前鼻音 pén。

小拓展：以"彭"作声符的形声字有"澎（péng）、膨（péng）、蟛（péng）、嘭（pēng）"等。
小辨析："彭"和"鼓（gǔ）"是形近字，注意区分。（组词：彭，姓彭。鼓，打鼓）

"夕"部

作为部首，读作"夕部""夕字旁"。部中的字多与月亮、夜晚有关系，如"外、名、飧"。

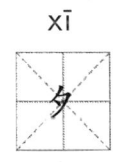

xī
夕

解析　象形字，甲骨文像半月的形态，表示月初出半现。"月、夕"本为一字，后来分化为二。另有说法认为是指事字。

本义　傍晚，太阳快要下山到天黑的一段时间，"夕阳""夕照"。

引申　晚上，如"除夕"（农历一年中最后一天的夜晚）、"前夕"（前一天的夜晚；泛指事情发生前不久的一段时间或事情即将发生的时刻）。

小辨析："夕"和"月（yuè）"是形近字，注意区分。（组词：夕，夕阳。月，明月）

wài
外

解析　会意字，从夕（晚上），从卜（占卜）。古人认为占卜在早晨，如果在晚上，则边疆（外）有事。

本义　不在某种界限或范围之内，跟"内"相对。

引申　① 外面，外表，如"门外""外形"。② 不是自己所在地的，如"外地"。③ 外国的，外国，如"外语""古今中外"。④ 非正式的，如"外号"等。

小提示："外"的右边是"卜"，表示占卜之义，不要写成"十"。
小链接："外圆内方"，比喻（为人处世）外表随和，内心方正，能坚持原则。
小辨析："外"和"仆（pú/pū）"是形近字，注意区分。（组词：外，门外。仆，奴仆，前仆后继）

míng
名

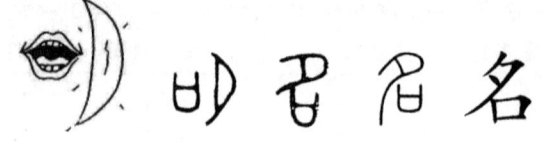

详见第 71 页 "口" 部 "名" 字。

sūn
飧

解析 会意字,从夕,从食。

本义 晚饭,如 "饔(yōng)飧不继"(吃了早饭没有晚饭,形容非常穷困。饔,表示早饭)。

> **小提示:** "飧" 的读音是 sūn,不要读成 shí。
> "飧" 的左边是 "夕",表示傍晚,不要写成 "歹" 或 "月"。

"夂" 部

作为部首,因为与反文旁 "夂" 相似,所以读作 "折文旁"。但 "夂" 作为部首表达的意思,跟 "文" 一点关系都没有,这个必须注意!"冬" 是部中常用字,"夂" 也读作 "冬字头"。部中的字大多跟腿脚、人的行为有关系,如 "各、备、夏";有的跟腿脚没关系,由其他字形演变而来,如 "冬"。

gè
各

解析 会意字,从夂(像人的脚向下之形),从口(像坎穴,远古时期的房子),表示人的脚来到房屋。

本义 到达,进入。

引申 ① 假借表示一定范围里的所有个体,相当于 "每个",如 "各位" "各界"。
② 各自,分别,彼此不同的,如 "各尽所能" "各式各样" 等。

小提示："各"的上部是"夂"（折文旁），是由人的脚向下之形演变来的，不要写成"夂"（反文旁）。

小拓展：以"各"作声符的形声字有"格（gé）、阁（gé）、胳（gé/gē）、洛（luò）、络（luò）"等。

bèi
备

解析　繁体为"備"，会意字，小篆右边中间是一支箭头向下的箭，其外是箭袋之形。繁体"備"简化为"备"。

本义　箭函，装箭的器具。

引申　① 具有，如"具备"。② 事先筹划或安排，预备，如"准备""有备无患"。③ 设备，如"装备"等。

小巧记：简体字形的"备"从夂（脚），从田，可以巧记为人的脚已经到了田地里，准备开始耕种干农活了。

小提示：笔者觉得，从繁体的"備"到简体的"备"，仿佛能看到由战争时代的枕戈待旦、箭在箭袋里随时准备打仗的"備"，变成后来和平时代人们可以安心地走到田间地头开始耕种的"备"，从字形的改变也能看出时代特征的变化。

xià
夏

解析　象形字，金文像头、手、身、足俱有的高大人形。另有说法认为是会意字。

本义　古代中原地区的人。

引申　① 假借指夏季，一年中最热的季节，如"夏天""夏至"。② 朝代名，约公元前21—前17世纪，传说为禹所建，如"夏朝""夏商周"。③ 中国的古称，如"华夏"等。

小提示："夏"字的中间是"自（本义是鼻子）"，不要写成"白"；下部是"夂（表示脚）"，不要写成"夂"。只要明白"夏"是由高大人形演变而来，再多练写几次，还会写错吗？

dōng
冬

解析 甲骨文是象形字，像结绳的末端有束结的样子，表示末了，这个意义后加"纟"写作"终"。小篆是会意字，从夂（表示终结），从仌（bīng，表示寒冷），合起来表示冬季寒冷。另有说法认为是会意字。

本义 终端，一年中的最后一季，如"冬季""立冬""春夏秋冬"。

小提示："冬"的上部是"夂"，不要写成反文旁"攵"。

小辨析："冬"和"各（gè）"是形近字，注意区分。（组词：冬，冬季。各，各种）

"丬（爿）"部

"丬"的繁体写作"爿"，读 qiáng。作为部首，因为"将"是部中常用字，所以读作"将字旁"。"丬（爿）"多作声符来构成形声字，如"妆、壮、状"。"丬"是"爿"的附形部首。

jiāng/jiàng/qiāng

将

解析 繁体为"將"，形声字。从寸（表示手），酱（jiàng）省声。

本义 手的动作，扶持，如"爷娘闻女来，出郭相扶将"。

引申 ① 快要，如"将要""将近""即将"。② 勉强达到某个限度，如"将就"。③ 介词，把，如"将问题解决"。④ 用言语刺激或为难对方，如"他用话将我"等。以上意义都读 jiāng。

多音字 读 jiàng，表示以下意义：① 率领，统率，如"韩信将兵"。② 军衔名，在元帅之下，校之上，如"上将"。③ 比喻能力特别强的人，如"干将"等。

小提示："将"的右上部是"夕"，里面只有一点，不要写成"月"。

小拓展：以"将"作声符的形声字有"蒋（jiǎng）、奖（jiǎng）、锵（qiāng）"等。

zhuāng

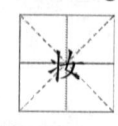

妆

解析 繁体为"妝"，形声字，从女（化妆的多为女性），爿声。

| 本 义 | 化妆，打扮，如"梳妆""妆饰"。 |
| 引 申 | ① 女子或演员的妆饰，如"上妆""卸妆"。② 女子的陪嫁物品，如"嫁妆"等。 |

小提示："妆"的读音是 zhuāng，不要读成 zhuàng。

zhuàng

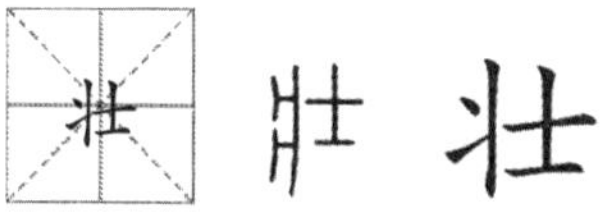

壮　壯　壮

解 析	繁体为"壯"，形声字，从士（表示男子），爿声。
本 义	人体高大。
引 申	① 强壮，如"健壮""壮年""年轻力壮"。② 雄壮，如"壮观""壮丽""雄心壮志"。③ 加强，使壮大，如"壮胆"。④ 我国少数民族之一，壮族。

小提示："壮"的右边是"士（shì）"，表示男子，不要写成"土（tǔ）"。
小拓展：以"壮"作声符的形声字有"装（zhuāng）"等。

zhuàng

状　狀　状

解 析	繁体为"狀"，形声字，从犬（表示狗），爿声。
本 义	狗的形状。
引 申	① 泛指形状，样子，如"状态""奇形怪状"。② 情况，情形，如"状况""现状"。③ 描述，陈述，如"写景状物""不可名状"。④ 褒奖、委任等的证书，如"奖状""委任状"等。

小提示："状"的右边是"犬"，本义是狗的形状，不要写成"大"。
小链接："不可名状"，无法用言语形容（名：说出。状：描述）。

"广"部

作为部首，读作"广字头"。部中的字多与房屋有关，如"库、庭、席"。

guǎng

广　广　广

解析	繁体为"廣",形声字,从广,黄声。"廣"简化为"广"。
本义	无四壁的大屋。
引申	① 广大,宽阔,如"广场""宽广""地广人稀"。② 多,如"大庭广众"。③ 扩大,如"推广"等。

小链接	虽然"广"现在用作"廣"的简化字形,但需要说明的是,"广"的古音读作 yǎn,字形像倚山崖建造的简陋房屋。
小拓展	"广"也作声符构成形声字,如"犷(guǎng)、矿(kuàng)、旷(kuàng)"。
小辨析	"广"和"厂(chǎng)"是形近字,注意区分。(组词:广,广大。厂,工厂)

kù 库

解析	会意字,从车,从广(古音读 yǎn,表示房屋)。
本义	收藏兵器或兵车的处所。
引申	泛指收藏钱、粮、物品的建筑,如"仓库""粮库""车库"。

| 小拓展 | 以"库"作声符的形声字有"裤(kù)"等。 |
| 小辨析 | "库"和"军(jūn)"是形近字,注意区分。(组词:库,车库。军,军队) |

tíng 庭

解析	形声字,从广,廷声,廷兼表义。
本义	庭院,门屏到正房前的平地,如"前庭后院""门庭若市"。
引申	① 厅堂,堂屋,如"大庭广众"。② 法庭,审理案件的处所,如"开庭""出庭"等。

| 小链接 | "门庭若市",门口和庭院像集市一样热闹。形容上门交往的人很多。 |
| 小辨析 | "庭"和"廷"是同音字,注意区分。(组词:庭,庭院。廷,朝廷) |

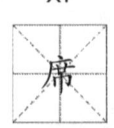

xí 席

| 解析 | 会意字,从巾,表示室内铺有垫子。 |

本义 供坐卧用的垫子、席子，如"草席""凉席"。

引申 ① 古人席地而坐，引申为席位，座次，如"出席""首席"。② 成桌的酒宴，如"酒席""筵席"。③ 量词，用于酒席、谈话等，如"听君一席话，胜读十年书"等。

小提示："席"的笔顺是 丶一广广产产产序席席，共十画。
"席"的中间是"廿"，不要写成"卄"。

小链接："席不暇暖"，座位都来不及坐暖。形容奔波忙碌，没有坐下的工夫。

"门（門）"部

作为部首，读作"门字框"。部中的字多与门或房屋有关，如"闩、闭、闯"。"門"是"门"的附形部首，是"门"的繁体字形。

mén 门

解析 繁体为"門"，象形字，像两扇门之形。繁体"門"简化为"门"，只保留了门的大致轮廓。

本义 房屋的门，如"开门""门口"。

引申 ① 形状或作用像门的东西，如"闸门""球门"。② 诀窍，办法，如"窍门""门路"。③ 家族，家庭，如"豪门""寒门"等。

小提示："门"的笔顺是 丶丨乛，共三画。

小拓展："门"也作声符构成形声字，如"扪（mén）、们（mén/men）、闷（mēn/mèn）"。

小链接："门可罗雀"，门前可以张网捕雀（罗：张网捕捉）。形容宾客稀少，门庭冷落。

---

shuān 闩

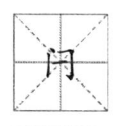

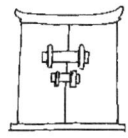

解析 会意字，从门，从一。门中间的一横表示"门闩"，横插在门后使门推不开

的棍子。另有说法认为是指事字。

本义 门闩。

引申 用作动词,把门闩插上,如"把门闩好"。

> **小提示**:"闩"中间的"一"是由门闩之形演变来的哟。
> "闩"的读音是翘舌音 shuān,不要读成平舌音了。

bì 闭

解析 会意字,从门,从才。

本义 关闭,闭上,如"闭门""闭嘴"。

引申 ① 堵塞不通,如"闭气""闭塞"。② 结束,停止,如"闭会"等。

> **小提示**:"闭"里面的"才"是由门闩之类的东西演变而来的。
> **小链接**:"闭月羞花",使月亮躲藏起来,使鲜花感到羞愧。形容女子容貌很美。
> **小辨析**:"闭"和"闲(xián)"是同音字,注意区分。(组词:闭,关闭。闲,休闲)

chuǎng 闯

解析 会意字,从门,从马。笔者觉得,"闯"表示马一下子闯出门时那种突然而迅猛的动作。

本义 猛冲,如"横冲直闯"。

引申 ① 为了生活四处奔走,出外历练,如"闯荡""走南闯北"。② 引起,招惹出,如"闯祸"等。

> **小提示**:"闯"的读音是翘舌音 chuǎng,不要读成 mǎ。
> **小辨析**:"闯"和"闻(wén)"是形近字,注意区分。(组词:闯,闯荡。闻,见闻)

"宀"部

作为部首,字形像盖子,"宝"是部中常用字,所以读作"宝盖头"。部中字的本义多与房屋、居住有关系，如"安、宋、宝、定、宗、家、宿、寡"。

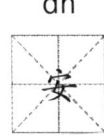

ān
安

解析 会意字，从女，从宀，女在宀（房屋）下。"安"的字形来源有以下解释，一是认为远古人穴居野处，经常受到猛兽和恶劣天气的威胁，后来建造了房屋，人就安全多了；二是认为家中有女人就会安定，安宁；三是认为女子在房屋里呆着最安全。

本义 安居，安宁，如"平安""居安思危"。

引申 ①使稳定，使安心，如"安慰"。②装设，如"安装"。③安置，如"安家落户"等。

小拓展：以"安"作声符的形声字有"鞍（ān）、桉（ān）、胺（ān）、氨（ān）、案（àn）、按（àn）"等。

小辨析："安"和"字（zì）"是形近字，注意区分。（组词：安，安全。字，文字）

sòng
宋

解析 会意字，从宀，从木（树木，此处表示床、几等木制家具）。
本义 居住。
引申 ①假借为朝代名，姓氏，如"宋朝""姓宋"。②宋刊本或宋体字，如"宋体""仿宋"等。

小提示："宋"的读音是平舌音 sòng，不要读成翘舌音。

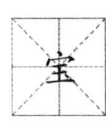

bǎo
宝

解析 繁体为"寶"，会意字，从宀，从玉，从贝，从缶（fǒu，也表示读音，"缶"古音与"宝"同），表示屋子里有玉、贝等宝贝。繁体"寶"简化为"宝"，只保留了"宀"和"玉"。

本义 玉石、玉器等珍贵的宝贝，如"珠宝"。

引申 ①珍贵的，如"宝剑""宝贵"。②古代指货币或充当货币的金银，如"元宝"等。

小提示："宝"的下部是"玉"，不要写成"王"。
小链接："宝刀不老"，比喻人虽老了，但功夫、技艺仍然精湛，不减当年。

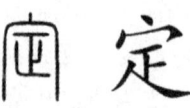

dìng 定

解析 会意字，古字形从宀，从正。楷体中"正"已演变为"疋"。笔者觉得，"定"表示人走到了房子里（正，本义为前往目的地；宀，房子）就安定了。
本义 安定，如"镇定"。
引申 ①决定，确定，如"商定"。②已经确定的，不可改变的，如"定理""定论"。③规定的，如"定价""定期"。④必然，肯定，如"必定"等。

小拓展：以"定"作声符的形声字有"锭（dìng）、腚（dìng）、淀（diàn）"等。
小辨析："定"和"足（zú）"是形近字，注意区分。（组词：定，安定。足，足球）

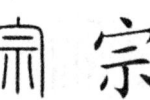

zōng 宗

解析 会意字，从宀（房屋），从示（祭桌或祖先神位），表示设有祖先神位的房子。
本义 供奉先人的祖庙，如"宗庙"。
引申 ①祖先，如"祖宗""光宗耀祖"。②家族，如"同宗""宗亲"。③派别，如"禅宗""宗派"。④根本，主旨，如"宗旨""万变不离其宗"等。

小拓展：以"宗"作声符的形声字有"踪（zōng）、鬃（zōng）、粽（zòng）、淙（cóng）、崇（chóng）"等。
小辨析："宗"和"佘（shē）"是形近字，注意区分。（组词：宗，祖宗。佘，姓佘）

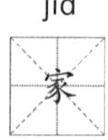

jiā 家

解析 会意字，从宀，从豕（shǐ，表示猪）。屋内养猪，是定居的人家。猪是古人饲养的最重要的家畜之一。

本义 住所，房子，如"回家"。

引申 ① 家庭，如"成家立业"。② 人工饲养或培植的，如"家禽""家兔"。③ 掌握某种专门学识或从事某种专门活动的人，如"文学家""政治家"。④ 学术流派，如"儒家""道家""百家争鸣"等。

> 小提示："家"的下部是"豕"，不要写成"豕"。
> 小拓展：以"家"作声兼义符的形声字有"稼（jià）、嫁（jià）"等。

sù/xiǔ/xiù 宿

解析 象形字，甲骨文像人躺在屋内的席上睡觉之形。

本义 过夜，夜晚住下，如"住宿""宿营"。

引申 ① 多年的，一向有的，如"宿疾"。② 年长的，有经验的，如"宿将""宿儒"等。以上意思读 sù。

多音字 ① 读 xiǔ，量词，用于计算夜，如"住一宿"。② 读 xiù，古代指天空中某些星的集合体，如"星宿""二十八宿"。

> 小巧记："宿"下部的"佰"是由人躺在席上睡觉之形演变而来，用拆解记忆法可巧记为"佰＝亻＋百"，一百个人在一个超级大宿舍里睡觉。不要把"白"写成"自"哟！
> 小拓展：以"宿"作声符的形声字有"缩（suō）"等。

guǎ 寡

解析 会意字，金文字形从宀（房子），从頁（人），像一个人独居在屋下。小篆在"頁"下又加了"分"，少的意义更加明确。

本义 少，缺少，跟"多、众"相对，如"沉默寡言""优柔寡断"。

引申 ① 古代君主的自称，如"寡人"。② 淡而无味，如"清汤寡水"。③ 妇女死了丈夫，如"寡妇"等。

> 小链接："寡人"，寡德之人。古代君主用来自称的谦辞。
> 小提示："寡"字看似复杂，如果我们理解了字形来源，再练写几次，其实没那么难，对吧？

"辶"部

作为部首,"辶"像奔跑的"之",所以读作"走之旁"。部中的字多与道路、行走、奔跑有关,如"迎、逆、逐、道"。"辶"是由"辵(chuò)"简化而来,"辵"上部是"彳"(路),下部是"止"(脚),表示脚在路上行走,本义是行走。

zhī 之

甲骨文　金文　小篆　楷体

详见第6页"、"部"之"字。

yíng 迎

解析 形声字,从辶(表示行走),卬(áng)声。笔者觉得"迎"也可以解释成会意字,因为"卬"的字形像两人相对之形,合起来表示两人对着走过来。

本义 向着对方走过去,如"迎上前去"。

引申 ①相对,向着,如"迎面""迎刃而解"。②迎接,如"欢迎"等。

> **小提示:**"迎"是易错字,里面的"卬(áng)"比"印(yìn)"少了左边中间的一短横。
> **小链接:**"迎刃而解",原指劈竹子只要破开头几节,下面的就迎着刀口裂开。比喻关键问题解决了,其他有关问题就很容易解决。
> **小辨析:**"迎"和"抑(yì)"是形近字,注意区分。(组词:迎,欢迎。抑,压抑)

nì 逆

解析 形声字,从辶(表示行走),屰声,屰(像人头朝下之形)兼表义。

本义 方向相反,如"逆风""逆水"。

引申 ①不顺从,抵触,如"逆反""忠言逆耳"。②不顺利,如"逆境"。③背叛,如"逆反"等。

小提示:"逆"字中间的"屰"是由人头朝下之形演变而来,不要写成"半"。

小链接:"逆水行舟",逆着水流行船,比喻处境艰难,必须努力。

dào 道

解析 形声字,从辶,首声。笔者觉得,"道"也可以解析为会意字,从辶(表义行走),从首(本义是头,表示人),合起来表示从人行走的道路。

本义 道路,如"林荫道"。

引申 ① 途径,方向,如"志同道合"。② 方法,途径,如"门道"。③ 合乎事理标准的,如"道理"等。

小提示:写"道"字的时候,要先写里面的"首",最后写外面的"辶"。

小链接:"首"的本义是头,之后会有详细讲解。

"彐(彑、彐)"部

作为部首,多在字的上边,"彐"像"山"横卧之形,读作"横山";"雪"是部中常用字,也读作"雪字底"。

"彑、彐"是"彐"的附形部首。"彐"读作"录字头",部中只有"录"一个字。"彑"读作"彝字头",部中只有"象、彘、彝"三个常用字。

zhǒu 帚

解析 象形字,甲骨文像扫帚形,上部是帚头,下部是帚把,中间是捆扎的绳子。

本义 扫帚,除去垃圾、尘土等的用具,如"笤帚""敝帚自珍"。

小巧记:帚=彐(扫帚头演变而来)+冖(捆扎的绳子)+巾(帚把演变而来)

小链接:"敝帚自珍",把(自家的)破扫帚当宝贝珍惜。比喻东西虽然不大好,自己却很珍惜。

小辨析:"帚"和"带(dài)"是形近字,注意区分。(组词:帚,扫帚。带,衣带)

guī 归

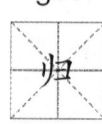

解析 繁体为"歸",简化为"归",可以巧记为用扫帚(彐)把杂物扫到一起,表示合并。

本义 女子出嫁。古代妇女以夫家为归宿,出嫁等于回家,所以引申为返回,回家。

引申 ①返回,回家,如"回归""归国""早出晚归"。②归并,合并,如"归纳""归类"等。

小提示:"归"和"临(lín)"的第二笔不一样,"归"是"丿(竖撇)";"临"是"丨(长竖)"。

小辨析:"归""扫(sǎo)""妇(fù)"是形近字,注意区分。(组词:归,回归。扫,扫地。妇,妇女)

xún 寻

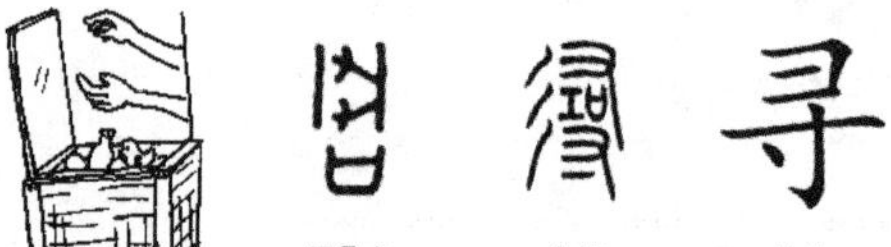

甲骨文 小篆 楷体

详见第59页"寸"部"寻"字。

huì 彗

解析 会意字,下部是又(手),上部是扫帚,表示以手持帚。

本义 扫帚。

引申 现在特指"彗星",一种围绕太阳旋转的星体,呈云雾状。因为彗尾形状像扫帚,所以俗称"扫把星"。

小提示:"彗"字上部的两个"丰"是由扫帚之形演变而来,下部的"彐"是由手演变而来。

小拓展:以"彗"作声符的形声字有"慧(huì)"等。

"尸"部

作为部首,读作"尸字头"。部中字有的与人体有关,如"尿、屁、屎";有的与房屋有关，如"屋、屏"。

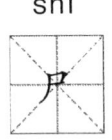

shī 尸

解析 象形字，甲骨文像屈腿而蹲踞的人形。

本义 古代祭祀时代表死者受祭的活人。古代祭祀时，让活人坐在祭位上，以代表死者，接受人们的吊唁。后来用牌位或画像代替"尸"，不再用人。

引申 ① 空占着（职位），如"尸位素餐"。② 人或动物死后的躯体，原本繁体写做"屍"，后来简化为"尸"，如"尸体""尸首""行尸走肉"等。

> 小链接："尸位素餐"，指空占着职位，白吃饭不做事。
> 小辨析："尸"和"户（hù）"是形近字，注意区分。（组词：尸，尸首。户，门户）

ní 尼

解析 会意字，从尸，从匕（表示人），像两人亲昵的样子。

本义 近，亲近，这个意义后写作"昵"。

引申 梵语音译词"比丘尼"的简称，佛教指出家修行的女子，如"尼姑""僧尼""削发为尼"。

> 小提示："尼"的读音是鼻音 ní，不要读成边音 lí。"尼"的下部是"匕"，不要写成"七"。
> 小拓展：以"尼"作声符的形声字有"妮（nī）、泥（ní/nì）、旎（nǐ）、昵（nì）、呢（ne/nī/ní)"等。

niào 尿

解析 甲骨文是象形字，像一个人撒尿的样子。小篆是会意字，从尾省，从水。

本义 小便，人或动物从肾脏滤出、由尿道排泄出来的液体，如"尿液""尿盆""屁滚尿流"。

引申 排泄小便，如"尿床""尿尿"。

> 小提示："尿"的读音是鼻音 niào，不要读成边音 liào。

pì

屁

解析 形声字，从尸，比声。
本义 由肛门排出的臭气，如"放屁""臭屁""屁滚尿流"。
引申 比喻不值得说的或没有价值的事物，如"屁话""屁大点事儿"等。

> **小提示**：虽然"屁"的声符是"比"，由于古今语音演变等原因，屁的正确读音是 pì，不能读成 bǐ。
> **小链接**："屁滚尿流"，形容因失败、恐惧而狼狈不堪的样子。

shǐ

屎

解析 金文是象形字，像人在拉屎的样子。楷书是形声字，从米，尸声，尸兼表义。
本义 粪便，如"拉屎""狗屎"。
引申 眼睛或耳朵等的分泌物，如"耳屎""眼屎""鼻屎"。

> **小提示**："屎"的读音是翘舌音 shǐ，不要读成平舌音 sǐ。
> **小辨析**："屎"和"尿"是形近字，注意区分。（组词：屎，耳屎。尿，尿床）

jū

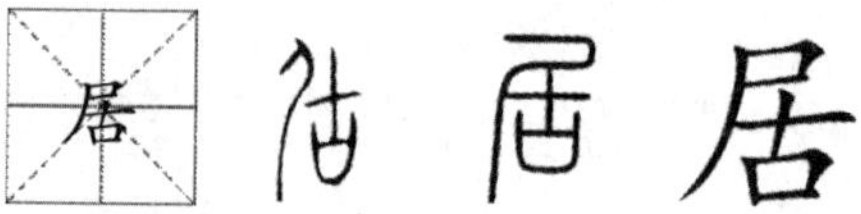

居

解析 形声字，从尸（与人有关），古声。
本义 蹲坐，这个意义后写作"踞"。
引申 ①居住，如"分居""居民"。②居住的地方，如"故居""新居"。③处于某种位置，如"自居""甘居人后"。④储存，存有，如"奇货可居"。⑤占据，属于某种情况，如"居多"等。

> **小提示**："居"的下方是"古"，不要写成"占"。
> **小拓展**：以"居"作声符的形声字有"据（jū/jù）、剧（jù）、锯（jù）、踞（jù）"等。

píng/bǐng

屏

| 解析 | 形声字，从尸（与房屋有关），并声。
| 本义 | 大门外或大门内对着大门起遮挡作用的墙，照壁。
| 引申 | ① 屏风，如"画屏"。② 像屏风的东西，如"屏幕""孔雀开屏"。③ 遮挡，如"屏蔽""屏障"等。以上意义都读 píng。
| 多音字 | 读 bǐng，表示以下意思：① 排除，除去，如"屏退"。② 抑制（呼吸），如"屏息""屏气"等。

小提示："屏"的读音是后鼻音 píng 和 bǐng，不要读成 pín。
小拓展：以"屏"作声符的形声字有"摒（bìng）"等。

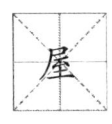

wū

屋

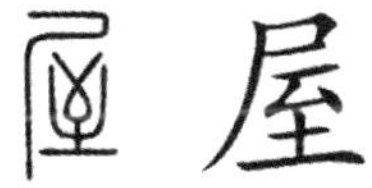

| 解析 | 会意字，从尸（房屋或房屋的拥有者），从至（表示达到）。
| 本义 | 帷帐，篷帐，这个意义后写做"幄"，如"运筹帷幄"。
| 引申 | ① 房子，如"房屋""屋顶"。② 房间，如"里屋"等。

小提示："屋"的上部是"尸"，不要写成"户"。
小拓展：以"屋"作声符的形声字有"喔（wō）、握（wò）、幄（wò）、齷（wò）、渥（wò）"等。
小链接："高屋建瓴"，从高高的屋脊上向下倾倒瓶里的水。比喻居高临下的形势。（"建"，表示倾倒。"瓴"，读后鼻音 líng，表示盛水的瓶子，不要写成"领"）

"己（已、巳）"部

作为部首，读作"己部"，"己"部只有"己、改、忌"三个字。附形部首"已"，部中只有一个"已"字。附形部首"巳"，部中有"巳、巴、包、导、异、巷、巽"七个字。

己、已、巳三字易混，可以用"己开、已半、巳封口"这个顺口溜来帮助记忆。

jǐ

己 己 己 己

解析 象形字，像弯曲的丝线形。
本义 丝缕的头绪，用来缠丝束的，这个意义后来写作"纪"。
引申 ① 假借指自己，如"知己""身不由己""知己知彼"。② 假借指天干的第六位，如"甲乙丙丁午己庚辛壬癸"等。

> **小提示**："己"的笔顺是 フ コ 己，共三画。
> **小拓展**："己"多作声符构成形声字，如"记（jì）、纪（jǐ/jì）、忌（jì）、起（qǐ）、杞（qǐ）"。

yǐ
已

解析 字形结构暂无定论。有一种讲法认为像胎儿已经成熟将要降生，表示怀胎过程已经结束。
本义 停止，如"不能自已""赞叹不已"。
引申 事情完成或时间过去，已经，如"已婚""事已至此""木已成舟"。

> **小提示**："已"的笔顺是 フ コ 已，共三画。
> **小辨析**："已"和"己（jǐ）"是形近字，注意区分。（组词：已，已经。己，自己）

sì
巳

解析 象形字，甲骨文像胎儿的形态。
本义 胎儿。
引申 ① 假借指地支的第六位，如"子丑寅卯辰巳午未申酉戌亥"。② "巳时"，我国传统计时法指上午九点到十一点。

> **小提示**："巳"的读音是平舌音 sì，不要读成翘舌音 shì。
> **小拓展**：以"巳"作声符的形声字有"祀（sì）、汜（sì）"等。

bā
巴

解析 象形字，小篆像蛇之形。
本义 蛇。

引申 ① 蛇会紧紧缠住物体使其窒息而死，故假借为粘贴，紧贴，如"锅巴""巴结"。② 盼望，如"巴望""巴不得"。③ 用作词语后缀，如"哑巴""尾巴""磕巴"。

小拓展：以"巴"作声符的形声字有"芭（bā）、笆（bā）、把（bǎ/bà）、爸（bà）、爬（pá）"等。

小辨析："巴"和"巳（sì）"是形近字，注意区分。（组词：巴，巴结。巳，巳时）

bāo 包

解析 象形字，小篆像孕妇肚子里的胎儿被包在胎衣内的样子。另有说法认为是形声字，从巳，勹声。

本义 胎衣。

引申 ① 胎衣包裹着胎儿，引申为裹，如"包裹""包书"。② 装东西的袋子，如"书包""皮包"。③ 容纳，总括，如"包含""包罗"。④ 一种带馅的，蒸着吃的面食，如"肉包""菜包"等。

小拓展：以"包"作声符的形声字有"胞（bāo）、苞（bāo）、饱（bǎo）、抱（bào）、跑（pǎo）"等。

dǎo 导

解析 繁体为"導"，"導"是形声字，从寸（表示手），道声，道（表示道路）兼表义，用手指出道路。

本义 引路。

引申 ① 指引，带领，如"向导""导游"。② 指导，启发，如"开导""教导"。③ 传导，如"导电"等。

小提示：繁体"導"简化为"导"，"导"的上部是"巳"，不要写成"己、已"。

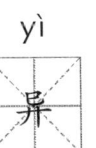

yì 异

详见第 61 页"廾"部"异"字。

xiàng/hàng 巷

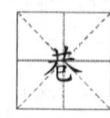

解析　"巷"的上部是由"共"演变而来，下部的"巳"是由小篆字形里的"邑"演变而来。

本义　狭窄的街道，也就是小胡同，如"小巷""大街小巷""街头巷尾"。读 xiàng。

多音字　读 hàng 时，表示"巷道"，采矿或挖矿时所挖的坑道，用于运输、通风或排水等。

> 小辨析："巷"和"卷（juǎn/juàn）"是形近字，注意区分。（组词：巷，小巷。卷，卷发，试卷）
>
> 小链接："港（gǎng）"，形声字，从氵，巷声，巷兼表义。本义是与江河湖海相通的小河。引申指港湾，如"港口"等。

"弓"部

作为部首，读作"弓部""弓字旁"。部中的字多与弓箭、弯曲有关，如"引、张、弘"。

gōng 弓

解析　象形字，甲骨文像弓张开的形态。金文像弓松弛的形态。

本义　射箭或发射弹丸的工具，如"弓箭""弹弓""惊弓之鸟"。

引申　① 弯曲，如"弓腰""弓身"。② 像弓的用具，如"胡琴弓子"等。

> 小提示："弓"的笔顺是 フコ弓，共三画。
>
> 小拓展：以"弓"作声符的形声字有"躬（gōng）、穹（qióng）、芎（xiōng）"等。

yǐn 引

解析　会意字，从弓，从丨（表示把弓弦拉长）。

| 本 义 | 开弓，如"引弓""引而不发"。 |
| 引 申 | ① 泛指拉伸，牵引，如"引桥""引吭高歌"。② 带领，引导，如"引路""索引"。③ 招来，导致，如"抛砖引玉"。④ 用来作证据、理由，如"引用"等。|

小提示："引"右边的"丨"表示把弓弦拉长之义。

小拓展：以"引"作声符的形声字有"蚓（yǐn）"等。

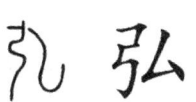

hóng 弘

解 析	形声字，从弓，厶声，厶兼表义（"厶"为古"肱"字，表示胳膊），像用胳膊把弓弦拉开。
本 义	大，高。
引 申	扩大，发扬，如"弘扬"。

小拓展：以"弘"作声符的形声字有"泓（hóng）"等。

小辨析："弘"和"私（sī）"是形近字，注意区分。（组词：弘，弘扬。私，私立）

zhāng 张

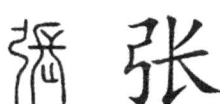

解 析	形声字，从弓，长声。
本 义	拉开弓弦，如"张弓""剑拔弩张"。
引 申	① 紧绷，如"紧张"。② 打开，展开，如"张开""纲举目张"。③ 放纵，放肆，如"乖张""嚣张"。④ 陈设，布置，如"张灯结彩"等。

小提示："张"的读音是 zhāng，不要读成 cháng。

小拓展：以"张"作声兼义符的形声字有"涨（zhǎng/zhàng）"等。

"子"部

作为部首，读作"子部""子字旁"或"子字底"。部中字有的与生育、孩子有关系，如"孕、孙、孝、学";有的是以子作声符,如"孜、籽"。

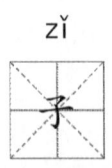

zǐ

子

解析 象形字,甲骨文像裹在襁褓中的婴儿,上部是头和两手臂,下部是被包裹起来的双腿。

本义 婴儿。

引申 ① 儿女,儿子,如"孩子""子孙"。② 人的通称,如"学子""男子""女子"。③ 古代对有学问的男子的美称,如"孔子""老子"。④ 动物的卵,植物的种子,如"鱼子""瓜子"等。

- 小提示:"子"的笔顺是 ㇇ 了 子,共三画。
- 小拓展:以"子"作声符的形声字有"籽(zǐ)、字(zì)、孜(zī)、仔(zǐ/zǎi/zī)"等。
- 小辨析:"子"和"了(liǎo/le)"是形近字,注意区分。(组词:子,孩子。了,了解)

yùn

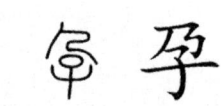

孕

解析 会意字,甲骨文像一位怀着胎儿的孕妇。小篆变成上部是"乃"(像孕妇的大肚子),下部是"子"(像腹中胎儿的形态)。

本义 怀胎,如"孕妇""孕育"。

引申 胎儿,如"怀孕""有孕"。

- 小提示:"孕"字上部的"乃"是由孕妇的大肚子之形演变而来的,不要写成"九"。
- 小辨析:"孕"和"字(zì)"是形近字,注意区分。(组词:孕,孕育。字,文字)

sūn

孙

解析 繁体为"孫",会意字,小篆从子,从系(表示连续)。

本义 儿子的儿子,儿子的子女,如"孙子""祖孙"。

引申 ① 跟孙子同辈的亲属,如"侄孙"。② 孙子以下的各代,如"曾孙""玄孙"等。

小提示:"孙"的读音是平舌音sūn,不要读成翘舌音shūn。

小链接:"逊(xùn)",形声字,从辶,孙声,孙兼表义,表示退避在后。本义是逃避。引申为谦虚、谦恭,如"谦逊""出言不逊"。

xiào 孝

解析 会意字,从老(像长发驼背的老人)省,从子(像孩子),合起来表示小孩子搀扶着老人。

本义 孝顺,如"孝子""孝心"。

引申 ① 旧时礼俗,在长辈去世后的一定时期内,晚辈穿孝服,不娱乐、不应酬,表示哀悼,如"守孝"。② 守孝期间穿的衣服,如"披麻戴孝"。

小拓展:以"孝"作声符的形声字有"哮(xiāo)、酵(jiào)"等。

小辨析:"孝"和"老(lǎo)"是形近字,注意区分。(组词:孝,孝顺。老,老人)

zī 孜

解析 形声字,从攵(手持棍棒),子声。

本义 勤勉不懈怠,如"孜孜不倦""孜孜以求"。

小提示:"攵"读作"反文旁",是由手拿着棍子之形演变而来,之后会有详细讲解。

小辨析:"孜"和"放(fàng)"是形近字,注意区分。(组词:孜,孜孜不倦。放,放学)

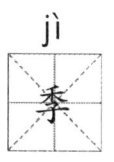

jì 季

解析 会意字,从禾,从子(表示小),合起来表示幼小的禾苗。

本义 幼禾。

引申 ① 古代兄弟排行中最小的,如"孟仲叔季"。② 一年分春、夏、秋、冬四季,三个月为一季,如"春季""夏季"。③ 一年中在某方面具有显著特点的时期,如"雨季""淡季"等。

小拓展：以"季"作声符的形声字有"悸（jì）"等。

小辨析："季"和"李（lǐ）"是形近字，注意区分。（组词：季，季节。李，李树）

xué 学

解析 繁体为"學"，会意字，表示孩童学习算筹。"學"简化为"学"，上部的手和算筹简化成了三点。

本义 学习，接受教育，如"活到老，学到老"。

引申 ①模仿，如"鹦鹉学舌"。②学校，如"小学""上学"。③学问，知识，如"品学兼优""真才实学"。④学科，如"数学""哲学"等。

小链接："学富五车"，读过的书可以装满好多辆车。形容读书多，学问渊博。

小辨析："学"和"觉（jué/jiào）"是形近字，注意区分。（组词：学，学习。觉，知觉，睡觉）

zǐ 籽

解析 形声字，从米（表示像米的颗粒状），子声，子兼表义，表示颗粒状的植物种子。

本义 某些植物种子，如"菜籽""棉籽"。

小辨析："籽"和"好（hǎo/hào）"是形近字，注意区分。（组词：籽，菜籽。好，好人，好学。）

"屮"部

作为部首，"屮"像小草初生之形，字形像"艸"的一半，读作"半叶草"。"屮"部中有"屯、出、蚩、枭"四个常用字。"屮（chè）"不独立成字，仅作部首使用。

tún/zhūn 屯

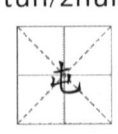

解析 象形字，甲骨文像一棵嫩芽冲破土壤的阻挠长出地面。种子破土初生，这不是一件容易的事。另有说法认为是会意字。

本义 艰难，读 zhūn。

引申 读 tún 时，表示以下意思：① 聚集，储存，如"屯聚""屯粮"。② 军队驻扎，如"屯兵""驻屯"。③ 村庄，多用于地名，如"皇姑屯"等。

小拓展：以"屯"作声符的形声字有"吨（dūn）、盹（dǔn）、炖（dùn）、钝（dùn）、纯（chún）"等。

小辨析："屯"和"电（diàn）"是形近字，注意区分。（组词：屯，屯兵。电，电灯）

chū
出

详见第 37 页"凵"部"出"字。

chī
蚩

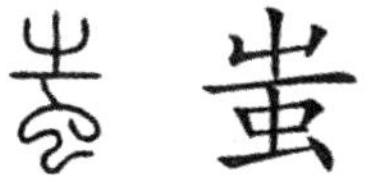

解析 形声字，从虫，屮（之）声。

本义 痴愚，无知，如"蚩拙""蚩鄙"。

小提示："蚩"的读音是翘舌音 chī，不要读成 chóng。

小链接："蚩尤"，古代传说中九黎族的首领，与黄帝战于涿鹿，失败被杀。

小拓展：以"蚩"作声符的形声字有"嗤（chī）、媸（chī）、滍（zhì）"等。

小辨析："蚩"和"蚕（cán）"是形近字，注意区分。（组词：蚩，蚩拙。蚕，蚕丝）

tiào
粜

解析 会意字，从米，从出。

本义 卖出粮食，与"籴"相对，如"粜米""出粜"。

小链接："粜（tiào）"是卖出粮食，"籴（dí）"是买进粮食，它俩都是会意字。

小辨析："粜"和"粟（sù）"是形近字，注意区分。（组词：粜，粜米。粟，粟米）

"女"部

作为部首，读作"女部""女字旁"或"女字底"。部中字的本义多跟女性有关，如"妻、妾、如"。

nǚ 女

解析 象形字，甲骨文像两手交叉跪坐着的女人。
本义 女性，如"女人""女生""男女老幼"。
引申 女儿，如"长女""生儿育女"等。

> 小提示："女"的笔顺是 ㄑ 乂 女，共三画。
> "女"的读音是鼻音 nǚ，不要读成边音 lǚ。
> 小拓展："女"也作声符构成形声字，如"钕（nǚ）、汝（rǔ）"。

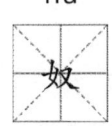

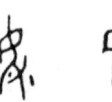

nú 奴

解析 会意字，从女，从又（表示手），像手抓住女人。
本义 奴隶，被人役使而没有人身自由的人，如"农奴""奴仆"。
引申 ① 年轻女子的自称，如"奴家"。② 对有某种特点的人的蔑称，如"守财奴"等。

> 小提示："奴"的读音是鼻音 nú，不要读成 lú。
> 小拓展：以"奴"作声符的形声字有"驽（nú）、弩（nǔ）、努（nǔ）、怒（nù）"等。

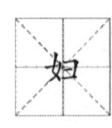

fù 妇

解析 繁体为"婦"，会意字，从女，从帚（用扫帚打扫）。
本义 已婚的女子，"少妇""妇人"。

引申 ①妻，如"夫妇""夫唱妇随"。②成年女性的通称，"妇科""妇幼"。

小链接："妇孺皆知"，连妇女和儿童都知道。形容所有的人都知道。

小辨析："妇"和"扫（sǎo）"是形近字，注意区分。（组词：妇，妇女。扫，扫地）

rú
如

解析 会意字，从女，从口（表示他人的教导），合起来表示女子听从教导，顺从他人。

本义 顺从，依照，如"如意""如愿"。

引申 ①好像，如"犹如""如同""胆小如鼠""对答如流"。②表示举例，如"例如""比如"。③按照，如"如期完成"等。

小拓展：以"如"作声符的形声字有"茹（rú）、恕（shù）、絮（xù）"等。

小辨析："如"和"奴（nú）"是形近字，注意区分。（组词：如，如果。奴，奴隶）

wàng
妄

解析 形声字，从女，亡声，亡兼表义。

本义 没有根据地胡乱猜想或行动，如"妄想""痴心妄想""胆大妄为""轻举妄动"等。

小提示："妄"的读音是wàng，不要读成wáng。上部的"亡"只有三画，不要多加一点。

小链接："妄"字从女，再比如"嫉、妒、奸、婪"等字都从女，反应了古代造字时对女性的歧视。

tuǒ
妥

解析 会意字，从爫（手），从女，表示用手安抚女子。

本义 安定、安稳。

引申 ①合适，适当，如"稳妥""妥当"。②齐备，完毕，如"谈妥""办妥"等。

小拓展：以"妥"作声符的形声字有"绥（suí）、馁（něi）"等。因为古今语音演变等原因，这两个字现在的读音跟"妥"不一样了，但造字时的读音应该是一样或相似的，可以复习前面讲过的"形声字"这一重要概念。

小辨析： "妥"和"采（cǎi）"是形近字，注意区分。（组词：妥，妥当。采，采花）

qī 妻

解析 会意字，甲骨文左边像长发女子，右边是一只手，表示抢夺女子为配偶，反映了远古时期的抢婚制。

本义 妻子，男子的配偶，如"夫妻"。

小提示： "妻"的笔顺是 一 ㄱ ㅋ ㅋ ㅋ 事 妻 妻，共八画。
"妻"的上部字形是由手抓住女子长发之形演变而来的。字形虽然看似复杂，但如果明白了字形来源，是不是很有意思呢？

小拓展： 以"妻"作声符的形声字有"凄（qī）、萋（qī）"等。

qiè 妾

解析 会意字，从辛，从女。"辛"是古代的一种刑具。

本义 古代的女奴隶。

引申 ①旧时指男子在妻子以外另娶的女子，如"纳妾""妻妾"。②古时女子对自己的谦称，如"妾身"等。

小提示： "妾"字上部的"立"是由刑具之形演变而来的哟！

小拓展： 以"妾"作声符的形声字有"接（jiē）"等。

小辨析： "妾"和"妥（tuǒ）"是形近字，注意区分。（组词：妾，妻妾。妥，稳妥）

"飞（飛）"部

"飞"是"飛"的简化字，"飛"像鸟张开翅膀飞翔之形。"飞"部中的只有"飞"一个常用字。

fēi

飞

解析 繁体为"飛",象形字,像鸟张开翅膀飞翔之形。"飛"简化为"飞"。
本义 鸟张开翅膀向上飞翔。
引申 ① 泛指鸟类、昆虫、飞行物在空中的活动,如"飞翔""飞机"。② 意外的,凭空而来的,如"飞来横祸"。③ 形容极快,如"飞速""飞奔""飞快"等。

小提示:"飞"的笔顺是 ㇆ 乁 飞,共三画。
小链接:"飞黄腾达",神马腾空奔驰(飞黄:古代传说的神马名)。比喻官职、地位迅速上升。

"马(馬)"部

作为部首,读作"马部""马字旁"或"马字底"。部中字多与马及其用途有关,如"驭、驾、骄、驯"。"馬"是"马"的附形部首,是"马"的繁体字形。

mǎ

马

解析 繁体为"馬",象形字,甲骨文像马的形状。
本义 马,如"马车""马匹""骏马"。
引申 形容大,如"马蜂"等。

小链接:马是古代重要的家畜,先秦时期主要用来拉车。以马拉车是我国古文明的一个特征,如"驱、驾、驶、驰、骋"都从马。
小拓展:"马"也作声符构成形声字,如"妈(mā)、码(mǎ)、玛(mǎ)、骂(mà)、吗(ma/má/mǎ)"。
小辨析:"马"和"乌(wū)"是形近字,注意区分。(组词:马,马车。乌,乌云)

yù

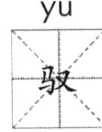

驭

| 解析 | 会意字，从马，从又（表示手），合起来表示用手驾驶车马。
| 本义 | 驾驭车马，如"驾驭""驭手"。
| 引申 | 控制，支配，如"以简驭繁"等。

小提示："驭"右边的"又"是由手之形演变而来的，不要写成反文旁"攵"。
小辨析："驭"和"奴（nú）"是形近字，注意区分。（组词：驭，驾驭。奴，奴仆）

xùn 驯

| 解析 | 会意字，从马，从川（像河流般顺从河道而流），表示马顺从人意。
| 本义 | 马驯服。
| 引申 | ① 泛指顺从，听从指使，如"驯服""温驯"。② 使驯服，如"驯马""驯化""驯养"等。

小提示："驯"右边的"川"是表示像河流河川一样顺从。
小辨析："驯"和"训"是同音字，注意区分。（组词：驯，驯服。训，训练）

bó 驳

| 解析 | 会意字，从马，从爻（表示马的毛色杂）。
| 本义 | 马的毛色杂。
| 引申 | ① 泛指颜色不纯，如"斑驳""驳杂"。② 说出自己的意见来否定别人的意见，如"驳斥""反驳"。③ 用船转运旅客或货物，如"驳船"等。

小提示："驳"字的右边看似是两个"乂"，表示的是毛色杂哟！
小辨析："驳"和"谈（tán）"是形近字，注意区分。（组词：驳，反驳。谈，谈话）

jià 驾

| 解析 | 形声字，从马，加声，加兼表义。
| 本义 | 把车套在牲口身上，使牲口拉车或拉农具，如"驾辕"。
| 引申 | ① 操纵，使开动，如"驾车""驾驶"。② 车辆，对方的车辆，借用为对人

的敬辞，如"驾临""劳驾""大驾光临"等。

> 小提示：虽然"驾"的声符是"加"，但"驾"的正确读音是 jià，不要读成 jiā。
> 小链接："驾轻就熟"，驾轻便的车，走熟悉的路。比喻对所做的事很熟悉，办起来很容易。
> 小辨析："驾"和"架"是同音字，注意区分。(组词：驾，驾驶。架，衣架)

jiāo 骄

解析 形声字，从马，乔声。
本义 六尺高的马。
引申 ① 马骄逸而不受控制，由马不受控制转指人的傲慢自满，如"骄傲""骄纵""戒骄戒躁"。② 猛烈，如"骄阳似火"等。

> 小链接："骄兵必败"，恃强轻敌的军队必定失败。
> 小辨析："骄"和"娇"是同音字，注意区分。(组词：骄，骄傲。娇，娇气)

"幺"部

作为部首，读作"幺部""幺字旁"。"幼"是部中常用字，也读作"幼字旁"。部中的字多与小或细微有关系，如"幼、幻、幽"。

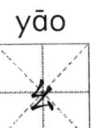

yāo 幺

解析 象形字，像一束细丝的形态。
本义 幼，小，"幺儿"。
引申 ① 排行最末的，如"幺妹""幺叔"。② 数目"一"的另一种说法，如"幺幺六（116）"等。

> 小拓展：以"幺"作声符的形声字有"吆（yāo）"等。
> 小辨析："幺"和"么（me）"是形近字，注意区分。(组词：幺，幺妹。么，什么)

yòu
幼

详见第 43 页"力"部 "幼"字。

huàn
幻

解析 会意字，小篆像予（织布用的梭子）的倒形，表示织布时梭子来回投织变化不定之意。

本义 变化，惑乱，如"变幻"。

引申 ① 奇异的变化，如"奇幻""幻术""变幻莫测"。② 空虚的，不真实的，如"幻想""幻听"。

> 小巧记："幼"和"幻"是易错形近字，要注意区分。可以巧记为"幻"的右边是一根线，一根线确实可以变幻成不同形状。（组词：幼，幼儿。幻，幻想）

yōu
幽

解析 会意字，甲骨文从火（火苗），从幺幺（表示细微），合起来表示"隐不可见者，得火而显"。后来"火"讹变为"山"，表示山谷光线暗，深远。

本义 光线暗，僻静，如"幽谷""幽深"。

引申 ① 隐蔽的，如"幽会""幽居"。② 沉静，安静，如"幽静"。③ 囚禁，如"幽禁"。④ 阴间，迷信指人死后灵魂所在的地方，如"幽冥"等。

> 小提示："幽"的笔顺是 丨 丩 纟 乡 幺 幺 幽 幽 幽，共九画。
> 小辨析："幽"和"函（hán）"是形近字，注意区分。（组词：幽，幽静。函，书函）

"巛" 部

作为部首，读作"三拐""三折"或"巡字心"。"巛"部中只有"甾、邕、巢"三个常用字。"巛"同"川",像两岸之间有流水形,本义是河流。"巛"不独立成字,只用作部首。

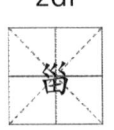

zāi 甾

解析 象形字,甲骨文像缶一类的陶器之形,古音读 zī。

引申 有机化合物的一类,广泛存在于动植物体内。胆固醇和许多激素都属于甾族化合物。在医药上应用很广。

小拓展:"甾"的古音读 zī,以"甾"作声符的形声字有"淄(zī)、缁(zī)、锱(zī)、辎(zī)"等。

小辨析:"甾"和"留"是形近字,注意区分。以"留(liú)"作声符的形声字有"榴(liú)、瘤(liú)、馏(liú/liù)、溜(liū/liù)"等。

yōng 邕

解析 会意字,从巛(川,与水有关),从邑(城邑),表示城邑四周被水环绕。

本义 城邑四周被水环绕。

引申 ① 用作水名,如"邕江"。② 地名用字,广西南宁市的别称。

小链接:"邑(yì)"的本义是人聚居的地方,居民点,后面会有详细讲解。

小辨析:"邕"和"扈(hù)"是形近字,注意区分。(组词:邕,邕江。扈,跋扈)

cháo 巢

解析 象形字,小篆的上部像鸟窝里有小鸟之形,下部像树木之形。楷书字形演变成上"巛"下"果"。

本义 鸟窝,如"鸟巢""鹊巢鸠占"。

引申 ① 蜂、蚁等的窝,如"蜂巢""蚁巢"。② 比喻坏人盘踞的地方,如"匪巢""敌巢"。

小巧记:"巢"上边的"巛"像小鸟张大的嘴巴,它们在巢里等鸟妈妈回来喂食;"巢"下边的"果"是鸟巢在树上之形,在这里不是水果的意思哟。

小辨析："巢"和"窠（kē）"是形近字，注意区分。（组词：巢，鸟巢。窠，窠臼）

小拓展：以"巢"作声符的形声字有"剿（jiǎo/chāo）、缫（sāo）"等。

"王（玉）"部

作为部首，"王"部中的字绝大多数都与"玉"有关。因为"玉"在汉字左侧做偏旁时写做"𤣩"，最后一笔是斜提上去的，常被读作"斜王旁"，但是这种读法是不准确的。"𤣩"的准确读法应该是"斜玉旁"，只有读准了这个部首，才能更好地理解部中汉字的意思。

部中的字多与玉石及其音色、相关动作有关，如"班、理、球、玲"。部首规范表指定"王"为主部首，"玉"是"王"的附形部首。

为了更好地理解接下来的内容，我们先来看看"玉"和"王"。

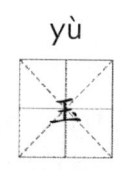

yù
玉

解析 象形字，甲骨文像三片玉串联在一起。楷书字形在右下角增加了"丶"，是为了与"王"字相区别。"玉"在汉字左侧做偏旁时写做"𤣩"。

本义 玉石，如"玉器""碧玉"。

引申 ① 比喻洁白或美丽，如"玉颜""亭亭玉立"。② 敬辞，用于称对方的身体、行动或有关的事物，如"玉照""玉体"等。

小提示："玉"的笔顺是一二千王玉，共五画。

小链接："抛砖引玉"，抛出廉价的砖，引来珍贵的玉。比喻说出自己粗浅的意见引出别人的高论（多用作谦词）。

wáng
王

解析 象形字，甲骨文像刃部向下的斧头之形，象征权威，故指君王。

本义 君王，如"帝王""国王""楚庄王"。

引申 ①首领，头目，如"占山为王"。②同类中居首位或最大最强的，如"蜂王""猴王"等。

小链接："王"也作声符的形声字有，如"汪（wāng）、枉（wǎng）、旺（wàng）"。
小辨析："王"和"三（sān）"是形近字，注意区分。（组词：王，国王。三，三个）

背景知识小链接

"玉"的古文字形像三片玉串在一起之形。"玉"在字的左侧作部首时写做"𤣩"，下面的一笔是斜提上去的，所以读作"斜玉旁"。对外汉语教学中，"王（玉）"部翻译成"jade"（玉石）。

你可能会问，明明字形是"斜王旁"，为什么非要读成"斜玉旁"呢？或许我们可以从这段文字里找到答案。

"甲骨文里就有'玉'字了，但跟今天的字有一个小小的区别，就是没有那个点，让我们看起来就是个'王'字。小篆的字看得比较清楚，三横等距的时候，念'玉'；上面两横挨得近，下面这横离得远，念'王'。汉代以后，'玉'字才加了一点，与'王'字有了区别，这就是'玉'字的来历。最早的'玉'和'王'，都不点点。所以，我们将'玉'作为偏旁部首的时候，也不点这个点，叫'斜玉旁'。但是，'玉'作为偏旁部首，也有特例，就是用在字的下面，要点上点，比如'璧''玺'等。

"凡是用斜玉旁的字，90%都跟玉有关。比如数字9的大写'玖'，一个斜玉旁，一个长久的久。'玖'的本意就是仅次于玉的黑色美石。

……

"比如'珅'，大贪官和珅的'珅'，就是一种美玉的名字。再比如我们常用的一个字'理'，本意是治玉，就是说制作这个玉器，所以后来衍生出来的意思就是治理。还有一个字就更有意思了：'球'，足球、篮球、乒乓球。'球'，也是一种美玉的名字，后来被借用了。我们古代的'球'字，实际上写成'毬'。最早的球不是充气，里面塞的是毛团，用皮子绷起来就可以踢。如果真是用玉做的球，咱的足球队就更瞎了，上去一踢，脚丫子全得骨折。了解这个偏旁部首，对我们理解玉的古意非常有好处。

"我重点讲一个字：'瑞 ruì'，祥瑞的'瑞'。'瑞'的本意是玉制的信物，这一点非常重要。《说文》这样解释'瑞'字：'以玉为信也。'就是用玉来表示诚信。从秦朝开始，一直到清朝，国家的信誉是用玉来表示的，叫玉玺，就源于这个'瑞'字。国家的最高权力一定用玉玺来体现，而不用黄金或其他材质的玺，表明中国民族信守承诺。

……

"汉字是人类文明进程中的一个重要符号，文字的复杂，表明文化的复杂。越简单的文化，文字就趋于越简单。我们的文字都是逐渐积累的，甲骨文上字现存的不多，到了《康熙字典》，字数超过历史上任何一个朝代。中华民族创造如此复杂的文字系统，表明了文化的昌盛。'玉'，作为文字，实际上就是一个符号，一个重要的文化符号。"①

亲爱的读者，现在明白了吗？人名中常见的"玲、玥、瑜、珍、珠、珞、璟、玫、莹、玮、珏、瑞"等字其实都是与玉有关。据统计，汉字中从玉的字都是好字，可见我们中国人有多喜欢玉，玉对我们中国人有多重要了！

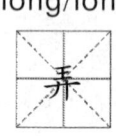

nòng/lòng

详见第60页"廾"部"弄"字。

xiàn

现

解析 繁体为"現"，形声字，从王（表示玉），见声。
本义 玉光。
引申 ① 显露，露出，如"现象""昙花一现"。② 目前，此刻，如"现在""现代"等。

小提示：虽然"现"的声符是"见"，但由于古今语音演变等原因，"现"要读xiàn，不要读成jiàn。
小辨析："现"和"砚（yàn）"是形近字，注意区分。（组词：现，现在。砚，砚台）

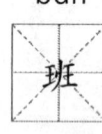

bān

班

解析 会意字，从珏（jué），从刀，表示用刀分玉。"班，分瑞玉"，瑞玉古代用作信物，中分为二，各执其一。
本义 分割瑞玉，分开。
引申 ① 把整体分成的不同部分，如"分班"。② 为了学习或工作而编成的组织，如"班级"。③ 一定时间内在岗位上从事的工作，如"上班""值班"等。

---

① 马未都. 马未都说收藏：玉器篇[M]. 北京：中华书局，2008.

小巧记：	"班"字中间的部分是由"刀"演变而来的哟！"辨"字中间也是"刀"。
小链接：	成语"班门弄斧"，在鲁班门前舞弄斧子（班：鲁班，春秋时鲁国的巧匠）。比喻不自量力，在行家面前炫耀本领。
小辨析：	"班"和"斑"是同音字，注意区分。（组词：班，班级。斑，斑点）

lǐ 理

解析 形声字，从王（表示玉），里声。
本义 治玉，就是顺着玉的纹理将它从石中剖分出来，如"理璞得宝"。
引申 ① 治理，管理，如"料理""理财""日理万机"。② 事物的规律，如"道理""真理"。③ 物质的纹路，如"纹理""肌理"等。

| 小辨析： | "理"和"埋（mái/mán）"是形近字，注意区分。（组词：理，理解。埋，埋伏，埋怨） |

qiú 球

解析 形声字，从王（表示玉），求声。
本义 美玉。
引申 ① 圆形或近于圆形的东西，如"棉球""煤球"。② 球形的体育用品，如"足球""篮球"。③ 地球或其他星体，如"地球""星球"等。

| 小链接： | 用作体育用品"足球"的"球"在古代原本写做"毬"，最早的球不是充气，里面塞的是"毛"团，用皮子绷起来就可以踢。 |
| 小辨析： | "球"和"救（jiù）"是形近字，注意区分。（组词：球，足球。救，救助） |

"无（旡）"部

"无"部中只有"无"一个字。"旡（jì）"是"无"的附形部首，部中有"炁、既、暨"三个常用字。

wú/mó

无

解析 繁体是"無",甲骨文像人双手持舞具(牛尾之类)跳舞的样子。另有说法认为是会意字。

本义 跳舞,这个意义后来写做"舞"。

引申 ① 假借表示没有,如"有无""无穷无尽""从无到有"。② 不,如"无须""无妨"等。以上意义都读 wú。

多音字 读 mó,"南无"读作"nā mó",梵语 namas 音译词,佛教用语,常用在佛、菩萨或经典名之前,表示尊敬或皈依,如"南无阿弥陀佛"。

小拓展："无"也作声符构成形声字,如"芜(wú)、妩(wǔ)、抚(fǔ)"。
小辨析："无"和"天(tiān)"是形近字,注意区分。(组词：无,有无。天,白天)

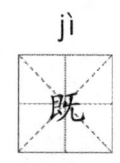

jì

既

解析 会意字,甲骨文左边是盛食器,右边的人调头向后,表示吃完饭了。

本义 尽,完,如"食既"。

引申 ① 表示已经,如"既得利益""既成事实"。② 与"且、又、也"连用,表示两种情况都有,如"既快又好"。③ 既然,表示先提出前提,再加以推论,如"既然来了,就一起吃饭吧"等。

*小拓展：*以"既"作声符的形声字有"暨(jì)、概(gài)、溉(gài)、慨(kǎi)"等。"概、溉、慨"现在的读音和"既"不一样了,是因为古今语音演变等原因,造字时读音应该是一样或者很相似的。
小提示："既"的右边是"旡",不要写成"无"哟。
小辨析："既"和"即(jí)"是形近字,注意区分。(组词：既,既然。即,即使)

jì

暨

解析 形声字,从旦(表示太阳刚露出地平线),既声。

| 本 义 | 太阳微露出地平线。
| 引 申 | 假借用作连接并列的名词或名词性短语，相当于"和""与""及"，如"竣工典礼暨庆功大会"。

| 小链接：连词"暨"和"及"不同，"暨"具有典雅庄重意味，如"竣工典礼暨庆功大会"；"及"不具有这种特定意味。
| 小提示："暨"的声符是上部的"㫭"，读音是 jì，不要读成 dàn。

"韦（韋）"部

作为部首，读作"韦部""韦字旁"。"韦"的本义是环绕，假借表示熟皮。部中字的本义多与皮革、环绕有关系，如"韧、韬"。"韋"是"韦"的附形部首，是"韦"的繁体字形。

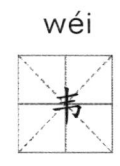

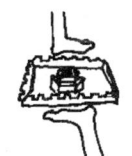

wéi
韦

| 解 析 | 繁体为"韋"，会意字，甲骨文的中间像住处，上下像两只脚，合起来表示违离其地。也有说法认为甲骨文的中间像城邑，表示环绕城池巡逻。笔者倾向于第二种说法。
| 本 义 | 违离，环绕。
| 引 申 | 假借表示熟皮（去毛后经过熟制的兽皮），皮绳，大概是因为熟皮和皮绳柔韧可来回环绕，如"皮韦""韦编三绝"。

| 小提示："韦"的读音容易受到"伟（wěi）"的影响而读错，"韦"的正确读音是 wéi，二声。
| 小链接："韦编三绝"，孔子晚年爱读《周易》，因反复阅读，编连竹简的皮绳断了好多次。后用来形容读书勤奋刻苦。
| 小拓展："韦"也作声符构成形声字，如"围（wéi）、玮（wěi）、伟（wěi）、纬（wěi）、韪（wěi）"。
| 小辨析："韦"和"丰（fēng）"是形近字，注意区分。（组词：韦，皮韦。丰，丰收）

rèn
韧

| 解 析 | 形声字，从韦（柔软结实的熟皮革），刃声，表示如韦一般柔软结实。
| 本 义 | 柔软结实，不易折断，跟"脆"相对，如"柔韧""韧性""韧带"。
| 引 申 | 人的意志坚强不屈，如"坚韧不拔"。

> 小提示："韧"的右边是声符"刃"，不要写成"刀"。
>
> 小链接："刃"是指事字，左边的一点是指出刀刃所在之处。前面"刀"部讲过这个字，还记得吗？

tāo 韬

| 解 析 | 形声字，从韦（柔软结实的熟皮革，此处表示用皮革制成），舀声。
| 本 义 | 盛弓箭或剑的套子。
| 引 申 | ① 隐藏，如"韬光养晦"。② 用兵的谋略，兵法，如"韬略""文韬武略"。

> 小链接："韬光养晦"，比喻隐藏自己的锋芒或才能，隐蔽自己的踪迹，暂不外露。（晦，读 huì）
>
> 小提示："韬"的声符是"舀（yǎo）"，不能写成"臽（xiàn）"。后面有关于两者的详细讲解。
>
> 小辨析："韬"和"稻（dào）"是形近字，注意区分。（组词：韬，韬略。稻，水稻）

wěi 韪

| 解 析 | 形声字，从是，韦声。
| 本 义 | 是，对（常跟否定词"不"连用），如"不韪"。

> 小链接："冒天下之大不韪"，表示公然干天下人都认为不对的大坏事。
>
> 小辨析："韪"和"题（tí）"是形近字，注意区分。（组词：韪，不韪。题，题目）

"木（朩）"部

作为部首，根据"木"在字中的不同位置，读作"木字头""木字旁"或"木字底"。部中的字多与树木或木制器具有关，如"本、末、林、析"。附形部首"朩"是"木"的变形，在字的下边，如"杂"。

mù 木

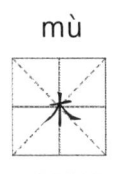

解析 象形字，像一棵树之形。上边是树枝，中间是树干，下边是树根。
本义 树，如"古木""伐木"。
引申 ① 木材，木料，如"榆木""木桶"。② 呆，反应慢，如"木讷""木头木脑"等。

小拓展：以"木"作声符的形声字有"沐（mù）"等。
小辨析："木"和"禾（hé）"是形近字，注意区分。（组词：木，木材。禾，禾苗）

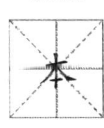

běn 本

解析 指事字，从木，"一"指出树根所在的位置。
本义 草木的根，如"无本之木"。
引申 ① 事物的根源，根本，如"忘本""舍本逐末"。② 原来，本来，如"本意"。③ 版本，如"古本""刻本"。④ 用纸订成的册子，如"书本""日记本"等。

小拓展：以"本"作声符的形声字有"苯（běn）、笨（bèn）、钵（bō）"等。
小辨析："本"和"末（mò）"是形近字，注意区分。（组词：本，根本。末，末日）

mò 末

解析 指事字，从木，"一"指出树梢所在的位置。
本义 树梢，如"末梢"。
引申 ① 事物的尖端，如"秋毫之末"。② 次要的，不是根本的，如"本末""舍本逐末"。③ 最后的，如"末尾""末日"。④ 细碎的东西，如"茶叶末"等。

小拓展：以"末"作声符的形声字有"茉（mò）、沫（mò）、秣（mò）、抹（mǒ/mò/mā）"等。
小辨析："末"和"未（wèi）"是形近字，注意区分。（组词：末，末梢。未，未来）

guǒ

果

详见第3页"丨"部"果"字。

lín

林

解析 会意字，从二木，表示树木成片。

本义 树林，如"森林""山林"。

引申 ① 成片的树木或竹子，如"树林""竹林"。② 聚在一起的同类的人或事物，如"碑林""儒林"等。

> 小提示："林"的读音是前鼻音lín，不要读成后鼻音líng。
> 小拓展：以"林"作声符的形声字有"琳（lín）、霖（lín）、淋（lín）"等。

xī

析

解析 会意字，从木，从斤（表示斧子）。

本义 劈开木头。

引申 ① 分开，散开，如"分崩离析"。② 分析，辨别，如"剖析""解析""赏析"等。

> 小拓展：以"析"作声符的形声字有"晰（xī）、淅（xī）、皙（xī）、蜥（xī）"等。
> 小辨析："析"和"折（zhé）"是形近字，注意区分。（组词：析，分析。折，打折）

yǎo

杳

解析 会意字，从日（太阳），从木（树木）。表示太阳落到树下地平线以下，天色幽暗。

| 本 义 | 幽暗。
| 引 申 | 消失，看不见踪影，如"杳无音信""杳如黄鹤"等。

小链接："杳如黄鹤"，来自唐代崔颢《黄鹤楼》诗中的"黄鹤一去不复返，白云千载空悠悠"。后用"杳如黄鹤"形容无影无踪或没有消息。

小辨析："杳"和"杏（xìng）"是形近字，注意区分。（组词：杳，杳渺。杏，杏花）

rǎn

染

| 解 析 | 形声字，从氵，杂声。笔者更倾向于"染"是会意字，从木（古代染料多从草木中提取），从氵（染料要配成染液），从九（表示染色要进行多次才能完成）。
| 本 义 | 使布帛等着色，如"印染""染色"。
| 引 申 | ① 沾染，沾上，如"熏染""污染""一尘不染"。② 感染，如"传染"等。

小巧记："染"的右上方是"九"，表示染色要进行多次才能完成，而"九"是单个单数最大的，不要写成"丸（wán）"哟！

小辨析："染"和"渠（qú）"是形近字，注意区分。"渠"字右上方的"巨"是它的声符。（组词：染，染色。渠，水渠）

"支"部

作为部首，读作"支部""支字旁"。部中只有"支、翅、豉、鼓"四个常用字。

zhī

支

| 解 析 | 会意字，小篆像手持半根竹枝的样子。
| 本 义 | 枝条，这个意义后写作"枝"。
| 引 申 | ① 撑起，竖起，如"支撑"。② 支持，如"支援"。③ 调度，指派，如"支

配"。④ 付出或领取（款项），如"收支""支付"。⑤ 量词，多用于杆状的东西，如"一支笔"等。

> **小拓展**：以"支"作声符的形声字有"枝（zhī）、肢（zhī）、豉（chǐ）、翅（chì）、伎（jì）、技（jì）"。
>
> **小辨析**："支"和"又（yòu）"是形近字，注意区分。（组词：支，支持。又，又来）

chì 翅

解析 形声字，从羽，支声。
本义 翅膀，鸟类或昆虫的飞行器官，如"插翅难飞"。
引申 ① 某些鱼类的鳍，如"鱼翅"（特指鲨鱼的鳍）。② 物体上形状像翅膀的部分，如"风筝翅""纱帽翅"等。

> **小提示**：虽然"翅"的声符是"支"，但由于古今语音演变等原因，"翅"的读音是 chì，不要读成 zhī。
> "翅"是半包围结构的字，"支"的第四笔"捺"要写得长一些。

chǐ 豉

解析 形声字，从豆，支声。
本义 "豆豉"是一种用豆子制成的食品，把黄豆或黑豆泡透蒸或煮熟，经过发酵制成。有咸淡两种，都可放在菜里调味，淡豆豉可入药。

> **小提示**：虽然"豉"的声符是"支"，但由于古今语音演变等原因，"豉"的读音是 chǐ，不要读成 zhī。
>
> **小辨析**："豉"和"肢（zhī）"是形近字，注意区分。（组词：豉，豆豉。肢，肢体）

gǔ 鼓

解析 象形字，甲骨文像手持鼓槌击鼓的样子。另有说法认为是会意字。

本义 鼓，打击乐器，如"打鼓""大鼓"。
引申 ① 敲鼓，如"一鼓作气"。② 振奋，激发，如"鼓动""鼓励""鼓舞"。③ 凸起，如"圆鼓鼓"等。

> **小链接**："鼓"字左边的"壴"，"壴"本义是鼓。"鼓"的右边是"支"，不要写成反文旁"攵"。
> **小辨析**："鼓"和"彭（péng）"是形近字，注意区分。（组词：鼓，打鼓。彭，姓彭）

"犬（犭）"部

作为部首，读作"犬部"。"犬"在汉字左侧做偏旁时写作"犭"，读作"反犬旁"。部中的字多与兽类及狩猎有关，如"哭、臭、狩、猎"。

quǎn 犬

解析 象形字，甲骨文像狗的形态。
本义 狗，如"警犬""猎犬""牧羊犬""鸡犬不宁"。

> **小链接**："鸡犬不宁"，连鸡和狗都不得安宁。形容骚扰得非常厉害。
> **小辨析**："犬"和"大"，"犬"虽然只比"大"多了右上的一点，但"犬"是大狗之形演变而来，而"大"是人张开身体之形演变而来，字源上差别很大。（组词：犬，猎犬。人，大小）

lì 戾

解析 会意字，从户，从犬，合起来表示狗从门出时身体弯曲。
本义 弯曲。
引申 ① 不顺，违逆乖张，如"乖戾"。② 罪过，如"罪戾"。

> **小拓展**：以"戾"作声符的形声字有"唳（lì）"等。
> **小辨析**："戾"和"突（tū）"是形近字，注意区分。（组词：戾，乖戾。突，突然）

kuáng 狂

解析 形声字，从犭（狗），王声。
本义 疯狗，狗发疯。
引申 ① 指人发疯，精神失常，如"疯狂""发狂"。② 狂妄，傲慢，如"轻狂"。③ 无拘束地，无节制地，如"狂笑"。④ 猛烈的，声势大的，如"狂飙""狂风暴雨"等。

小提示："狂"的右边是声符"王"，不要写成"主"。
小拓展：以"狂"作声符的形声字有"诳（kuáng）、逛（guàng）"。

yù 狱

解析 会意字，从二犬，从言，从二犬表示相争。
本义 官司，诉讼，如"冤狱""文字狱"。
引申 监牢，监禁罪犯的地方，如"监狱""出狱""锒铛入狱"等。

小提示："狱"的中间是"讠（言）"，不要写成"亻"。

xiù/chòu 臭

解析 会意字，从自（表示鼻子），从犬（狗），狗的鼻子闻气味特别灵。
本义 闻，这个意义后来写做"嗅"。
引申 表示气味时，读 xiù，如"无声无臭""乳臭未干"。
多音字 读 chòu，表示以下意思：① 气味难闻，如"臭气""臭味"。② 令人厌恶的，如"臭名昭著"。③ 狠狠地，如"臭骂一顿"。④ 水平低，技术差，如"臭球"等。

小提示："臭"的上部是"自"，"自（zì）"的本义是鼻子，不要写成"白（bái）"。
小拓展：以"臭"作声符的形声字有"嗅（xiù）、糗（qiǔ）"等。

kū
哭

解析 会意字，从吅，从犬（狗）。
本义 狗号（háo）。
引申 由狗的哀号引申指因痛苦、悲伤、激动等而流泪出声，如"哭泣""嚎啕大哭""痛哭流涕"等。

> 小巧记："哭"是下面是"犬"，从整体字形看，那一点也可以巧记为人哭泣时掉下的一滴眼泪。
> 小辨析："哭"和"笑（xiào）"是形近字，注意区分。"哭"的下部是"犬"；"笑"的下部是"夭"。（组词：哭，哭泣。笑，大笑）

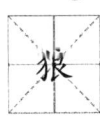

láng
狼

解析 形声字，从犭，良声。
本义 狼，外形像狗，性凶猛，如"恶狼"。
引申 狼性贪残，也用于形容人性凶残，如"狼子野心""狼心狗肺"。

> 小链接："狼狈为奸"，传说狈的前腿短，前腿必须搭在狼身上才能行走。比喻相互勾结，为非作歹。
> 小辨析："狼"和"狠（hěn）"是形近字，注意区分。（组词：狼，狼狗。狠，凶狠）

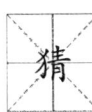

cāi
猜

解析 形声字，从犭（表示狗），青声。犬性多疑，所以"猜"从"犭"。
本义 怀疑，不信任，如"猜忌""猜疑"。
引申 推想，揣测，如"猜题""猜测""猜谜语"等。

> 小提示：虽然"猜"的声符是"青"，但由于古今语音演变等原因，"猜"的读音是cāi，不要读成qīng。
> 小链接："两小无猜"，男孩儿和女孩儿在一起玩耍，天真纯洁，彼此没有嫌疑和猜忌。
> 小辨析："猜"和"清（qīng）"是形近字，注意区分。（组词：猜，猜谜。清，清风）

"歹（歺）"部

作为部首，读作"歹部""歹字旁"。部中的字多与死亡、灾祸、不祥有关，如"死、残、殊"。"歺"是"歹"的附形部首，"歺"部中有"餐、粲"等字。

dǎi 歹

解析 象形字，甲骨文像残骨的形态。

本义 剔去肉后的残骨。

引申 坏，恶，如"歹徒""歹毒""为非作歹""不知好歹"等。

小辨析： "歹"和"夕（xī）"是形近字，注意区分。"夕"像半月的形态，本义是傍晚。（组词：歹，歹徒。夕，夕阳）

sǐ 死

解析 会意字，从歹（死人的残骨），从匕（像人在哭拜），表示活人在祭拜死者的残骨。

本义 失去生命，如"死人""死亡"。

引申 ① 不顾生命的，坚决，如"死战"。② 无法调和的，如"死敌"。③ 呆板，不灵活，如"死板"等。

小提示： "死"的读音是平舌音 sǐ，不要读成翘舌音 shǐ。

小辨析： "死"和"化（huà）"是形近字，注意区分。（组词：死，死亡。化，化学）

cán 残

解析 形声字，从歹，戋声，戋兼表义，表示伤害。

本义 伤害，如"摧残""骨肉相残"。

| 引申 | ① 凶恶，凶狠，如"残忍""残暴"。② 有缺损的，不完整的，如"残品""残疾"。③ 剩下的，如"残阳""残羹冷炙"等。 |

小链接："残"右边的"戋"，繁体写作"戔"（两个武器"戈"，表示残杀）。现在再细看"残"字，是不是仿佛能看到那个残酷的两军厮杀的战争场景？

小辨析："残"和"戋（jiān）"是形近字，注意区分。（组词：残，残忍。戋，贵戋）

shū 殊

解析	形声字，从歹（伤残），朱声。
本义	杀死，断绝，如"殊死搏斗"。
引申	① 由断绝引申为不同的，如"悬殊""殊途同归"。② 特别的，如"特殊"。③ 很，极，如"殊感不安""殊可钦佩"等。

小提示：虽然"朱"是"殊"的声符，但"殊"的正确读音是 shū，不要读成 zhū。

小辨析："殊"和"蛛（zhū）"是形近字，注意区分。（组词：殊，特殊。蛛，蜘蛛）

"车（车、車）"部

作为部首，读作"车部""车字旁"或"车字底"。"车"在字的左边时写作"车"。"車"是"车"的繁体字形。部中的字大都跟车有关，如"轰、轿、斩"。

chē/jū 车

解析	繁体为"車"，象形字，像古代的车。繁体"車"简化为"车"。
本义	车，陆地上使用的有轮子的交通工具，如"马车""战车"。
引申	① 利用轮轴转动来工作的器械，如"水车""纺车""风车"。② 泛指机器，如"车间"等。
多音字	读 jū，表示象棋棋子中的一种，如"丢卒保车"。

小提示："车"的笔顺是一 𠂉 车 车，共四画。

小链接： "车到山前必有路"，比喻虽有困难，但到时候总会有解决的办法。

小辨析： "车"和"东（dōng）"是形近字，注意区分。（组词：车，马车。东，东西）

zhǎn
斩

解析 会意字，从车，从斤（斧类工具），合起来表示把车斩断。另有说法认为是用斧头砍木头来造车。

本义 断开，如"斩断"。

引申 泛指砍，砍断，如"斩首""披荆斩棘""斩草除根"。

小拓展： 以"斩"作声符的形声字有"崭（zhǎn）、渐（jiàn/jiān）、暂（zàn）、惭（cán）"等。

小辨析： "斩"和"析（xī）"是形近字，注意区分。（组词：斩，斩断。析，分析）

hōng
轰

解析 繁体为"轟"，会意字，从三车，表示很多车行驶时发出的声音。简化字把下面的两个"车"写成"又"。

本义 众多车行驶时的轰鸣声。

引申 ① 模拟巨大的响声，如"轰鸣"。② 爆炸，炮击，如"轰炸""炮轰"。③ 驱赶，如"轰走"等。

小拓展： 看着"轰"字，笔者仿佛能听到古时很多战车行驶时发出的"hōng hōng"声，你呢？

小辨析： "轰"和"聂（niè）"是形近字，注意区分。（组词：轰，轰鸣。聂，姓聂）

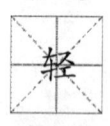

qīng
轻

解析 繁体为"輕"，形声字，从车，巠声。繁体"輕"简化为"轻"。

本义 轻便的车。

引申 ① 重量小，与"重"相对，如"轻重""轻便"。② 程度浅，如"轻伤"。③ 不重视，如"轻视"。④ 用力小，如"轻拿轻放"。⑤ 轻松，柔和，如"轻音乐"等。

> 小提示：繁体"巠"像古时候织机上的经线，这个意思后写作"經"（简化为"经"）。
> 小辨析："轻"和"经（jīng）"是形近字，注意区分。（组词：轻，轻视。经，经线）

fǔ 辅

解析 形声字，从车，甫声。
本义 绑在车轮外用以加固车轮的两条直木，用来增强车幅的承载力。
引申 ① 帮助，协助，如"辅导""辅助"。② 辅助的，非主要的，如"辅路"等。

> 小提示："辅"的右边是声符"甫"，不要写成"用"。
> 小辨析："辅"和"捕（bǔ）"是形近字，注意区分。（组词：辅，辅导。捕，捕捉）

shū 输

解析 形声字，从车，俞声。
本义 运送，如"运输""输出"。
引申 ① 交出，捐献，如"捐输"。② 失败，跟"赢"相对，如"输赢""输球"等。

> 小巧记：用"车"运送出去就没有了，没有了就是失败，失败就是"输"。
> 小辨析："输"和"愉（yú）"是形近字，注意区分。（组词：输，输出。愉，愉快）

"牙"部

作为部首，读作"牙部""牙字旁"。"牙"常常作声符构成形声字，"牙"部中有"牙、邪、鸦、雅"四个常用字。

yá 牙

解析 象形字，甲骨文像牙齿上下对合的样子。
本义 臼齿，俗称大牙或槽牙。

引申 ① 泛指牙齿，如"刷牙""换牙"。② 形状像牙齿的，如"月牙"等。

小拓展："牙"也作声符构成形声字，如"芽（yá）、蚜（yá）、鸦（yā）、雅（yǎ）、讶（yà）、呀（ya/yā）"。

小辨析："牙"和"才（cái）"是形近字，注意区分。（组词：牙，门牙。才，人才）

xié/yé 邪

解析 形声字，从阝（表示城邑），牙声。
本义 地名，也就是古代的琅琊郡。该义现简化为"玡"字。
引申 可能是因为读音相似，假借表示不正当，不正派，如"邪说""改邪归正"。② 不正常，如"邪门儿"。③ 迷信指鬼怪带来的灾祸，如"中邪""驱邪"。④ 中医指引起疾病的环境因素，如"风邪""寒邪"等。
多音字 读 yé，文言中用在句末，表示疑问或反问的语气，相当于"吗""呢"，如"是邪，非邪"。

小提示：虽然"邪"的声符是"牙"，但由于古今语音演变等原因，"邪"的读音是 xié，不要读成 yá。

小拓展：以"邪"作声符的形声字有"琊（yá）"。

yā 鸦

解析 形声字，从鸟，牙声。
本义 乌鸦，如"寒鸦""鸦雀无声"。

小提示：虽然"牙"是"鸦"的声符，但"鸦"的正确读音是 yā，不要读成 yá。

小链接："鸦雀无声"，连乌鸦和麻雀的声音都没有，形容非常寂静。

小辨析："鸦"和"鸭（yā）"是形近字，注意区分。（组词：鸦，乌鸦。鸭，鸭子）

yǎ 雅

解析 形声字，从隹（zhuī，本义是短尾巴的鸟），牙声。

| 本 义 | 乌鸦的一种，这个意义后写作"鸦"。
| 引 申 | ① 假借表示正统的，合乎规范的，如"雅言"。② 高尚，不庸俗，如"高雅""文雅"。③ 敬辞，称对方的行为或情意等，如"雅正""雅意"等。

小提示："雅"的右边是"隹"，"隹"的本义是短尾巴的鸟，不要写成"住"。
小辨析："雅"和"难（nán）"是形近字，注意区分。（组词：雅，文雅。难，困难）

"戈"部

作为部首，读作"戈部""戈字旁"。部中字的本义多与兵器和军事有关，如"戊、戎、戍、戌、戒、威、咸"。

gē
戈

| 解 析 | 象形字，甲骨文像长柄、横刃的兵器的形态。
| 本 义 | 古代的一种兵器，戈是商周时代最常用的一种兵器。
| 引 申 | 泛指兵器，如"干戈""枕戈待旦""金戈铁马"等。

小提示："戈"的笔顺是一弋戈戈，共四画。
小巧记：可能是因为"戈"可以分割物体，所以"戈"读作"gē"。
小拓展："戈"和"尧"，"戈"右上的点是由兵器上方的部件演变而来的。"尧"是"堯"草书楷化而来的简体字形，"尧"的右上部没有一点。由"尧（yáo）"构成的形声字有"烧（shāo）、浇（jiāo）、挠（náo）、晓（qiūu）、饶（ráo）、绕（rào）、骁（xiāo）"等。它们的右上方都没有一点，记住了吗？
小辨析："戈"和"弋（yì）"是形近字，注意区分。（组词：戈，干戈。弋，弋射）

wù
戊

| 解 析 | 象形字，甲骨文像斧钺的形状。
| 本 义 | 斧钺。
| 引 申 | 假借表示天干第五位，如"甲乙丙丁戊己庚辛壬癸"。

小辨析："戊"和"成（chéng）"是形近字，注意区分。（组词：戊，戊戌。成，成功）

róng 戎

解析 会意字，从戈，从十（像盾牌铠甲之形）。
本义 兵器，如"兵戎相见"。
引申 ① 军队，军事，如"戎装""弃笔从戎"。② 古代泛指我国西部的民族，如"西和诸戎，南抚夷越"。

> 小拓展：以"戎"作声符的形声字有"绒（róng）、狨（róng）"等。

shù 戍

解析 会意字，甲骨文从人，从戈，合起来表示人持戈守卫。
本义 军队防守，如"卫戍""戍守"。

> 小巧记："戍"的左下角的"丶"是由戍守的人演变而来的哟！
> 小辨析："戍"和"戌（xū）"是形近字，注意区分。（组词：戍，戍守。戌，戌时）

xū 戌

解析 象形字，甲骨文像宽刃的兵器。
本义 古代一种兵器。
引申 ① 假借表示地支第十一位，如"子丑寅卯辰巳午未申酉戌亥"。② "戌时"，古代传统计时法指晚上七点到九点。

> 小拓展：以"戌"作义符的形声字有"咸、威"等。（亲爱的读者，你现在明白为什么"咸、威"字形里面有一小短横了吗？）

jiè 戒

| 解析 | 会意字，从廾（双手），从戈，像双手持戈防备。
| 本义 | 防备，如"戒备""警戒"。
| 引申 | ① 思想上防备，警惕而不去做，如"戒骄戒躁"。② 戒除，断绝，如"戒酒""戒烟"。③ 佛教的条规，如"戒律""受戒"等。

> 小提示："戒"的笔顺是一二于开戒戒戒，共七画。
> 小拓展：以"戒"作声兼义符的形声字有"诫（jiè）、械（xiè）"。
> 小辨析："戒"和"戎（róng）"是形近字，虽然看似"戒"比"戎"只多了左下角的一短竖，但是它们的字源是有区别的。明白了字源，你还会写错吗？（组词：戒，戒备。戎，戎装）

威 wēi

| 解析 | 会意字，从女（表示人），从戌（武器之形），合起来表示用武器对人示威。
| 本义 | 使人畏惧的力量，威力。
| 引申 | ① 使人敬畏的气势或力量，如"权威""示威"。② 凭借威力震慑，如"威胁""威逼"等。

> 小提示："威"的笔顺是一厂厂厂反反威威威，共九画。
> 别把"威"字中间的一小短横写丢了哟！
> 小拓展：以"威"作声符的形声字有"葳（wēi）、崴（wǎi/wēi）"等。

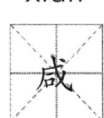

咸 xián

| 解析 | 会意字，甲骨文从口（表示人），从戌（表示武器），合起来表示灭绝人口。
| 本义 | 灭绝。
| 引申 | ① 常用义是全，都，如"少长咸集""咸受其益"。② 像盐的味道，含盐分多的，如"咸菜"等。

> 小拓展：以"咸"作声符的形声字有"缄（jiān）、减（jiǎn）、碱（jiǎn）、喊（hǎn）、感（gǎn）"等。
> 小辨析："咸"和"威"是形近字，注意区分。（组词：咸，咸菜。威，威力）

"比"部

作为部首，读作"比部""比字头"或"比字底"。

bǐ
比

解析 会意字，甲骨文像并肩而立的两个人。
本义 摆在一起，并列，如"比肩而立""天涯若比邻"。
引申 ① 比较，较量，如"评比""对比"。② 比方，模拟，如"比拟""比喻"等。

- 小提示："比"的笔顺是 一 乚 比 比，共四画。第二笔是竖提。
- 小拓展：以"比"作声符的形声字有"毕（bì）、批（pī）、纰（pī）、枇（pí）、琵（pí）、屁（pì）"等。
- 小辨析："比"和"北（běi）"是形近字，注意区分。（组词：比，比较。北，北方）

bì
毕

解析 繁体为"畢"，会意字，甲骨文像田地和田猎用的长柄网，表示古代打猎时用的长柄网。繁体"畢"简化为"毕"，形声字，从十，比声。
本义 古代打猎用的一种长柄网。
引申 ① 假借表示完结，完成，如"毕业""礼毕"。② 全，完全，如"群贤毕至""真相毕露"等。

- 小链接："毕恭毕敬"，表示十分恭敬，很有礼貌。不要写成"必恭必敬"！
- 小辨析："毕"和"华（huá）"是形近字，注意区分。（组词：毕，毕业。华，中华）

kūn
昆

解析 会意字，从日，从比，像两人在日光下一起行走。

本义 共同。
引申 ① 众多，如"昆虫"。② 文言中表示哥哥，如"昆仲""昆弟"等。

> **小提示**："昆"的上部是"日"，不要写成"白"。
> **小拓展**：以"昆"作声符的形声字有"鲲（kūn）、琨（kūn）、混（hún/hùn）"等。

jiē 皆

解析 会意字，从比（两人），从白（曰，表示开口说话），会意为两人说一样的话。
本义 两人说一样的话。
引申 假借表示全、都，如"皆大欢喜""比比皆是""草木皆兵"。

> **小提示**："皆"下部的"白"是开口说话之形演变而来的，不要写成"口"。
> **小拓展**：以"皆"作声符的形声字有"揩、楷、锴"等。虽然"皆"是"揩（kāi）、楷（kǎi/jiē）、锴（kǎi）"的声符，但由于古今语音演变等原因，它们的读音跟"皆"已经有很大不同了。

"瓦"部

作为部首，读作"瓦部""瓦字旁"或"瓦字底"。"瓦"的本义是屋瓦，引申为用泥土烧制成的器物。部中的字多与泥制器物有关，如"瓶、瓴、瓮"。

wǎ/wà 瓦

解析 象形字，小篆像两片瓦互相扣合的样子。
本义 盖屋用的瓦片，多用泥土烧成，如"屋瓦""瓦片"。
引申 用泥土烧成的器物，如"瓦器""瓦罐""瓦盆"等。以上意义都读 wǎ。
多音字 读 wà，表示在屋顶上盖瓦，如"瓦刀"。

> **小提示**："瓦"的笔顺是一丆瓦瓦，共四画。
> **小拓展**：以"瓦"作声符的形声字有"佤（wǎ）"。
> **小辨析**："瓦"和"凡（fán）"是形近字，注意区分。（组词：瓦，瓦片。凡，平凡）

wèng

瓮

解析 形声字，从瓦（表示瓦器），公声。

本义 一种口小腹大的陶制盛器，如"酒瓮""水瓮""瓮中捉鳖"。

> **小提示**：虽然"瓮"的声符是"公"，但"瓮"的正确读音是 wèng，不要读成 gōng。
> "瓮中捉鳖"，从瓮中捉甲鱼。比喻要捕捉的对象已经在掌握之中，极易捉到。
>
> **小辨析**："瓮"和"翁（wēng）"是形近字，注意区分。（组词：瓮，酒瓮。翁，老翁）

líng

瓴

解析 形声字，从瓦（表示瓦器），令声。

本义 古代一种盛水的瓦器，形似瓶子，如"高屋建瓴"。

> **小提示**：虽然"瓴"的声符是"令"，但"瓴"的正确读音是 líng，不要读成 lìng。
> "高屋建瓴"，本义指从房顶上用瓶子往下倒水。比喻居高临下的形势。（"瓴"不要写成"领"）

píng

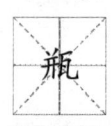

瓶

解析 形声字，从瓦（表示瓦器），并声。

本义 瓶子，一种口小腹大的容器，如"酒瓶""油瓶"。

> **小提示**：虽然"瓶"的声符是"并"，但"瓶"的正确读音是后鼻音 píng，不要读成 bìng。
>
> **小辨析**："瓶"和"拼（pīn）"是形近字，注意区分。（组词：瓶，酒瓶。拼，拼音）

"止"部

作为部首，读作"止部""止字旁"。部中字多与脚及其动作有关，如"步、武"。

zhǐ
止

解析 象形字，甲骨文像人脚的形状。
本义 足，脚，这个意义后来写作"趾"。
引申 ① 足趾用来站立，引申为停止，如"止步""阻止"。② 使停止，如"禁止""制止"等。

小提示："止"的笔顺是 丨 𠂉 止 止，共四画。
小拓展：以"止"作声符的形声字有"址（zhǐ）、芷（zhǐ）、耻（chǐ）、齿（chǐ）"等。
小辨析："止"和"正（zhèng/zhēng）"是形近字，注意区分。（组词：止，停止。正，正在，正月）

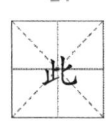

cǐ
此

解析 会意字，从止（脚），从匕（表示人）。
本义 人停止。
引申 用作表示近指的代词，相当于"这""这个"，如"此事""此处""由此及彼"等。

小提示："此"右边的"匕"是由人之形演变而来的，不要写成"七"。
小拓展：以"此"作声符的形声字有"疵（cī）、雌（cí）、紫（zǐ）、柴（chái）"等。

bù
步

解析 会意字，甲骨文像两只脚的形态，表示两只脚一前一后地行走。
本义 行走，如"步行""散步"。
引申 ① 跟随，追随，如"步人后尘"。② 行走时两脚之间的距离，如"昂首阔步"。③ 事情进行的程序，如"步骤"。④ 处境，境地，如"地步"等。

小提示："步"的笔顺是 丨 𠂉 止 止 步 步 步，共七画。
"步"字下部是"止"的倒转180°的变形，不要写成"少"，一定要注意哟！

wǔ 武

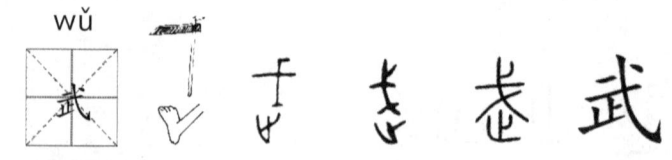

解析 会意字，甲骨文从戈（兵器），从止（脚），表示人拿着武器在行进。
本义 征伐示威。
引申 ① 关于军事的，与"文"相对，如"武器""武术""文武双全"。② 勇猛，如"威武"等。

> 小提示："武"的笔顺是 一二千千千正武武，共八画。
> 小巧记："武"是易错字，要记住"戈"下部的"丿"变成了"武"字左上部的短横！
> 小辨析："武"和"式（shì）"是形近字，注意区分。（组词：武，武术。式，样式）

"攴（攵）"部

作为部首，"攴"读作"攴部""敲字旁"。"攴"的本义是击打，"攴"部中只有"敲"一个字。

附形部首"攵"是"攴"的变体，"攴"在字的右侧作部首时多写作"攵"，因为像"文"的反写，所以读作"反文旁"。必须说明的是，"攵"虽然读作"反文旁"，但它是由手持器械之形演变而来，表达的意思跟"文"一点关系都没有。"攵"部中的字多与手及其动作有关，如"攻、牧、改、教"。

qiāo 敲

解析 形声字，从攴（手持棍棒之形），高声。
本义 击打，如"敲门""敲锣打鼓"。
引申 用威胁、欺骗等手段取得财物，如"敲诈""敲竹杠"。

> 小提示：虽然"敲"的声符是"高"，但"敲"的正确读音是 qiāo，不要读成 gāo。
> 小巧记：记少不记多，"攴"部中只有"敲"一个常用字！其余与击打有关的字都从"攵"。

gǎi 改

解析 会意字，从己（像跪着的小孩），从攵（手持棍棒之形），表示手执棍棒打跪着的小孩子，表示教训使其改正错误。

本义 改变，更换，如"改革"。

引申 ①修改，如"改写""改编"。②改正，如"改邪归正"等。

小提示："改"是易错字，注意第三画是竖提！左边不要写成"己"。

小辨析："改"和"攻（gōng）"是形近字，注意区分。（组词：改，改正。攻，进攻）

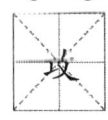

gōng 攻

解析 形声字，从攵（手持棍棒之形），工声。

本义 攻打，进攻，如"攻城""攻克""易守难攻"。

引申 ①致力研究，钻研，如"攻读"。②指责，抨击，如"攻讦""群起而攻之"等。

小辨析："攻"和"功"是同音字，注意区分。（组词：攻，攻打。功，成功）

bài 败

解析 会意字，从贝，从攵，表示手持棍棒击打贝。

本义 毁坏，弄坏，如"败坏"。

引申 ①失败，如"败北""一败涂地"。②衰落，凋谢，如"衰败""破败""枯枝败叶"等。

小辨析："败"和"财（cái）"是形近字，注意区分。（组词：败，败坏。财，财富）

fàng 放

| 解析 | 形声字，从攵，方声。
| 本义 | 驱逐，流放，如"放逐"。
| 引申 | ① 不加约束，如"放纵"。② 暂时停止工作或学习，使自由活动，如"放学""放假"。③ 放牧，如"放羊""放牛"。④ 搁置，如"存放"等。

小提示："放"的笔顺是 一 亠 方 方 方 放 放 放，共八画。第三笔是横折钩。
虽然"放"的声符是"方"，但"放"的正确读音是 fàng，不要读成 fāng。

小链接："放下屠刀，立地成佛"，原为佛教劝人改恶从善的话。后泛指作恶的人只要决心悔改，仍能变成好人。

áo

敖

| 解析 | 会意字，小篆从出，从放。
| 本义 | 出游，这个意义后写作"遨"。
| 引申 | 现在多用作姓氏，如"姓敖"。

小拓展：以"敖"作声符的形声字有"熬（áo/āo）、嗷（áo）、獒（áo）、鳌（áo）、傲（ào）"等。
小链接："遨"是形声字，从辶，敖声，敖兼表义。本义是出游、游玩，如"遨游"。
小辨析："敖"和"放（fàng）"是形近字，注意区分。（组词：敖，姓敖。放，放学）

jiào/jiāo

教

| 解析 | 会意字，甲骨文像手持棍棒在教训孩子。
| 本义 | 教导，教育，如"管教""言传身教"。
| 引申 | ① 教育或教师，如"尊师重教"。② 宗教，如"佛教""道教"等。以上意义都读 jiào。
| 多音字 | 读 jiāo，表示传授（知识、技能），如"教书""教课"。

小提示："教"的左边是"孝"，不要写成"考"。"孝"的下面是"子"。
小链接："言传身教"，既用言语传授，又以行动示范。指用自己的言行教育、影响别人。

"日（曰、冃）"部

作为部首，读作"日部""日字头""日字旁"或"日字底"。"日"部字多与太阳、天气、时间有关。"曰"是"日"的附形部首，读作"扁日旁"，表示话从口出，本义是张开说话。附形部首"冃"像古代的一种帽子，读作"冒字头"。

rì 日

解析 象形字，甲骨文像太阳的形状。因为甲骨文是用刀刻在龟甲兽骨上的，所以字形比较方正。

本义 太阳，如"日光""日出"。

引申 ① 白天，与"夜"相对，如"日班""日夜"。② 天，一昼夜，如"今日""明日"。③ 泛指一段时间，如"昔日""夏日"等。

> 小链接："日新月异"，天天更新，月月不同。形容进步、发展很快，不断展现新面貌。
> 小辨析："日"和"目（mù）"是形近字，注意区分。（组词：日，日出。目，目光）

yuē 曰

解析 指事字，下为口，口上一画表示出气说话。

本义 说，如"子曰"。

> 小提示："曰"字中间的一横是由出气说话之形演变而来的哟！
> 小拓展：以"曰"作义符的形声字有"沓（dá/tà）"等。
> 小辨析："曰"和"日（rì）"是形近字，注意区分，"曰"要写得扁一些。（组词：曰，子曰。日，日出）

chāng 昌

解析 会意字，从日（太阳），从曰（说话）。

| 本义 | 美好的言辞，说指日光。 |
| 引申 | 常用义是兴盛，兴旺，如"昌盛""昌明"。 |

| 小拓展 | 以"昌"作声符的形声字有"菖（chāng）、猖（chāng）、鲳（chāng）、唱（chàng）、倡（chàng/chāng）"等。 |
| 小辨析 | "昌"和"吕（lǚ）"是形近字，注意区分。（组词：昌，昌明。吕，姓吕） |

míng 明

解析	会意字，从日，从月，表示如日月般光明。
本义	明亮，与"暗"相对，如"光明""明月"。
引申	① 明白，清楚，如"查明""明确"。② 公开的，如"明码标价"。③ 通达事理，如"聪明"等。

| 小提示 | "明"的读音是后鼻音 míng，不要读成前鼻音 mín。 |
| 小链接 | "明察秋毫"，视力好得能看清楚秋天鸟兽身上新生的细毛。形容目光敏锐，观察入微。（此处"毫"是鸟兽的细毛，不要写成"豪"） |

tà/dá 沓

解析	会意字，从水，从曰（说话），表示说话多如流水般没有休止。
本义	话多而没有休止。
引申	繁多，重复，如"杂沓""纷至沓来"。以上意义都读 tà。
多音字	读 dá，用作纸类的量词，如"一沓报纸"。

| 小拓展 | 以"沓"作声符的形声字有"踏（tà）"等。 |
| 小辨析 | "沓"和"杳（yǎo）"是形近字，注意区分。（组词：沓，杂沓。杳，杳渺） |

mèi 昧

| 解析 | 形声字，从日，未声，表示日光不明亮。 |
| 本义 | 昏暗不明，如"幽昧"。 |

引申：① 糊涂，不明白，如"愚昧"。② 掩藏，如"拾金不昧"。③ 冒犯，如"冒昧"等。

小提示：虽然"昧"的声符是"未"，但"昧"的正确读音是 mèi，不要读成 wèi。
小链接："拾金不昧"，捡到钱物不隐藏起来据为己有。
小辨析："昧"和"味（wèi）"是形近字，注意区分。（组词：昧，愚昧。味，味道）

zhāo 昭

解析：形声字，从日，召声。
本义：日光明亮。
引申：泛指明显，如"昭然""昭彰""昭示"。

小拓展：以"昭"作声兼义符的形声字有"照（zhào）"。
小辨析："昭"和"招"是同音字，注意区分。（组词：昭，昭示。招，招手）

bào/pù 暴

解析：会意字，小篆从日，从出，从廾，从米，合起来表示用双手将谷物捧到太阳底下进行晾晒。
本义：晒，这个意义后写作"曝"，如"一曝十寒"。
引申：① 显露，显示，如"暴露"。② 急骤，猛烈，如"暴雨"。③ 凶狠，残酷，如"残暴""暴行"。④ 急躁，如"暴躁"等。以上意义都读 bào。
多音字：读 pù，古文中表示晒，意义同"曝"。

小提示："暴"的下部是"氺"，不能写成"水"。
小拓展：以"暴"作声符的形声字有"曝（bào/pù）、爆（bào）、瀑（pù/bào）"等。

"贝（貝）"部

作为部首，读作"贝部""贝字旁"或"贝字底"。部中的字多与财物、贸易有关，如"财、货、贫"。"貝"是"贝"的繁体字形。

bèi 贝

解析 繁体为"貝",象形字,甲骨文像一种海贝的形状。古人曾将它的壳作为饰物和货币。

本义 有壳的软体动物的统称,如"贝壳""贝雕"。

小拓展:"贝"也作声符构成形声字,如"狈(bèi)、坝(bà)"。

小辨析:"贝"和"见(jiàn)"是形近字,注意区分。(组词:贝,贝壳。见,看见)

cái 财

解析 形声字,从贝,才声。古代曾以贝壳为货币。

本义 财物,如"财宝"。

引申 钱和物资的总称,如"财政""财经""理财""财大气粗"。

小链接:"财大气粗",形容人仗着财产多,说话办事格外硬气或盛气凌人。

小辨析:"财"和"材(cái)"是形近字,注意区分。(组词:财,财物。材,木材)

huò 货

解析 形声字,从贝,化声。

本义 财物。

引申 ① 货物,商品,如"百货""货品""货真价实"。② 钱币,如"货币""通货"。③ 表示人(骂人的话),如"蠢货"等。

小链接:"货真价实",货物质量可靠,价钱公道。比喻实实在在,没有虚假。

小辨析:"货"和"贷(dài)"是形近字,注意区分。(组词:货,货物。贷,借贷)

pín 贫

解析 会意字，从分（分开），从贝（钱财），表示划分钱财而减少。
本义 缺乏钱财，不富裕，如"贫穷""贫苦""贫民"。
引申 ① 缺少，缺乏，如"贫乏""贫血"。② 废话或开玩笑的话，使人讨厌，如"耍贫嘴"等。

小提示："贫"的读音是前鼻音 pín，不要读成后鼻音 píng。
小辨析："贫"和"货（huò）"是形近字，注意区分。（组词：贫，贫困。货，货物）

"水（氵、氺）"部

"水"作为部首，读作"水部""水字底"。附形部首"氵"和"氺"是"水"的变形。"水"在字左边做偏旁时写作"氵"，读作"三点水"；"水"在部分汉字下部时写作"氺"，读作"水字底"。

部中的字多与水有关，大致可分为五类：① 水的名称，如"江、河、湖、海、淮、湘"。② 水的性状，如"清、浊、混、浑、浅、淡"。③ 水的运动，如"流、涌、沸、滚"。④ 与水有关的动作，如"游、泳、涉、洗、浴、沐、涮"。⑤ 与水有关的事物，如"波、浪、涛、泽、浆"。

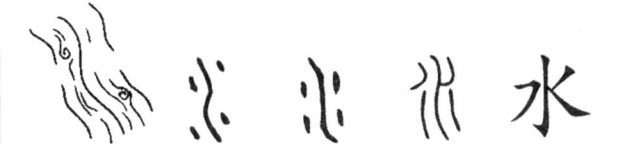

shuǐ 水

解析 象形字，甲骨文像水流的样子。
本义 河流，如"渭水""汉水"。
引申 ① 泛指江湖河海，如"水陆""三面环水"。② 汁液，如"墨水""药水"。③ 一种无色无臭无味的液体，如"白水""开水"等。

小提示："水"的笔顺是 亅 扌 水 水，共四画。
小链接："水涨船高"，水位上涨，船也跟着升高。比喻基础提高了，凭借它的事物也跟着提高。
小辨析："水"和"木（mù）"是形近字，注意区分。（组词：水，开水。木，草木）

yǒng 永

详见第6页 ""、"" 部 "永" 字。

zhù 注

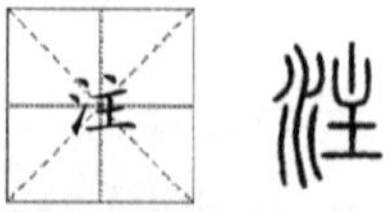

解析 形声字，从氵，主声。
本义 集中灌入，如"灌注""大雨如注"。
引申 ① 集中（精神、目光等），如"专注""注意""全神贯注"。② 赌博时所押的财物，如"赌注""孤注一掷"。③ 用文字解释字句，如"注释"。④ 记录，登记，如"注册"等。

小链接："全神贯注"，把全部注意力集中在某件事情上。形容精神高度集中。
小辨析："注"和"汪（wāng）"是形近字，注意区分。（组词：注，注意。汪，汪洋大海）

nóng 浓

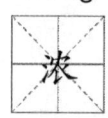

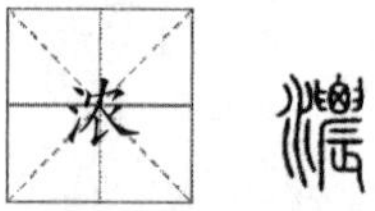

解析 形声字，从氵，农声。
本义 露水重。
引申 ① 液体或气体含某种成分多，如"浓烟""浓茶"。② 程度深，颜色重，如"浓厚""浓墨重彩"等。

小链接："浓墨重彩"，浓重的笔墨和色彩。原为绘画的一种风格，现多形容着力描写刻画。
小辨析："浓"和"脓"是同音字，注意区分。（组词：浓，浓茶。脓，脓肿）

pài 派

解析 会意字，小篆右边像水的主流向右分离出一条支流的样子。
本义 水的支流。
引申 ① 分配，如"分派""派遣"。② 主张、风格等一致的一部分人，如"流派""宗派"。③ 作风，风度，如"气派""正派"等。

小提示："派"的笔顺是 丶㇀冫氵汀沪派派派，共九画。

小辨析："派"和"旅（lǚ）"是形近字，右边有细节的差别，注意观察。（组词：派，分派。旅，旅行）

qià 洽

解析 形声字，从氵，合声，合兼表义，表示融合。
本义 沾湿、滋润。
引申 ①和谐，协调一致，如"融洽"。②跟人联系，商量，如"面洽""洽谈"。

小提示：虽然"洽"的声符是"合"，但由于古今语音演变等原因，"洽"的读音是 qià，不要读成 hé。

小辨析："洽"和"恰"是同音字，注意区分。（组词：洽，洽谈。恰，恰好）

xiāo 消

解析 形声字，从氵，肖声。
本义 冰雪融化。
引申 ①逐渐减少以至不复存在，散失，如"消失""烟消云散"。②使消失，如"消耗""消灭"。③消遣，度过时间，如"消磨"。④消化，如"消食"等。

小辨析："消"和"悄（qiāo）"是形近字，注意区分。（组词：消，消失。悄，静悄悄）

tài 泰

解析 形声字，小篆字形从廾，从水，大声。
本义 大、极、过、甚，意义同"大、太"，如"泰西"（旧时指西洋欧洲）。
引申 安宁，平安，如"泰然""国泰民安""泰然自若"。

小巧记：笔者猜想可能是因为"泰"的本义跟"太"一样，所以"泰"读作"tài"。

小提示："泰"的下部是"氺"，不要写成"水"。

小辨析："泰""奉（fèng）""秦（qín）"是形近字，注意区分。（组词：泰，泰然。奉，奉献。秦，秦国）

"见（見）"部

作为部首，读作"见部""见字旁"或"见字底"。部中的字多与看见有关系，如"观、视、览、觉"。"見"是"见"的繁体字形。

jiàn/xiàn

解析 繁体为"見"，象形字，像人睁大眼睛看的样子。"見"简化为"见"，属于草书楷化，只保留了"見"的大致轮廓。另有说法认为是会意字。

本义 看到，看见，如"罕见""视而不见"。

引申 ① 会面，会见，如"接见"。② 主张，看法，如"见解""固执己见"。③ 用在一些动词后面，表示动作的结果，如"看见""听见""遇见"等。以上意义都读 jiàn。

多音字 读 xiàn，表示被看见，出现，如"图穷匕见"。

小拓展："见"也作声符构成形声字，如"舰（jiàn）"、"苋（xiàn）"、"现（xiàn）"、"砚（yàn）"。
小辨析："见"和"贝（bèi）"是形近字，注意区分。（组词：见，看见。贝，宝贝）

guān/guàn

解析 形声字，繁体为"觀"，从見，雚声。"觀"简化为"观"（用符号"又"代替了笔画多的"雚"）。

本义 有目的地仔细察看，如"观察"。

引申 ① 泛指看，如"观光""走马观花"。② 看到的景象，如"奇观""壮观"。③ 对事物的认识、看法，如"观点""人生观""价值观"等。以上意义读 guān。

多音字：读 guàn，表示道教的庙宇，如"道观""白云观"。

小链接："坐井观天"，唐代韩愈《原道》："坐井而观天，曰天小者，非天小也。"后用"坐井观天"比喻眼界狭窄，所见有限。

小辨析："观"和"现（xiàn）"是形近字，注意区分。（组词：观，观看。现，出现）

shì
视　視　视

解析：形声字，从见，礻（示）声。"视"是比较少见的声符在左边的形声字。

本义：看，如"注视""视而不见"。

引申：① 观察，考察，如"视察""监视""巡视"。② 看待，对待，如"重视""轻视""一视同仁"等。

小拓展："视而不见"，虽然睁着眼睛看了，却什么也没有见到。形容对看到的事物漫不经心，不重视。

jué/jiào
觉　覺　觉

解析：形声字，从见，学省声。笔者觉得学兼表义，因为学习能助人醒悟，明白事理。

本义：醒悟，明白，如"觉悟""觉醒""自觉"。

引申：器官对外界刺激的感受和辨别，如"视觉""听觉"。以上意义都读 jué。

多音字：读 jiào，表示睡眠，如"睡觉""午觉"。

小巧记：记少不记多，"觉"只在表示睡眠时读 jiào，其他时候都读 jué。

小辨析："觉"和"学（xué）"是形近字，注意区分。（组词：觉，自觉。学，学习）

"牛（牛、𠂒）"部

"牛"作为部首，读作"牛部"。"牛""𠂒"是"牛"的附形部首。"牛"读作"牛字旁"；

"牛"读作"牛字头"或"告字头"。部中的字多与牛、耕作、祭祀有关系,如"犁、物、牺、牲"。

niú 牛

解析 象形字,甲骨文像牛头的形状,上部突出牛的两角。

本义 牛,如"牛肉""牛羊"。

引申 比喻脾气固执或高傲,如"牛气""牛脾气"。

小链接:"牛刀小试",用宰牛的刀稍微试一下。比喻有很大本领的人先在小的事情上稍加施展,初显才干。

小辨析:"牛"和"午(wǔ)"是形近字,注意区分。(组词:牛,牛羊。午,中午)

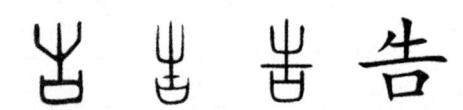

gào 告

解析 形声字,从口,牛声。笔者觉得"告"也可以解析为会意字,从口,从牛,古人用牛作为祭祀品,向上天祷告祈求。

本义 告诉。

引申 ① 向上级或长辈报告情况,如"报告""禀告"。② 说给别人,如"忠告""告诉"。③ 提起诉讼,如"控告""被告"。④ 表明,如"告辞""告别"等。

小链接:字谜"一口咬掉牛尾巴",亲爱的读者,猜猜谜底是哪个字?

小辨析:"告"和"舌(shé)"是形近字,注意区分。(组词:告,告别。舌,舌头)

wù 物

解析 形声字,从牛,勿声。

本义 杂色牛。

引申 ① 杂色意味着包含众多,引申为万事万物、东西,如"万物""事物"。② 自己以外的人或环境,如"待人接物"。③ 具体的,实质性的内容,如"言之有物"等。

- 小提示："物"的右边是声符"勿"，不要写成"刀"。
- 小链接："物换星移"，景物改变，星辰移动。形容节令变化或世事变迁。
- 小辨析："物"和"牧（mù）"是形近字，注意区分。（组词：物，动物。牧，牧牛）

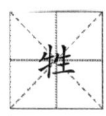

shēng 牲

解析 形声字，从牛，生声。

本义 古代祭祀用的全牛。

引申 ① 泛指古代祭祀用的牛、羊、猪等，如"三牲""牺牲"。② 家畜，如"牲畜""牲口"。

- 小链接："牺牲"，本义是古代为祭祀而宰杀的牲畜。后也指为正义舍弃自己的生命。现代也泛指为某人或某事付出代价或受到损害。

"手（龵、扌）"部

"手"作为部首，读作"手部""手字头"或"手字底"。"龵""扌"是"手"的附形部首。"手"在汉字左侧做偏旁时写作"扌"，读作"提手旁"。部中的字多与手及其动作有关系，如"看、推、掌"。

shǒu 手

解析 象形字，像人手的形状。

本义 手掌，如"手指""大手"。

引申 ① 亲手，亲手写的，如"手写""手稿"。② 小巧易拿的，如"手册""手机"。③ 擅长某种技艺或做某种工作的人，如"能手""水手"等。

- 小链接："手不释卷"，手里拿着书不放下。形容勤奋好学或看书入迷。
- 小辨析："手"和"毛（máo）"是形近字，注意区分。（组词：手，大手。毛，毛发）

kàn/kān 看

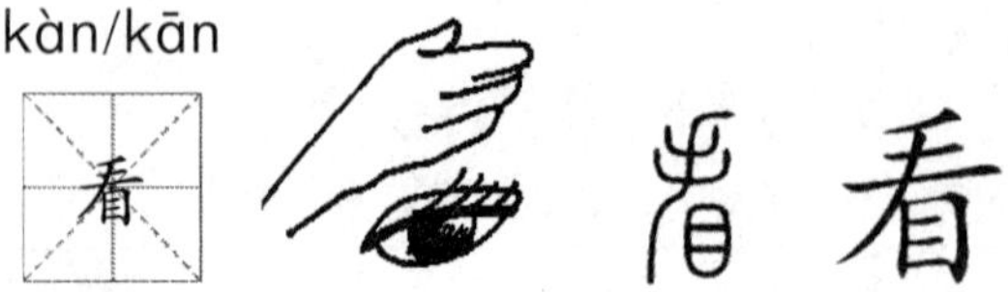

解 析	会意字，从手，从目，表示以手遮光使眼睛远望。
本 义	远望。
引 申	① 用眼睛看，如"观看""看书"。② 访问，拜访，如"看望"。③ 看待，如"刮目相看"等。
多音字	读 kān，表示守护，监视，如"看护""看守"。

> 小提示：为了字形更规整更好看，上部"手"字的第四笔的"亅（竖钩）"写成了"丿（撇）"。"看"字让我想起孙悟空以手遮光远望的样子。你想到了什么？

tuī 推

解 析	形声字，从扌，隹声。
本 义	用力向外使物体移动，如"推车""推门"。
引 申	① 使事情开展，如"推行""推广"。② 把约定的时间往后移，如"推迟"。③ 推选，举荐，如"推荐"。④ 辞让，不肯接受，如"推辞"等。

> 小提示："推"的右边是声符"隹（zhuī）"，不是"住（zhù）"。由于古今语音演变等原因，"推"读 tuī。

> 小辨析："推"和"难（nán/nàn）"是形近字，注意区分。（组词：推，推开。难，困难，灾难）

zhǎng 掌

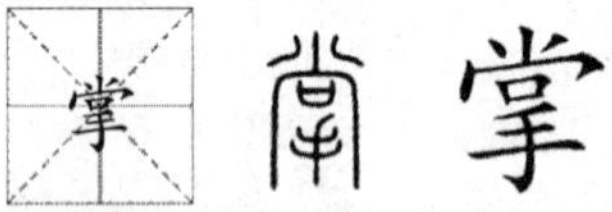

解 析	形声字，从手，尚声。
本 义	手掌，如"鼓掌""掌心"。
引 申	① 用手掌打，如"掌嘴"。② 掌管，如"掌握"。③ 人或某些动物的脚掌，如"脚掌""熊掌"等。

> 小提示：虽然"掌"的声符是"尚"，但"掌"的正确读音是 zhǎng，不要读成 shàng。

> 小链接："掌上明珠"，比喻深受宠爱的孩子；也比喻珍爱的物品。

"气"部

作为部首，读作"气部""气字头"。部中的字多与云、气体有关系，如"氛、氧、氮"。

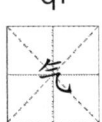

qì 气

解析 象形字，像云气的形态。
本义 云气。
引申 ① 气体，如"空气"。② 自然界阴晴冷暖的变化，如"天气""气候"。③ 气味，如"香气"。④ 人的精神状态，如"朝气""一鼓作气"。⑤ 愤怒，如"生气"等。

> 小链接："气冲霄汉"，气魄很大，直冲天际。形容大无畏的精神和气概。
> 小辨析："气"和"乞（qǐ）"是形近字，注意区分。（组词：气，生气。乞，乞讨）

fēn 氛

解析 形声字，从气，分声。
本义 预示吉凶的云气。
引申 常用义是周围的情景，如"氛围""气氛"。

> 小提示：虽然"氛"的声符是"分"，但"氛"的正确读音是 fēn，不要读成 fēn。
> 小辨析："氛"和"纷"是同音字，注意区分。（组词：氛，气氛。纷，缤纷）

yǎng 氧

解析 形声字，从气，羊声。
本义 氧气，如"吸氧""缺氧"。

> 小提示：虽然"氧"的声符是"羊"，但"氧"的正确读音是 yǎng，不要读成 yáng。
>
> 小链接：氧气是人和动植物生存不可缺少的元素。化学科学传入我国后，人们根据它的作用，命名为"养气"，后来才为这种气体元素造了"氧"这个专用字。从字的来历看，"氧"字也可以分析成从气，养省声。
>
> 小辨析："氧"和"养"是同音字，注意区分。（组词：氧，氧气。养，养花）

dàn 氮

解析 形声字，从气，淡省声。

本义 氮气，如"氮肥"。

> 小提示："氮"的声符是"淡"，为了字形规整好看，"淡"简省写成了"炎"。"氮"的正确读音是 dàn，不要读成 yán。
>
> 小链接：近代翻译外国化学著作的时候，"氮气"原本称为淡气，后来才造出"氮"字。
>
> 小辨析："氮"和"淡"是同音字，注意区分。（组词：氮，氮气。淡，浓淡）

"毛"部

作为部首，读作"毛部""毛字底"。部中的字多与毛发、细小有关，如"毫、毳、毯"。

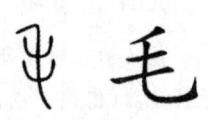

máo 毛

解析 象形字，金文像毛发的形态。

本义 毛发，兽毛，如"羊毛""羽毛"。

引申 ① 表示细小如毛的，如"毛毛雨"。② 粗糙的，未加工的，如"毛坯"。③ 不细心，做事马虎，如"毛躁""毛手毛脚"。④ 货币单位，"一元等于十毛"。

> 小拓展：以"毛"作声符的形声字有"耄（mào）、蚝（háo）、耗（hào）"等。
>
> 小辨析："毛"和"手（shǒu）"是形近字，注意区分。（组词：毛，毛发。手，手心）

háo

毫

解析 形声字，从毛，高省声。
本义 动物身上细而尖的毛，如"毫毛"。
引申 ① 因为毛笔头是用羊毛或狼毛制成，所以代指毛笔，如"羊毫""挥毫泼墨"。
② 表示极少，一点儿，如"毫不费力"等。

> **小提示**："毫"的声符是"高"，但为了字形规整好看，声符"高"省掉了下部的"口"，所以是"高省声"。
>
> **小链接**："明察秋毫"，视力好得能看清楚秋天鸟兽身上新生的细毛。形容目光敏锐，观察入微。
>
> **小辨析**："毫"和"豪（háo）"是同音字，注意区分。（组词：毫，毫毛。豪，豪杰）

cuì

毳

解析 会意字，从三毛，表示细密丛生。
本义 鸟兽身上的细毛。"毳毛"指鸟兽御寒的细毛。

> **小拓展**：以"毳"作声符的形声字有"橇（qiào）、橇（qiāo）"等。虽然"橇、橇"的声符是"毳"，但由于古今语音演变等原因，"橇"的读音是qiào，"橇"的读音是qiāo，不要读错了。
>
> **小辨析**："毳"和"森（sēn）"是形近字，注意区分。（组词：毳，毳毛。森，森林）

tǎn

毯

解析 会意字，从毛（表示用毛织成），从炎（表示毛毯能带来温暖）。
本义 用毛织成的织品，如"地毯""毛毯""毯子"。

> **小提示**："毯"的笔顺是先写"毛"，然后再写里面的"炎"哟。
>
> **小辨析**："毯"和"谈（tán）"是形近字，注意区分。（组词：毯，毛毯。谈，谈话）

"长（長、镸）"部

作为部首，读作"长部"。"长"部只有"长"一个字。"长"在汉字左边做偏旁时写成"镸"，读作"镸字旁"。"镸"部只有"肆"一个字。"長"是"长"的繁体字形。

cháng/zhǎng 长

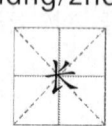

解析 繁体为"長"，象形字，甲骨文像长发拄杖的老人。

本义 头发长，如"长发"。

引申 ① 两点之间距离大（包括空间和时间），与"短"相对，如"长途""长城""长寿"。② 长处，优点，如"特长""扬长避短"等。以上意义都读 cháng。

多音字 读 zhǎng，表示以下意思：① 年纪大，辈分高，如"年长""长辈"。② 排行第一，如"长兄"。③ 领导者，负责人，如"校长""局长"。④ 生长，发育，如"拔苗助长"等。

小提示：繁体"長"简化为"长"，属于草书楷化，只保留了"長"的大致轮廓。
"长"的笔顺是 ノ 一 七 长，共四画。

小拓展：以"长"作声符的形声字有"张（zhāng）、胀（zhàng）、帐（zhàng）、账（zhàng）、伥（chāng）、苌（cháng）、怅（chàng）"等。

小链接："长歌当哭"，把放声歌咏当作痛哭。指以诗文来抒发心中的悲愤。
"长江后浪推前浪"，比喻人和事物新陈代谢，不断发展前进。
"长袖善舞"，穿着长袖衣服容易舞得好看。比喻条件好，事情就容易成功；也比喻有手段的人善于取巧钻营。

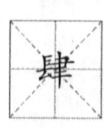

sì 肆

解析 形声字，小篆从镸（表示长），隶声，后来字形变成"肆"。

本义 陈设。

引申 ① 陈设物品的店铺，如"茶肆""酒肆"。② 不顾一切，放纵，如"肆意""放肆"。③ 数字"四"的大写，如"壹贰叁肆"。

小提示:"肆"的本义是陈设,陈设含有铺陈延长之义,故"肆"从"镸"。
小链接:"肆无忌惮",指肆意妄为,毫无顾忌。
小辨析:"肆"和"律(lǜ)"是形近字,注意区分。(组词:肆,放肆。律,法律)

"片"部

作为部首,读作"片部""片字旁"。部中只有"片、版、牍、牌、牒、牖"六个常用字。

piàn/piān 片

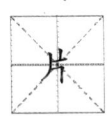

解析 会意字,小篆像一木劈成两半的右半之形,左半为"爿",右半为"片"。另有说法认为是指事字。

本义 把木头破分成片。

引申 ① 平而薄的东西,如"木片""纸片"。② 不全的,零星的,如"片面"。③ 量词,用于成片的东西,如"两片药""三片面包"等。以上意义都读 piàn。

多音字 读 piān 时,用于口语,常常儿化,用于"相片儿""唱片儿""影片儿"等。

小提示:"片"的笔顺是 丿 丿' 广 片,共四画。
小辨析:"片"和"斤(jīn)"是形近字,注意区分。(组词:片,木片。斤,斤两)

bǎn 版

解析 形声字,从片(表示木板),反声。

本义 古代筑土墙用的夹板,如"版筑"。

引申 ① 古代称雕版印刷的书为版,也就是用木板雕刻的模板底子印出来的书。"版"后来泛指用木板、金属板或胶片制成的,有文字或图片的印刷用的底片,如"制版""雕版印刷"。② 书籍排印一次为一版,一版可以印刷多次,如"再版"。③ 报纸的一面叫一版,如"版面"等。

小提示:虽然"版"的声符是"反",但由于古今语音演变等原因,"版"的读音是 bǎn,不要读成 fǎn。

小辨析："版"和"板"是同音字，注意区分。（组词：版，出版。板，木板）

dú 牍

解析 形声字，从片（表示木板），读省声。
本义 古代写字的木板，比竹简宽一些，可以写几行字，如"简牍"。
引申 文件，书信，如"尺牍""文牍"。

小提示："牍"的声符是"读"省声，"牍"的读音是 dú，不要读成 mài。
小链接："连篇累牍"，形容文字冗长或篇幅过多。（累，此处读 lěi）
小辨析："牍"和"读"是同音字，注意区分。（组词：牍，简牍。读，阅读）

pái 牌

解析 形声字，从片（表示片状物），卑声。
本义 用作标志的板，如"牌匾"。古代常指牌状的凭证。
引申 ① 牌有标示作用，引申指商标，如"名牌"。② 某些娱乐用品，如"纸牌""扑克牌"等。

小提示：虽然"牌"的声符是"卑"，但"牌"的正确读音是 pái，不要读成 bēi。
小辨析："牌"和"婢（bì）"是形近字，注意区分。（组词：牌，纸牌。婢，婢女）

"斤"部

作为部首，读作"斤部""斤字旁"。部中的字多与斧头或砍有关，如"斧、斩、析"。

jīn 斤

解析 象形字，甲骨文像古代一种砍伐树木的工具，类似斧子。

| 本义 | 斧子，如"斧斤""运斤成风"。
| 引申 | 假借为表示重量，一斤为500克，如"一斤""斤两"。

> 小提示："斤"的读音是前鼻音 jīn，不要读成后鼻音 jīng。
> 小链接："运斤成风"，《庄子》中记述了一位楚国巧匠挥起斧子（斤）呼呼生风，削去郢（yǐng）人鼻尖上的一层白粉的故事。后用"运斤成风"比喻手法熟练、技艺高超。
> 小拓展：以"斤"作声符的形声字有"近（jìn）、靳（jìn）、昕（xīn）、欣（xīn）、芹（qín）、听（tīng）、沂（yí）"等。
> 小辨析："斤"和"斥（chì）"是形近字，注意区分。（组词：斤，斧斤。斥，排斥）

fǔ

斧

| 解析 | 形声字，从斤（斧子），父声，父兼表义。
| 本义 | 砍东西的斧子，如"石斧""斧头"。
| 引申 | 古代的一种兵器，如"斧钺"。

> 小链接："斧正"，敬词，用于请他人指正、修改诗文，如"敬请斧正"。
> 小辨析："斧"和"爷（yé）"是形近字，注意区分。（组词：斧，石斧。爷，爷爷）

xī

析

| 解析 | 会意字，从木，从斤（斧类工具）。
| 本义 | 用斧头劈开木材。
| 引申 | ① 泛指分开，散开，如"分崩离析"。② 对抽象的事理作剖析，分析，如"解析""赏析"。

> 小拓展：以"析"作声符的形声字有"晳（xī）、淅（xī）、皙（xī）、蜥（xī）"等。
> 小辨析："析"和"折（zhé）"是形近字，注意区分。（组词：析，分析。折，打折）

zhǎn

斩

详见第130页"车"部"斩"字。

"爪（爫）"部

作为部首，读作"爪部"。附形部首"爫"是"爪"的变体，读作"爪字头"或"采字头"。部中的字多与爪、手及其动作有关系，如"爬、采、舀、受"。

zhǎo/zhuǎ

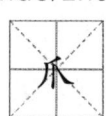

解析 象形字，甲骨文像手爪形，手心朝下。
本义 手向下持握，动词的意义后写作"抓"。
引申 鸟兽的脚趾，读 zhǎo，重在表示鸟兽脚上有尖利的甲，多用于书面语和成语，如"鹰爪""爪牙"。
多音字 读 zhuǎ，多用于口语中，如"爪子""猫爪子"。

小辨析："爪"和"瓜（guā）"是形近字，注意区分。（组词：爪，爪子。瓜，西瓜）

pá

解析 形声字，从爪，巴声。
本义 手脚并用向前移动，如"爬行""爬虫"。
引申 ①抓着东西往上移，如"爬树"。②攀登，如"爬山"等。

小提示：虽然"爬"的声符是"巴"，但"爬"的正确读音是 pá，不要读成 bā。
"爬"的部首是"爪"，不要写成"瓜"。

cǎi

解析 会意字，从爫（表示手），从木，像手从树上有所摘取。

| 本 义 | 摘取，如"采摘""采茶"。
| 引 申 | ①选取，如"采购"。②搜集，如"采访""采集"。③挖掘，如"开采""采矿"。④神色，精神，如"神采""兴高采烈""无精打采"等。

小拓展：以"采"作声符的形声字有"彩（cǎi）、睬（cǎi）、踩（cǎi）、菜（cài）"等。
小提示："采"是上下结构的字，不要写成"釆（biàn）"。

yǎo

| 解 析 | 会意字，从爫（手），从臼，表示用手舀出。
| 本 义 | 舀取。
| 引 申 | 用瓢、勺等取东西（多指液体），如"舀水""舀汤"。

小拓展：以"舀"作声符的形声字有"稻（dào）、蹈（dǎo）、滔（tāo）、韬（tāo）"等。
小提示："舀"和"臽（xiàn）"是形近字，注意区分。"舀"的上部是由手的样子演变而来；"臽"的上部是由人的样子演变而来，下部是由陷阱的形态演变而来。

"父"部

作为部首，读作"父部""父字头"。"父"部中只有"父、爷、斧、爸、釜、爹"六个常用字，人多跟父亲、男性长辈有关。

fù

| 解 析 | 象形字，甲骨文像手持石斧的样子。
| 本 义 | 石器时代，手持石斧劳作是男子的事情，所以用"父"表示父亲。
| 引 申 | ①父亲，如"父母""父子"。②家族或亲友中的男性长辈，如"祖父""伯父"等。

小提示："父"的笔顺是 ⺈ 丶 ノ 乂 父，共四画。

小辨析："父"和"文（wén）"是形近字，注意区分。（组词：父，父亲。文，文字）

bà
爸

解析 形声字，从父，巴声。
本义 父亲，如"爸爸""爸妈"。

小提示：虽然"爸"的声符是"巴"，但"爸"的正确读音是 bà，不要读成 bā。
小辨析："爸"和"爹（diē）"是形近字，注意区分。（组词：爸，爸妈。爹，爹爹）

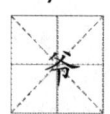

yé
爷

解析 繁体为"爺"，从父，耶声。"爺"简化为"爷"。
本义 父亲，如"爷娘""军书十二卷，卷卷有爷名"。
引申 ① 祖父，跟祖父同辈的男性亲友，如"爷爷""姥爷"。② 对长辈男子的尊称，如"老大爷"。③ 对神佛等的称呼，如"老天爷""财神爷""灶王爷"等。

小提示："爺"的声符是"耶"，"爺"简化为"爷"。
小辨析："爷"和"节（jié）"是形近字，注意区分。（组词：爷，爷爷。节，节日）

fǔ
釜

解析 形声字，从金省，父声。
本义 古代的一种炊事用具，类似现代的锅，如"釜底抽薪""破釜沉舟"。
引申 "釜"字现代不单用，可用来组词，如"高压釜"。

小提示："釜"的声符是上部的"父"，由于古今语言演变等原因，"釜"的正确读音是 fǔ。
小链接："破釜沉舟"，《史记》中记载，项羽与秦兵打仗，过河后就砸破锅，凿破船，表示不留退路，拼死一战。后用"破釜沉舟"比喻下定决心，不顾一切干到底。
小辨析："釜"和"金（jīn）"是形近字，注意区分。（组词：釜，破釜沉舟。金，黄金）

"月（月）"部

作为部首，"月"多在字的左侧，读作"月部""月字旁"。有些字左边的"月"其实是"肉"的变体，应该读作"肉月旁"。附形部首"月"是"肉月旁"的变体，在字的下边，常读作"月字底"。

部中的字大致可以分为五类：① 与月亮、时间有关，这部分字比较少，它们的月旁读作"月字旁"，如"朦、胧、朗、期"。② 表示人和动物的肢体、器官等，如"脑、脸、胸、腹、腰、腿、脚、脏、肝、脾、肺、肾、肌、肤"。③ 表示后代、生育，如"胚、胎、胞、育"。④ 表示肥瘦、病变、气味，如"肥、胖、肿、胀、臊、膻"。⑤ 和肉食有关的，如"脍、炙、肴、腊、腌"。

笔者小提示：第②~⑤类的字，部首都应读作"肉月旁"。

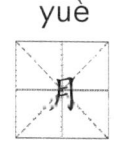

yuè 月

解析 象形字，甲骨文像半月形。

本义 月球，如"月亮""月光""花好月圆"。

引申 ① 计时单位，一年分十二个月，如"元月""月薪"。② 形状像月亮的，如"月饼"等。

小拓展：以"月"作声符的形声字有"玥（yuè）、钥（yào/yuè）"等。
小辨析："月"和"目（mù）"是形近字，注意区分。（组词：月，明月。目，目光）

zhāo/cháo 朝

解析 会意字，甲骨文从日，从月，"日"上下是草木，表示日月同现于草木之中，是日始出而月尚存之时。

本义 早晨，如"朝霞""朝阳"。

引申 日，天，如"有朝一日"等。以上意义都读 zhāo。

多音字 读 cháo，表示以下意思：① 古代臣子在早晨拜见君主，引申为朝拜、朝见，如"朝廷""上朝"。② 朝代，如"唐朝"。③ 对着，向，如"坐北朝南"等。

> - **小提示**："朝"字左边"日"字上下的两个"十"，是由草木之形演变而来的。
> - **小链接**："朝朝暮暮"，表示从早到晚，时时刻刻。
> - **小拓展**：以"朝"作声符的形声字有"潮（cháo）、嘲 cháo"。
> - **小辨析**："朝"和"胡（hú）"是形近字，注意区分。（组词：朝，朝阳。胡，胡豆）

lǎng 朗

腹 朗

解析 形声字，从月（表示如月光般明亮），良声。
本义 明亮，如"明朗""晴朗""豁然开朗"。
引申 由明亮转指声音清晰响亮，如"朗读""朗诵"。

> - **小链接**："豁然开朗"，形容由狭小幽暗顿时变得宽敞明亮；比喻经过别人的指点或自己的思考，突然明白和领悟。
> - **小辨析**："朗"和"郎（láng）"是形近字，注意区分。（组词：朗，朗读。朗，新郎）

ròu① 肉

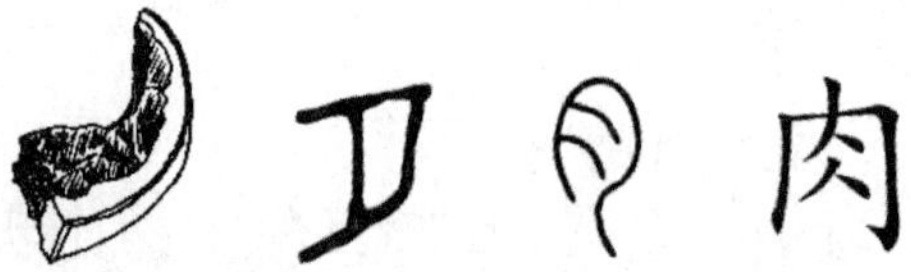

刀 肉

解析 象形字，甲骨文像一块肉的形态。
本义 人或动物体内紧挨着皮肤下面的柔韧物质，如"肌肉""猪肉"。
引申 某些瓜果里的可以吃的部分，如"果肉""桂圆肉"等。

> - **小链接**：作偏旁时多写作"月"，读作"肉月旁"，多和人或动物的器官、组织等有关系。
> - **小辨析**："肉"和"内（nèi）"是形近字，注意区分。（组词：肉，肌肉。内，内外）

jī 肌

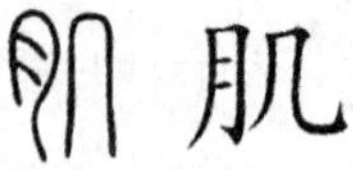

肌 肌

解析 形声字，从月（表示肉），几声。
本义 肌肉，如"腹肌""心肌"。

---

① 为了便于读者理解，此处加入"肉"字。因为"肉"的小篆字形"⊝"跟"月"很相似，所以做偏旁部首时写成了"月"。

小链接："面黄肌瘦"，脸色发黄，身体消瘦。形容身体有病或营养不良的样子。
小辨析："肌"和"讥"是同音字，注意区分。（组词：肌，肌肉。讥，讥笑）

jiāo 胶

解析 形声字，从月（表示肉），交声。
本义 动物肉皮熬制的胶质，因为皮跟肉挨得很近，所以从肉月旁，如"阿（ē）胶""鳔胶"。
引申 ① 泛指黏性物质，如"胶水""橡胶"。② 像胶一样黏的，如"胶泥"等。

小链接："阿（ē）胶"是用驴皮熬制成的胶块，原产于山东东阿（ē）。
小辨析："胶"和"较（jiào）"是形近字，注意区分。（组词：胶，胶水。较，比较）

yǒu 有

解析 会意字，从又（手），从月（表示肉），像手里拿着肉，表示持有。
本义 持有，拥有，与"无"相对，如"没有""有钱"。
引申 ① 表示存在、发生或出现，如"天上有太阳""有进步""有办法"。② 用在某些动词前，表示客气，如"有劳""有请"等。

小提示："有"字左上部是由"又"演变而来的；下部是"月"的变形，第一笔是"丨"哟。
小拓展：以"有"作声符的形声字有"囿（yòu）、宥（yòu）、侑（yòu）、郁（yù）"等。

yáo 肴

解析 形声字，从月（表示肉），爻（yáo）声。
本义 鱼肉等荤菜，如"菜肴""酒肴""美酒佳肴"。

小拓展：以"肴"作声符的形声字有"淆（xiáo）、崤（xiáo）"等。
小辨析："肴"和"希（xī）"是形近字，注意区分。（组词：肴，菜肴。希，希望）

wèi 胃

解析 会意字，从月（表示肉），从田（像内有食物的胃）。另有说法认为是象形字。

本义 胃（人和某些高等动物的消化器官之一，能分泌胃液，消化食物），如"肠胃""胃病""胃酸"。

小提示："胃"字上部的"田"是由内有食物的胃之形演变来的哟！

小拓展：以"胃"作声符的形声字有"渭（wèi）、猬（wèi）、谓（wèi）"等。

小辨析："胃"和"胄（zhòu）"是形近字，注意区分。（组词：胃，肠胃。胄，甲胄）

"氏"部

作为部首，读作"氏部""氏字头"。部中只有"氏、氐、昏"三个常用字。

shì/zhī 氏

解析 造字结构暂无定论。有一种说法认为甲骨文像树根的形态，表示由根繁衍出来的不同分支。由根的繁衍引申为氏族、姓氏之义。

本义 我国上古时期有姓有氏，二者既有区别又有联系。"姓"是族号；"氏"是姓的分支，是对子孙繁衍的不同分支的称号。姓是不变的；氏可以改变，也可以自立。战国以后，姓氏逐渐合一，至汉而统称为"姓"。

引申 ① 姓氏，表示家族的字，如"张氏兄弟"。② 加在远古传说人物的名后，作为称呼，如"神农氏"等。以上意义都读 shì。

多音字 读 zhī，表示特定称呼：①"月氏"，汉代西域国名。②"阏（yān）氏"，汉代匈奴王后的称号。

小拓展：以"氏"作声符的形声字有"纸（zhǐ）、舐（shì）"等。

dǐ/dī
氐

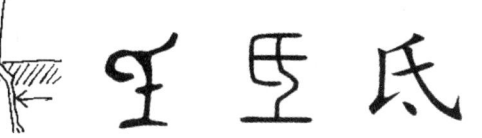

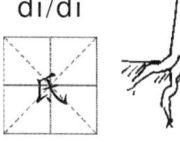

解析 会意字，从氏（表示根），从一。另有说法认为是指事字，"一"指示出根的所在之处。
本义 根本，读 dǐ，这个意义后写作"柢"。
引申 读 dī，① 假借表示我国古代西北少数民族名。② 星宿名，二十八宿之一。

> **小拓展**："氐"很少单用，以"氐"作声符的形声字有"低（dī）、底（dǐ）、诋（dǐ）、邸（dǐ）、砥（dǐ）"等。

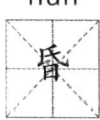

hūn
昏

解析 会意字，从日（太阳），从氐省。氐表示下，日落下为黄昏。
本义 黄昏，天刚黑的时候，如"晨昏"。
引申 ① 黑暗，模糊不清，如"昏暗"。② 表示神志不清，头脑糊涂，如"昏迷""昏庸"等。

> **小提示**："昏"的上部是"氏"，别写错了哟！
> **小拓展**：以"昏"作声兼义符的形声字有"婚"，因为古代嫁娶多在黄昏之时。

"欠"部

作为部首，读作"欠部""欠字旁"。部中的字多与张口、气息有关系，如"歌、歇"。

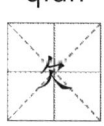

qiàn
欠

解析 象形字，甲骨文像一个人跪坐着张嘴打呵欠的样子。
本义 张嘴打呵欠，如"呵欠""哈欠"。
引申 ① 打哈欠意味着疲倦，引申为缺少，如"欠佳""欠妥"。② 借别人的钱、物而没有归还，如"欠债""欠账"等。

> **小辨析**："欠"和"攵"两个部首很相似，注意区分。"欠"的上部是由张嘴打呵欠之形演变而来；"攵"是由手持棍之形演变而来，表示击打。
>
> **小拓展**：以"欠"作声符的形声字有"芡（qiàn）、砍（kǎn）、坎（kǎn）、软（ruǎn）"等。

qī 欺

解析 形声字，从欠（表示张口说话），其声。
本义 蒙骗，如"欺骗""欺诈""童叟无欺"。
引申 欺负，欺辱，如"欺压""欺凌""仗势欺人"。

> **小提示**：欺骗需要用嘴说假话，故"欺"字从"欠"（张口说话）。
>
> **小链接**："欺软怕硬"，指欺负软弱的，惧怕强硬的。
>
> **小辨析**："欺"和"期"是同音字，注意区分。（组词：欺，欺骗。期，日期）

xiē 歇

解析 形声字，从欠（表示张口喘气），曷声。
本义 喘气休息，休息，如"歇息"。
引申 停止，如"歇业""间歇"。

> **小提示**："歇"的左下方是"匃（gài）"，不要写成"匈（xiōng）"，注意细节的区分。
>
> **小辨析**："歇"和"喝（hē）"是形近字，注意区分。（组词：歇，歇息。喝，喝水）

gē 歌

解析 形声字，从欠（表示张口出气），哥声。
本义 有音乐伴奏的唱。
引申 ①泛指唱（有无音乐伴奏都可以），如"高歌""歌唱"。②歌曲，如"山歌""民歌"。③赞颂，如"歌颂""歌功颂德""可歌可泣"。

> 小提示:"歌"的右边是表示张口出气的"欠",不要写成"夂"。
> 小链接:"歌舞升平",唱歌跳舞,庆祝太平,形容盛世景象;有时也指粉饰太平。

"风(風)"部

作为部首,读作"风部""风字旁"。部中的字多与刮风有关,如"飓、飘、飙"。"風"是"风"的繁体字形。

fēng 风

解析 繁体为"風",形声字,从虫,凡声。古人认为风动而虫生,故"風"从"虫"。"風"简化为"风"。
本义 风动而虫生。
引申 ① 空气流动的现象,如"吹风""刮风"。② 风气,习俗,如"民风"。③ 作风,如"整风"。④ 景象,景色,如"风景""风光"等。

> 小提示:"风"的笔顺是丿几风风,共四画。
> 小拓展:以"风"作声符的形声字有"枫(fēng)、疯(fēng)、讽(fěng)"等。
> 小辨析:"风"和"凤(fèng)"是形近字,注意区分。(组词:风,风雨。凤,凤凰)

jù 飓

解析 形声字,从风,具声。
本义 飓风,古代指海上的强烈风暴。

> 小提示:"飓"里面的"具"是三个短横哟!"飓"是半包围结构的字,"风"的第二笔"乀"要写得长一些,才能把里面的"具"托住。
> 小辨析:"飓"和"惧"是同音字,注意区分。(组词:飓,飓风。惧,恐惧)

piāo 飘

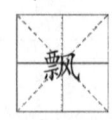

解析 形声字，从风，票声，票兼表义，表示轻飘。
本义 旋风。
引申 随风飞动，如"飘扬""飘舞"等。

> **小辨析**："飘"和"剽"是同音字，注意区分。（组词：飘，飘扬。剽，剽悍）

biāo 飙

解析 形声字，从风，猋声，猋兼表义，猋指群犬狂奔的样子。
本义 暴风，如"狂飙"（本义指急骤的暴风，比喻猛烈的潮流或力量）。

> **小提示**："飙"的右边是三个"犬"，为了整体字形的规整好看，"犬"的最后一笔"㇏"要写成"、"。三个"犬"不要写成"大"哟。
> **小链接**："飙车"在文言中指传说中驾风飞行的神车；现代指驾车高速行驶。
> **小辨析**："飙"和"彪"是同音字，注意区分。（组词：飙，狂飙。彪，彪悍）

"殳"部

作为部首，读作"殳部""殳字旁"。部中的字多与手拿兵器、打击有关系，如"殴、毁、段"。

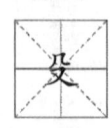

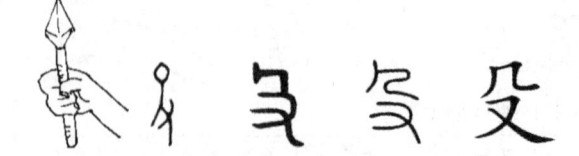

shū 殳

解析 会意字，甲骨文上部是一种长柄武器，下部是一只手，表示手拿武器。另有说法认为是象形字。
本义 古代一种有棱无刃的竹木制兵器。

> 小提示:"殳"的上部是由武器之形演变而来,上部不要写成"几",第二笔是"横折弯",没有"钩"哟!
>
> 小拓展:以"殳"作声符的形声字有"股、投"。由于古今语音演变等原因,"股(gǔ)""投(tóu)"现在的读音跟"殳(shū)"已经有很大区别了。

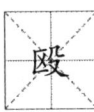

ōu 殴

解析 形声字,从殳(表达手持棍棒击打),区声。
本义 用棍杖击打。
引申 泛指击打,如"殴打""斗殴"。

> 小提示:"殴"的声符是"区","殴"的正确读音是ōu,不要读成qū。
>
> 小辨析:"殴"和"欧"是同音字,注意区分。(组词:殴,殴打。欧,欧洲)

duàn 段

解析 象形字,金文像手持器具在山崖中敲打凿取石块之形。
本义 捶击敲打。
引申 ① 事物划分成的部分,如"三段木头"。② 用于事物、时间、空间、语言文字等的一节,如"阶段""地段""段落"等。

> 小提示:"段"的左边部分是由山崖和石块之形演变而来,不要写成"丰"。
>
> 小拓展:以"段"作声符的形声字有"锻(duàn)、缎(duàn)、煅(duàn)、椴(duàn)"等。

huǐ 毁

解析 字形解析有点复杂,暂时不讲。"毁"很适合用拆解记忆法来巧记,毁=臼(工具)+工(工具)+殳(手持棍子),像用手拿着棍子把臼一类的工具打坏了。
本义 破坏,损坏,如"毁坏""毁灭"。
引申 ① 诽谤,损坏别人的声誉,如"诋毁"。② 烧掉,如"焚毁""销毁"等。

小提示："毁"的左边是"臼（jiù）"和"工（gōng）"，不要写错了哟！
小辨析："毁"和"捏（niē）"是形近字，注意区分。（组词：毁，毁坏。捏，捏造）

"文"部

作为部首，读作"文部"。根据"文"在字中的不同位置，也读作"文字头""文字旁"或"文字底"。部中的字多与花纹、文采有关系，如"斐、虔"。

wén 文

解析 本义 象形字，甲骨文像正面站立的人形，有的胸前绘有花纹。
文身，也就是在身上或脸上刺画花纹或字。原始时期的部落成员常常在身上绘刺本部族的图腾标志，"文"字保存了古人文身的悠远记忆。

引申 ① 文字，文章，如"甲骨文""诗文"。② 自然界或人类社会的某些现象，如"天文""人文"。③ 非军事的，与"武"相对，如"文人""文武双全"等。

小提示："文"的笔顺是丶一ナ文，共四画。
小拓展：以"文"作声符的形声字有"纹（wén）、蚊（wén）、雯（wén）、紊（wěn）"等。
小辨析："文"和"又（yòu）"是形近字，注意区分。（组词：文，文字。又，又来）

qián 虔

解析 本义 会意字，从虍（表示老虎），从文（表示老虎行走留下的足迹）。
《说文》："虔，虎行貌。"笔者觉得，"虔"也可以理解成仅是看到老虎留下的痕迹就令人畏惧。

引申 常用义是恭敬，如"虔诚""虔敬"。

小提示："虔"的第三笔是"一（横钩）"，那一钩可以看成老虎锋利的牙齿，不要写成"一（横）"。
小辨析："虔"和"虎（hǔ）"是形近字，注意区分。（组词：虔，虔诚。虎，老虎）

bīn
斌

- **解析** 会意字，从文，从武，表示文武兼备。
- **本义** 文武兼备，同"彬"，多用于人名。

小提示："斌"右边的"武"不要多加一撇哟！
小辨析："斌"和"赋（fù）"是形近字，注意区分。

fěi
斐

- **解析** 形声字，从文（表示义采），非声。
- **本义** 形容有文采，如"斐然成章"。
- **引申** "斐然"也表示显著，如"教学成果斐然"。

小提示：虽然"斐"的声符是"非"，但"斐"的正确读音是 fěi，不要读成 fēi。
小辨析："斐"和"辈（bèi）"是形近，注意区分。（组词：斐，斐然。辈，前辈）

"方"部

作为部首，读作"方部""方字旁"。部中的字多与旗帜、军旅有关，如"族、旅、旗"，这些字原本属于"㫃"部，后来统一归入"方"部。

fāng
方

- **解析** 字形解析暂无定论。有一种说法认为是象形字。方，甲骨文像古代的一种农具，与耒相似，用于掘地。
- **本义** 用于掘地的农具。
- **引申** ① 基本义是方形，四个角都是直角的四边形或六个面都是方形的六面体，如"方框""方形"。②方向，如"东方"。③方法，如"千方百计"等。

> 小提示："方"的笔顺是丶一亍方，共四画。
> 小拓展：以"方"作声符的形声字有"芳（fāng）、邡（fāng）、防（fáng）、仿（fǎng）、纺（fǎng）"等。
> 小辨析："方"和"万（wàn）"是形近字，注意区分。（组词：方，方向。万，千万）

lǚ 旅

解析 会意字，甲骨文像人在旗下，表示以旗致众。用旗把众人号召在一起。
本义 军之五百人为旅。
引申 ① 泛指军队，如"军旅""劲旅"。② 由古代的军队常常出外征战，引申为出行在外，如"旅行""旅游"。③ 军队的编制单位，如"旅长"等。

> 小提示："旅"的笔顺是丶一亍方方方矿旅旅旅，共十画。
> 小辨析："旅"和"派（pài）"是形近字，注意区分。（组词：旅，旅行。派，分派）

zú 族

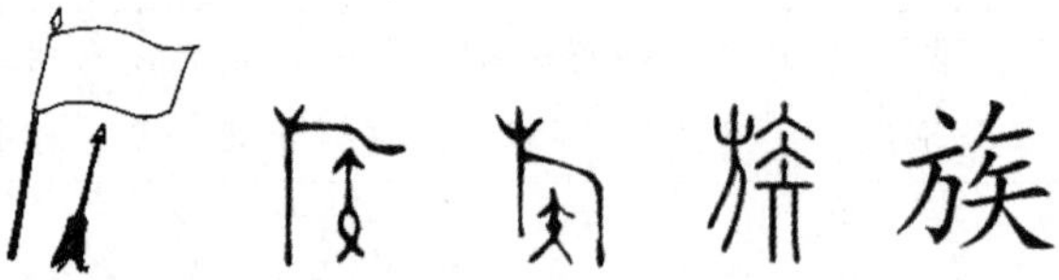

解析 会意字，从㫃（yǎn，表示旗），从矢（shǐ，表示箭）。甲骨文像旗下聚矢，表示聚合。旗用以聚众，矢用以杀敌。
本义 因古代同一家族或氏族为一个战斗单位，故"族"表示宗族、家族。
引申 ① 种族，民族，如"汉族""回族"。② 事物具有某种共同属性的一大类，如"水族""工薪族"等。

> 小提示："族"的读音是平舌音 zú，不要读成翘舌音 zhú。
> 小拓展：以"族"作声符的形声字有"镞（zú）、簇（cù）"等。

qí 旗

解析 形声字，从㫃（yǎn，表示旗），其声。

| 本 义 | 旗帜，如"国旗""红旗"。
| 引 申 | 属于八旗的，泛指满族的，如"旗袍""旗人"等。

小提示："旗"的右上部分是由飘动的旗帜的形态演变而来的，别把右上部分写掉了哟！
小辨析："旗"和"棋"是同音字，注意区分。（组词：旗，红旗。棋，下棋）

"火（灬）"部

作为部首，读作"火部""火字旁"或"火字底"。部中的字多与火、光或燃烧有关系，如"炎、炙、灾、灰、灿"。附形部首"灬"是"火"的变体，多在字的下边，读作"四点底"。

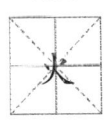

huǒ
火

| 解 析 | 象形字，甲骨文像火焰的形态。
| 本 义 | 物体燃烧时所产生的火光和火焰，如"火苗""火光"。
| 引 申 | ① 比喻事情紧急，如"十万火急"。② 比喻发火或激动，如"怒火"。③ 枪炮弹药，如"军火"。④ 中医指引起发炎、红肿等症状的病因，如"上火"等。

小提示："火"的笔顺是丶丶ノ火，共四画。
小辨析："火"和"大（dà）"是形近字，注意区分。（组词：火，火光。大，大小）

huī
灰

| 解 析 | 会意字，从火，从又（表示手），合起来表示火熄灭后可以用手触碰拿起的灰烬。
| 本 义 | 灰烬，物体燃烧后剩下的粉末，如"炉灰""骨灰"。
| 引 申 | ① 死灰不能发光发热，比喻人意志消沉，如"心灰意冷"。② 像灰烬的颜色，如"灰色"。③ 粉末状的东西，如"灰尘""石灰"等。

小拓展：以"灰"作声符的形声字有"诙（huī）、恢（huī）、盔（kuī）"等。
小辨析："灰"和"有（yǒu）"是形近字，注意区分。（组词：灰，灰色。有，拥有）

zhì 炙

解析 会意字，从月（表示肉），从火，表示用火烤肉。
本义 烧烤，如"炙烤""炙手可热"。
引申 烤熟的肉，如"脍炙人口""残羹冷炙"。

> **小提示**："炙"上部是"月"的变形（表示肉），里面是两点，不要写成"夕"。
> **小链接**："脍（kuài）炙人口"，切得很细、烤得很香的鱼、肉等人人爱吃。比喻美好的诗文人人赞美传诵。
> **小辨析**："炙"和"灸（jiǔ）"是形近字，注意区分。（组词：炙，炙烤。灸，针灸）

zhào 照

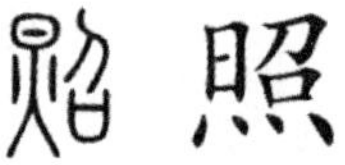

解析 形声字，从灬，昭声，昭兼表义，表示明亮。
本义 光线照射到物体上，照射，照耀，如"照明"。
引申 ① 对着镜子等看自己的影像，如"照镜子"。② 拍摄，如"照相"。③ 察看对比，如"对照"等。

> **小提示**：虽然"照"的声符是"昭"，但"照"的正确读音是 zhào，不要读成 zhāo。
> **小链接**："照葫芦画瓢"，比喻照着样子模仿，没有创造。
> **小辨析**："照"和"热（rè）"是形近字，注意区分。（组词：照，照明。热，炎热）

"斗"部

作为部首，读作"斗部""斗字旁"。部中的字多与酒器或量器有关系，如"料、斟"。

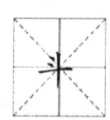

dǒu/dòu 斗

| 解 析 | 象形字，甲骨文像有柄的舀酒勺。
| 本 义 | 古代的舀酒器，如"酒斗"。
| 引 申 | ① 形状像斗的，如"熨斗""漏斗""北斗七星"。② 容量单位，一斗是十升。以上意义都读 dǒu。
| 多音字 | 读 dòu，用作繁体"鬥"的简体字，如"斗争""战斗"。

小拓展：以"斗"作声符的形声字有"抖（dǒu）、蚪（dǒu）"。
小辨析："斗"和"头（tóu）"是形近字，注意区分。（组词：斗，酒斗。头，头部）

liào 料

| 解 析 | 会意字，从斗（表示量器），从米，表示以斗量米。
| 本 义 | 称量，度量。
| 引 申 | ① 料想，预估，如"预料""不出所料"。② 照看，如"照料"。③ 材料，如"颜料""原料"等。

小链接："料事如神"，像神灵一样，猜度未来的事情非常准确。
小辨析："料"和"科（kē）"是形近字，注意区分。（组词：料，料想。科，科学）

kuí 魁

| 解 析 | 形声字，从斗（表示勺子），鬼声。
| 本 义 | 勺子，调羹。
| 引 申 | ① 魁星，北斗七星的第一至第四颗星的总称，因其形状像勺而得名。魁星也指北斗七星中的第一颗星，即离斗柄最远的一颗。② 居首位的人或事物，如"花魁""夺魁"。③（身材）高大，如"魁伟"等。

小提示：虽然"魁"的声符是"鬼"，但"魁"的正确读音是 kuí，不要读成 guǐ 或 dǒu。
小辨析："魁"和"愧（kuì）"是形近字，注意区分。（组词：魁，魁星。愧，惭愧）

zhēn 斟

| 解 析 | 形声字，从斗（表示勺子），甚声。
| 本 义 | 用斗舀取。
| 引 申 | ① 往杯子等容器里倒（酒、茶等），如"斟酒""斟茶""自斟自饮"。② 仔细思考、推敲，如"斟酌""字斟句酌"。

小提示：虽然"斟"的声符是"甚"，但"斟"的正确读音是 zhēn，不要读成 shèn。
小辨析："斟"和"葚（shèn）"是形近字，注意区分。（组词：斟，斟酒。葚，桑葚）

"户"部

作为部首，读作"户部""户字头"。部中的字多与门户有关系，如"房、扇、扁"。

hù 户

| 解 析 | 象形字，甲骨文像单扇门的形态。
| 本 义 | 单扇的门。
| 引 申 | ① 泛指门，如"门户""夜不闭户"。② 人家，住户，如"千家万户"。③ 从事某种职业的人家或人，如"农户""个体户"。④ 门第，家族的社会地位，如"门当户对"等。

小拓展："户"也作声符构成形声字，如"沪（hù）、护（hù）、戽（hù）、妒（dù）、雇（gù）、炉（lú）"。
小辨析："户"和"广（guǎng）"是形近字，注意区分。（组词：户，门户。广，广大）

jiān 肩

| 解 析 | 会意字，从户（表示肩膀能像门户一样扇动开合），从月（肉月，表示身体的一部分）。
| 本 义 | 肩膀，即脖子旁边胳膊上边的部分，如"耸肩""摩肩接踵"。
| 引 申 | 担负，如"肩负""身肩重任"。

小链接："摩肩接踵"，肩挨着肩，后面人的脚尖紧接着前面人的脚跟。形容行人众多，非常拥挤。

小辨析："肩"和"有（yǒu）"是形近字，注意区分。（组词：肩，肩膀。有，拥有）

biǎn/piān

扁

解析　会意字，从户，从册（册，表示竹简）。
本义　在门户上题字。后来表示匾额，这个意义写作"匾"。
引申　大概是因为匾额是宽而薄的，"扁"假借表示物体宽而薄，如"扁豆""扁平"。以上意义都读 biǎn。
多音字　读 piān，表示狭小，只用于"扁舟"，文言中指小船。

小提示："扁"的下方是"册"（"册"的变形），但不能写成"册"，注意两者的区别。
　　　　"扁"的笔顺是 ﹨ ﹀ ヲ 户 户 肩 肩 肩 扁，共九画。
小拓展：以"扁"作声符的形声字有"编（biān）、遍（biàn）、偏（piān）、篇（piān）、骗（piàn）"等。

shàn/shān

扇

解析　会意字，从户（表示门），从羽（表示鸟翅膀），表示门户像鸟翅膀般开合。
本义　门扇。
引申　① 扇子，如"折扇""蒲扇"。② 量词，如"一扇门""两扇窗户"等。以上意义都读 shàn。
多音字　读 shān，用作动词，表示摇动扇子等使生风，如"扇风"等。

小提示："扇"的上部是"户"，不要写成"广"哟！
小拓展：以"扇"作声兼义符的形声字有"煽（shān）"等。

"心（忄、⺗）"部

作为部首，读作"心部""心字底"。"忄、⺗"是"心"的附形部首，"心"在字左边时写成"忄"，读作"竖心旁"。"心"在字下边有时写成"⺗"。部中的字多与人的心理、情绪有关，如"思、意"。

xīn 心

解析	象形字，古文字形像心脏的形态。
本义	心脏，如"心房""心肌"。
引申	① 古人认为心是思维的器官，引申指大脑，如"用心""心灵手巧"。② 思想，感情，如"心思""心情"。③ 中心，重要的部分，如"核心"等。

小提示："心"的读音是前鼻音 xīn，不要读成后鼻音 xīng 哟！
"心"的笔顺是 丶 乚 心 心 心，共四画。

小拓展：以"心"作声符的形声字有"芯（xīn）、沁（qìn）"等。

máng 忙

解析	形声字，从忄（心），亡声。
本义	内心慌迫不安。
引申	① 事情多，没有空闲，如"农忙""忙碌"。② 急着做（某事），如"忙着上班"等，

小提示："忙"的笔顺是 丶 丶 忄 忄 忙 忙，共六画。"忙"的右边是声符"亡"，不要在右下角多写一点。

小辨析："忙"和"芒"是同音字，注意区分。（组词：忙，匆忙。芒，芒果）

sī 思

解析	会意字，小篆从心，从囟（xìn，表示脑）。字形演变过程中，"囟"误写成"田"。
本义	动脑筋，如"思考"。
引申	① 想念，挂念，如"思念"。② 心情，心绪，如"思绪"。③ 写文章的思路，如"构思"等。

小拓展：以"思"作声符的形声字有"腮（sāi）、鳃（sāi）、崽（zǎi）"等。由于古今语音演变等原因，它们现在的读音和"思"差别比较大，但造字的时候应该是相同或相似的。

小提示："思"上部的"田"是"囟"误写而来的，"思"的意义跟田没有联系，不是在田地里思考。

gōng 恭

解析 形声字，从㣺（心），共声。
本义 严肃，肃静。偏重于外貌。
引申 ① 表示恭敬，如"谦恭""洗耳恭听"。② 敬辞，向人表示尊敬的用语，如"恭请""恭贺"等。

小提示："恭"的下部"㣺"是"心"的变形，把卧钩写成了竖钩，不要写成"小"！
小链接："洗耳恭听"，表示恭敬专心地倾听对方的讲话。

"毋（母）"部

"毋"部只有"毋、毐"两个字。"母"是"毋"的附形部首，"母"部中只有"母、每、姆、毒、毓、纛"六个字。

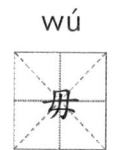

wú 毋

解析 裘锡圭先生《文字学概要》认为，"毋"由"母"分化而来，"毋"字专门表示否定。笔者觉得，"毋"也可以解析为会意字，从女，从丿（一撇表示不可），理解为妇女不能侵犯。
本义 不要，不可，如"宁缺毋滥""毋庸置疑"。

小提示："毋"的正确读音是 wú，不要读成 wù。
小辨析："毋"和"无"是同音字，注意区分。（组词：毋，毋庸置疑。无，有无）

mǔ 母

解析 象形字，甲骨文像露出双乳的妇女的形态，露出双乳要给孩子喂奶。

本义 母亲，如"慈母""父母"。

引申 ① 亲属中的女性长辈，如"祖母""姑母"。② 表示雌性的，如"母鸡""母猪"。③ 能产生出其他事物的东西，如"字母"等。

小提示："母"的笔顺是 ㄥ 乛 乜 毋 母，共五画。

小拓展：以"母"作声符的形声字有"拇（mǔ）、姆（mǔ）"等。

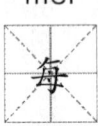

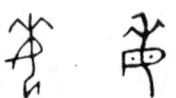

měi
每

解析 象形字，甲骨文像一个女子头上戴着头饰之形。另有说法认为是形声字，从中，母声。

本义 母亲。

引申 常用义是整体中的任何一个或一组，如"每个""每天""每七天为一周"等。

小拓展：以"每"作声符的形声字有"诲（huì）、晦（huì）、悔（huǐ）、霉（méi）、酶（méi）"等。由于古今语音演变等原因，它们现在的读音和"每"有一些差别，但造字时应该是相同或相似的。

yù
毓

解析 会意字，甲骨文左边像一个妇女，右边像一个头朝下的婴儿，下面三画表示血水形，合起来表示女性生育。

本义 生育，养育，如"钟灵毓秀"。

引申 "毓"字在现代多用于人名。

小链接："钟灵毓秀"，凝聚大自然灵气的地方孕育优秀人才（钟：凝聚，汇聚）。

小辨析："毓"和"流（liú）"是形近字，注意区分。（组词：毓，钟灵毓秀。流，水流）

"示（礻）"部

作为部首，读作"示部"。"礻"是"示"的附形部首，"示"在字左边做部首时写成"礻"，读作"示字旁"。部中的字多与祭祀、祈祷、福祸有关系，如"祝、福"。

shì 示

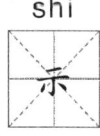

解析 象形字，甲骨文像祭祀的神主台的形态。远古祭祀时，会用木头或者石头搭成"丁"字形的神主台。小篆字形增加了左右两点作为装饰符号。另有说法认为是会意字。

本义 祭祀的神主台。

引申 把事物摆出来或指出来，让人知道，如"告示""表示""提示"等。

小拓展："以"示"作声符的形声字有"视（shì）"等。

小辨析："示"和"于（yú）"是形近字，注意区分。（组词：示，启示。于，于是）

zhù 祝

解析 会意字，甲骨文表示人跪于神主前祝祷。

本义 祈祷，向神灵祈祷求福，如"祝祷"。

引申 表示良好的愿望，如"祝福""祝愿""祝贺"。

小提示："祝"的左边是"礻（示）"，右边只有一点，不要写成"衤（衣）"。

小辨析："祝"和"况（kuàng）"是形近字，注意区分。（组词：祝，祝福。况，情况）

xiáng 祥

解析 形声字，从礻，羊声。

本义 有关吉凶的征兆。

引申 ①吉利，幸运，如"吉祥""祥云""祥瑞"。②善良，如"慈祥"。

小提示：虽然"祥"的声符是"羊"，但"祥"的正确读音是 xiáng，不要读成 yáng。

小辨析："祥"和"样（yàng）"是形近字，注意区分。（组词：祥，吉祥。样，模样）

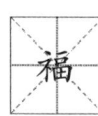

fú 福

解析 会意字，从礻（表示祈祷），从畐（表示酒樽），合起来表示向神献酒求福。
本义 保佑，赐福。
引申 幸福，福气，如"享福""福分"。

> **小提示**："福"的右边是"畐"，"畐"是由酒樽的形状演变而来。
> **小辨析**："福"和"富（fù）"是形近字，注意区分。（组词：福，幸福。富，丰富）

"甘"部

作为部首，读作"甘部""甘字旁"。部中只有"甘、邯、某、嶜"四个常用字。

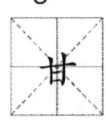

gān
甘

解析 指事字，甲骨文从口，从一，表示口中含有食物。
本义 含着，这个意义后写作"含"。
引申 ① 甘美之物是人所爱含的东西，引申为甜，与"苦"相对，如"甘甜""甘苦"。② 自愿，乐意，如"心甘情愿""甘拜下风"。

> **小提示**："甘"的笔顺是一十廿廿甘，共五画。
> **小拓展**：以"甘"作声符的形声字有"柑（gān）、坩（gān）、绀（gàn）、酣（hān）、邯（hán）"等。
> **小辨析**："甘"和"日（rì）"是形近字，注意区分。（组词：甘，甘甜。日，日光）

mǒu
某

解析 象形字，金文像树上结果实的样子。
本义 梅子，"某，酸果也"。
引申 ① 假借指代不确定的人或事物，如"某人""某日"。② 指代已知的人或事物（知道名称而不说出），如"李某""某部"等。

> **小拓展**：以"某"作声符的形声字有"谋（móu）、煤（méi）、媒（méi）"等。
> **小辨析**："某"和"呆（dāi）"是形近字，注意区分。（组词：某，某人。呆，发呆）

hán
邯

解析 形声字，从阝（表示城邑），甘声。
本义 地名用字，邯郸，在河北省。

> **小提示**：虽然"邯"的声符是"甘"，但"邯"的正确读音是 hán，不要读成 gān。
> **小拓展**：成语"邯郸学步"，《庄子》里说战国时有个燕国人到了赵国都城邯郸，看到那里的人走路姿势很美，就学着那样走，结果不但没学会，反而连自己原来的走法也忘了，只好爬着回去。比喻盲目模仿别人不成，反而把自己原有的技能也丢了。
> **小辨析**："邯"和"韩"是同音字，注意区分。（组词：邯，邯郸。韩，韩国）

"石"部

作为部首，读作"石部""石字旁"或"石字底"。部中的字多与石矿、石制工具有关，如"硬、磨"。

shí/dàn
石

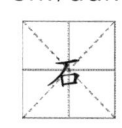

解析 象形字，甲骨文像山石的形态。
本义 山石，如"石头""岩石"。
引申 刻有文字、图画的石制品，石刻，如"金石"等。以上意义都读 shí。
多音字 读 dàn，古代重量单位，一石为一百二十斤。

> **小拓展**：以"石"作声符的形声字有"硕（shuò）"等。由于古今语音演变等原因，"硕"和"石"现在只有声母"sh"是一样的了。
> **小辨析**："石"和"右（yòu）"是形近字，注意区分。（组词：石，石头。右，右手）

chǔ
础

| 解析 | 形声字，从石，出声。
| 本义 | 垫在房屋柱子下的石墩，如"础石""基础"（表示事物的根基）。

小提示："虽然"础"的声符是"出"，但"础"的正确读音是 chǔ，不要读成 chū。
小链接："础润而雨"，柱子下的石墩变潮，预示天将下雨。比喻事情的发生都有征兆。
小辨析："础"和"绌（chù）"是形近字，注意区分。（组词：础，基础。绌，相形见绌）

yìng

硬

| 解析 | 形声字，从石，更声。
| 本义 | 石头坚硬，故"硬"从石。
| 引申 | ① 泛指坚硬，跟"软"相对，如"硬币"。② 坚定，坚强，如"强硬"。③ 勉强，如"硬撑"等。

小链接："软硬不吃"，对软的或硬的手段都不理会。
小提示：虽然"硬"的声符是"更"，但"硬"的正确读音是 yìng，不要读成 gēng。
小辨析："硬"和"确（què）"是形近字，注意区分。（组词：硬，坚硬。确，确定）

mó/mò

磨

| 解析 | 形声字，从石，麻声。
| 本义 | 磨制石器。古时候"玉谓之琢，石谓之磨"，磨制玉器是"琢"，磨制石器是"磨"。
| 引申 | ① 泛指摩擦，如"磨刀""磨墨"。② 折磨，不顺利，如"好事多磨"。③ 消失，如"磨灭"等。以上意义都读 mó。
| 多音字 | 读 mò，表示以下意思：① 把粮食研磨成粉的工具，如"石磨""推磨"。② 用磨研磨，如"磨面"等。

小提示：虽然"磨"的声符是"麻"，但"磨"的正确读音是 mó，不要读成 má。"磨"是半包围结构的字，上部"麻"的第三笔撇要写得长一些。
小链接："琢磨"，本义是雕琢、打磨（玉石）；后比喻对诗文等反复加工，精益求精。

"龙（龍）"部

作为部首，读作"龙部""龙字头"或"龙字底"。部中只有"龙、垄、袭、龛、聋、龚、袭、龛、詟"九个字。"龍"是"龙"的繁体字形。

lóng 龙

解 析	繁体为"龍"，象形字，甲骨文像大口长身的一种动物的形态。
本 义	龙，我国古代传说中的神异动物，身体长，有鳞、角、爪，能上天入水、兴云降雨，如"蛟龙""龙凤""画龙点睛"。
引 申	① 封建时代作为帝王的象征，如"龙袍"。② 古生物学指某些巨大的爬行动物，如"恐龙"等。

小提示：繁体"龍"简化为"龙"，属于草书楷化，也是就把"龍"的草书字形进行了楷书化的规整。
"龙"的笔顺是一ナ九尤龙，共五画。

小拓展：以"龙"作声符的形声字有"笼（lóng/lǒng）、珑（lóng）、胧（lóng）、拢（lǒng）、垄（lǒng）"等。

小辨析："龙"和"尤（yóu）"是形近字，注意区分。（组词：龙，龙凤。尤，尤其）

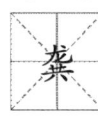

gōng 龚

解 析	形声字，从共，龙声。
本 义	给，古义同"供"。
引 申	现为姓氏用字，如"姓龚"。

小链接：清代龚自珍《己亥杂诗》："九州生气恃风雷，万马齐喑究可哀。我劝天公重抖擞，不拘一格降人才。"

小提示：虽然"龚"的声符是"龙"，但"龚"的正确读音是gōng，不要读成lóng或gòng。

kān

龛　龕　龛

解析 形声字，从龙，合声。
本义 龙的样子。
引申 常用义是供奉神佛的小阁子或石室，如"佛龛""神龛""壁龛"。

小链接："佛龛"，供奉佛像的小阁子或小石室。
小提示：虽然"龛"的声符是"合"，但由于古今语音演变等原因，"龛"的读音是 kān，不要读成 hé。
小辨析："龛"和"砻（lóng）"是形近字，注意区分。（组词：龛，神龛。砻，砻糠）

lóng

聋　聾　聋

解析 形声字，从耳，龙声。
本义 耳朵听不见声音，如"耳聋""聋哑"。

小链接："装聋作哑"，装作聋哑的样子。形容故意不闻不问或假装不知情。
小辨析："聋"和"耸（sǒng）"是形近字，注意区分。（组词：聋，耳聋。耸，耸立）

"业"部

作为部首，读作"业部""业字头"或"业字旁"。部中只有"业、邺、凿、粛、黻、黼"六个常用字。

yè

业　業　业

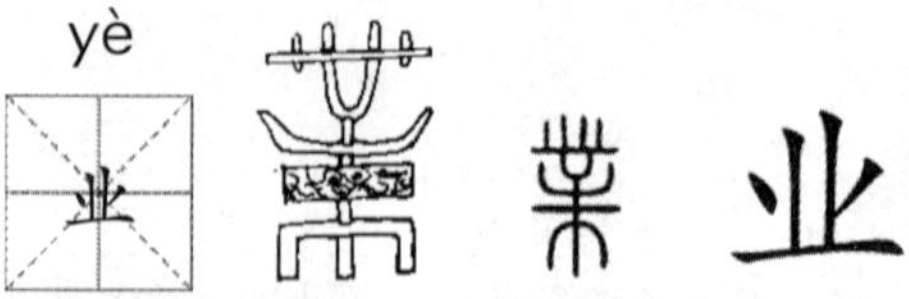

解析 繁体为"業"，象形字，小篆像古时乐器架上装饰用的大版。另有说法认为小篆是会意字，从丵，从巾（像大版的形态）。
本义 古代乐器架上装饰用的大版。

引申 ① 因为古代书册之版也称作"业",所以引申表示学业,如"课业""毕业"。
② 职业,如"就业"。③ 产业,财产,如"业主""家业"等。

> 小提示:繁体"業"简化为"业",简体字形只保留了最上面的部分。
> "业"的笔顺是 丨 丨丨 丨丨丨 业业,共五画。
> 小辨析:"业"和"亚(yà)"是形近字,注意区分。(组词:业,作业。亚,亚洲)

zάo 凿

解析 会意字,从丵(表示工具凿子),从凵(像孔穴),合起来表示用凿子凿出孔穴。
本义 用凿子打孔,如"凿开"。
引申 ① 錾凿的工具,如"凿子"。② 明确,真实,如"确凿"。③ 器物上的孔,如"方枘圆凿"等。

> 小链接:成语"凿壁借光",讲的是西汉大文学家匡衡小时候凿穿墙壁,借引邻居的烛光来读书,终成一代文学家的故事。现在用来形容家贫而读书刻苦。
> 小辨析:"凿"和"齿(chǐ)"是形近字,注意细节的区分。(组词:凿,凿开。齿,牙齿)

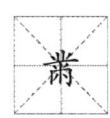

zhǐ 黹

解析 会意字,从㡀(此处表示布帛),从丵(此处表示缝纫用的针)省。
本义 缝纫、刺绣等针线活,如"针黹"。

> 小提示:"黹"是上下结构的字,上"业"下"㡀"。
> "黹"的读音是翘舌音 zhǐ,不要读成 yè 或 bì。
> 小辨析:"黹"和"敝(bì)"是形近字,注意细节的区分。(组词:黹,针黹。敝,敝帚自珍)

"目"部

作为部首,读作"目部""目字旁"或"目字底"。部中的字多与眼睛、观看有关系,如"看、眉"。

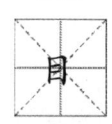

mù 目

解析　象形字，甲骨文像眼睛之形。小篆开始把整体字形竖起来。
本义　眼睛，如"目光""眉清目秀"。
引申　①看，如"一目了然"。②项目，大项中再分的小项，如"细目"。③目录，"书目"等。

小提示："目"字里的两个小短横是由眼球之形演变来的！
小拓展：以"目"作声符的形声字有"苜（mù）、钼（mù）"等。
小辨析："目"和"日（rì）"是形近字，注意区分。（组词：目，目光。日，日记）

kàn/kān 看

详见第154页"手"部"看"字。

méi 眉

解析　象形字，甲骨文像眼睛上有眉毛的样子。
本义　眉毛，如"眉头""眉开眼笑"。
引申　表示书页正文上方空白处，如"书眉""眉批"。

小拓展：以"眉"作声符的形声字有"湄（méi）、楣（méi）、郿（méi）、媚（mèi）"等。
小辨析："眉"和"盾（dùn）"是形近字，注意区分。（组词：眉，眉毛。盾，矛盾）

mù 睦

解析　形声字，从目，坴声。

| 本 义 | 目光平和友善。
| 引 申 | 亲和，亲近，如"和睦""睦邻"。

小提示："睦"的右边是声符"坴"，不要写成"圭"。
小辨析："睦"和"佳（jiā）"是形近字，注意细节的区分。（组词：睦，和睦。佳，佳人）

"田"部

作为部首，读作"田部""田字头""田字旁"或"田字底"。部中的字有的与田地、疆土有关，如"男、界、略"；有的字与田地没有关系，是由其他字形演变而来，如"畏、胃、思、甲"。

tián
田

| 解 析 | 象形字，像田地的形态。
| 本 义 | 耕种的土地，如"耕田""农田"。
| 引 申 | 可供开采的蕴藏矿物的地带，如"煤田""油田"等。

小拓展：以"田"作声兼义符的形声字有"畋（tián）、钿（diàn/tián）、甸（diàn）"。
小辨析："田"和"由（yóu）"是形近字，注意细节的区分。（组词：田，农田。由，理由）

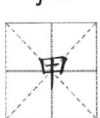

jiǎ
甲

| 解 析 | 象形字，甲骨文像植物外壳皮裂开的样子。
| 本 义 | 植物的种皮，籽实的外壳。
| 引 申 | ①一些动物身上的硬壳，如"龟甲"。②假借表示天干的第一位，如"甲乙丙丁"。③居首位，如"甲等""桂林山水甲天下"。

小拓展：以"甲"作声符的形声字有"钾（jiǎ）、胛（jiǎ）、匣（xiá）、狎（xiá）、押（yā）"等。
小辨析："甲"和"申（shēn）"是形近字，注意区分。（组词：甲，龟甲。申，申请）

nán 男

详见第 43 页 "力"部 "男"字。

wèi 畏

解析 会意字，甲骨文像鬼手持棍棒之形。殷商人迷信鬼神，鬼神执杖，令人敬畏。
本义 恐惧，害怕，如"畏惧"。
引申 由畏惧而顺服，引申为敬服，如"敬畏""后生可畏"。

> 小提示："畏"的下面部分不要写成"衣"，不要多写一撇。
> 小拓展：以"畏"作声符的形声字有"喂（wèi）、猥（wěi）、偎（wēi）、煨（wēi）"等。
> 小辨析："畏"和"衣（yī）"是形近字，注意细节的区分。（组词：畏，畏惧。衣，大衣）

"罒"部

"网"做部首时写作"罒"，读作"四字头"。部中的字多与捕捉、处置有关系，如"罢、羁"。

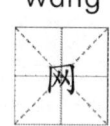

wǎng 网

详见第 16 页 "冂"部 "网"字。

luó 罗

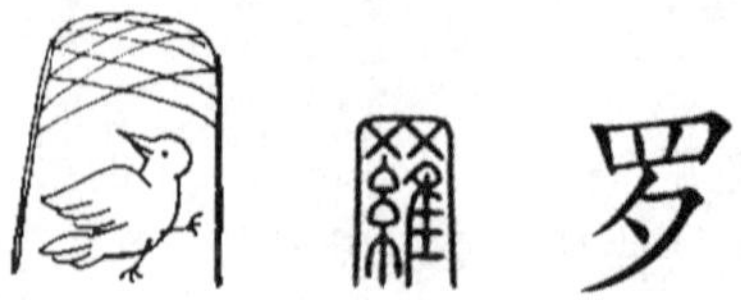

解析 繁体为"羅"，会意字，从罒（表示网），从隹（表示鸟），从糸（表示丝线）。繁体"羅"简化为"罗"。

| 本 义 | 捕鸟的网，如"罗网"。
| 引 申 | ① 表示张网捕捉，如"网罗""门可罗雀"。② 搜集，如"搜罗"。③ 质地稀疏轻软的丝织品，如"绫罗绸缎"等。

小提示：繁体"羅"简化为"罗"，下部的"維"字换成了笔画更少的"夕"字。
小链接："门可罗雀"，门前可以张网捕雀。形容宾客稀少，门庭冷落。

bà 罢

| 解 析 | 繁体为"罷"，会意字，从罒（表示网），从能（表示贤能之人），表示把入了罪网的贤能之人放走。
| 本 义 | 免去，解除，如"罢免"。
| 引 申 | ① 停止，如"罢工""罢课"。② 完毕，如"吃罢早饭"等。

小提示：繁体"罷"简化为"罢"，下部的"能"字换成了笔画更少的"去"字。
小链接："善罢甘休"，好好地了结，不再纠缠下去。
小辨析："罢"和"丢（diū）"是形近字，注意区分。（组词：罢，罢免。丢，丢失）

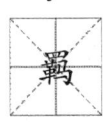

jī 羁

| 解 析 | 会意字，从罒（表示网），从革（表示皮革），从马，合起来表示用皮革制成的网把马束缚住。
| 本 义 | 把马嘴网住的马笼头。
| 引 申 | ① 束缚，如"羁绊""放荡不羁"。② 在外停留，寄居，如"羁旅"。

小提示："羁"字看似复杂笔画多，但如果明白了字形来源，是不是很有意思呢？
小链接：陶渊明诗"羁鸟念旧林，池鱼思故渊"。（羁鸟：关在笼中的鸟）

"皿"部

作为部首，多在字的下边，读作"皿部""皿字底"。部中的字多与器皿及其相关的动作、状态有关，如"盆、盟、益"。

mǐn 皿

解析 象形字，甲骨文像一种有圆足的大口容器。

本义 盛东西的器具，如杯、盘、碗、盏等的总称，如"器皿"。

> 小提示："皿"的读音是前鼻音 mǐn，不要读成后鼻音 mǐng。
>
> 小辨析："皿"和"血（xiě/xuè）"是形近字，注意区分。（组词：皿，器皿。血，流血）

pén 盆

解析 形声字，从皿（器皿），分声。

本义 用来盛放或洗涤东西的器具，通常是圆形，口大底小，不太深，如"花盆""脸盆"。

引申 表示形状像盆的，如"骨盆""盆地"。

> 小提示：虽然"盆"的声符是"分"，但"盆"的正确读音是 pén，不要读成 fēn。
>
> 小链接："盆地"，陆地上四周高、中间低平的盆状地形。
>
> 小辨析："盆"和"贫（pín）"是形近字，注意区分。（组词：盆，花盆。贫，贫穷）

yì 益

解析 会意字，从皿（器皿），从水，水在皿上，表示水溢出器皿。

本义 水满后溢出，这个意义后写作"溢"。

引申 ①增加，如"延年益寿"。②有好处的，如"益鸟""良师益友"。③更加，如"精益求精"等。

> 小提示："益"的上部是由"水"的倒形演变而来，不要写成"兴"。
>
> 小拓展：以"益"作声符的形声字有"缢（yì）、溢（yì）、谥（shì）、隘（ài）"等。由于古今语音演变等原因，"谥（shì）、隘（ài）"跟"益"的读音相差很大了，但古代造字时应该是相同或相似的。

guàn 盥

解析 会意字，甲骨文像人在器皿中洗手之形，金文把一只手变成了两只手。
本义 浇水洗手。
引申 泛指洗涤，如"盥洗"。

> **小提示**："盥"的字形虽然看似复杂，但如果明白了字形来源，它是很有意思的一个字。
> "盥"的正确读音是 guàn，不要读成 huàn。

"生"部

作为部首，读作"生部""生字旁"。部中只有"生、甥、牲、甦、甥"五个常用字。

shēng 生

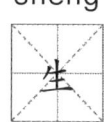

解析 象形字，甲骨文像土地上生出草木的形态。另有说法认为是会意字。
本义 草木的生长，如"生根"。
引申 ① 出生，产出，如"诞生"。② 生存，活着，如"生死"。③ 不熟悉的，如"陌生""生字"等。

> **小拓展**：以"生"作声符的形声字有"牲（shēng）、甥（shēng）、笙（shēng）、胜（shèng）"等。
> **小辨析**："生"和"牛（niú）"是形近字，注意区分。（组词：生，生日。牛，牛角）

shēng 甥

解析 形声字，从男，生声，生兼表义。
本义 外甥，也就是姐姐或妹妹的儿子。

> **小提示**："甥"的正确读音是后鼻音 shēng，不要读成前鼻音 shēn。

"矢"部

作为部首，读作"矢部""矢字旁"。古时曾把箭作为量长度的标尺，所以"矢"部中的字多与箭或短小有关系，如"知、短"。

shǐ 矢

解析 象形字，甲骨文像一支箭的形状，上端是箭头，中间是箭杆，下端是箭尾。
本义 箭，如"弓矢""箭矢""有的（dì）放矢"。
引申 假借用作"誓"，表示发誓，如"矢口否认""矢志不渝"。

> 小巧记：可能是因为箭矢飞行过程会发出"shi"的声音，所以"矢"的读音是"shǐ"。
> 小拓展：以"矢"作声符的形声字有"雉（zhì）、彘（zhì）"等。
> 小辨析："矢"和"失（shī）"是形近字，注意区分。（组词：矢，箭矢。失，失去）

zhī 知

解析 形声字，从口（说），矢声，矢兼表义。以对熟知的事物像箭似的脱口而出，表示懂得、知道。
本义 知道，如"知悉""知己知彼"。
引申 ①表示知识，如"求知""无知"。②使知道，如"通知"等。

> 小提示：虽然"知"的声符是"矢"，但"知"的正确读音是zhī，不要读成shǐ。
> 小拓展：以"知"作声符的形声字有"蜘（zhī）、痴（chī）、踟（chí）、智（zhì）"等。

jiǎo 矫

解析 形声字，从矢（表示箭矢），乔声。
本义 古代一种可以把弯箭杆夹直的箝子。

引申：①把弯曲的弄直，纠正，如"矫正""矫枉过正"。②表示强壮，勇武，如"矫健""矫捷"等。

小链接："矫枉过正"，矫正弯曲的东西，做过了头，又弯向另一面。比喻纠正偏差超过了应有的限度。

小辨析："矫"和"娇（jiāo）"是形近字，注意区分。（组词：矫，矫正。娇，娇气）

duǎn
短

解析：会意字，从矢（表示箭矢），从豆（表示食器），合起来表示短小如箭矢和豆器。另有说法认为是形声字，从矢，豆声。

本义：短，两点之间的距离小，与"长"相对，如"长短"。

引申：①缺少，不足，如"短缺""短少"。②缺点，如"短处"等。

小链接："短兵相接"，双方用刀、剑等短兵器拼杀；比喻面对面地进行激烈的斗争。

小辨析："短"和"逗（dòu）"是形近字，注意区分。（组词：短，长短。逗，逗留）

"禾"部

作为部首，读作"禾部""禾字旁"。部中字的本义多与农作物有关系，如"颖、稚、利、秉、科"。"乘"的字义与农作物没有关系。

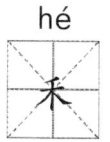

hé
禾

解析：象形字，甲骨文像一株成熟的庄稼，上端是下垂的禾穗，其余是秸秆、叶子和根部。

本义：禾谷，谷子。

引申：泛指谷类作物，如"禾苗""嘉禾"。

小辨析："禾"和"木（mù）"是形近字，注意区分。（组词：禾，禾苗。木，树木）

bǐng

解析 会意字，从禾，从又（表示手），手里拿着一棵或一把禾苗。
本义 一把庄稼。
引申 ① 拿着，握着，如"秉笔""秉烛"。② 掌握，主持，如"秉政""秉公处理"等。

> 小提示："秉"的笔顺是 一 二 亖 乖 乖 秉 秉 秉，共八画。
> 小链接："秉"是手里拿着一把禾苗，"兼"是手里拿着几把禾苗呢？聪明的你猜到答案了吗？

chéng/shèng

解析 会意字，甲骨文像人站在树木上。
本义 登，升。
引申 ① 搭坐交通工具，如"乘车""乘船"。② 凭借，利用，如"乘风破浪"。③ 数学的一种计算方法，如"乘法"等。以上意义都读 chéng。
多音字 读 shèng，古代称一辆四匹马拉的兵车为一乘，如"千乘之国"等。

> 小提示："乘"字形中的"禾"是由树木的形态演变而来的，"乘"的字义跟"禾"没有关系。
> 小辨析："乘"和"乖（guāi）"是形近字，注意区分。（组词：乘，乘车。乖，乖巧）

yǐng

解析 形声字，从禾，顷声。
本义 古代指禾穗的末端，也指穗。
引申 ① 穗显得突出，引申表示才能出众、聪明，如"聪颖""颖悟"。② 与众不同，如"新颖"等。

> 小提示："颖"字属于形声字中比较少见的"形偏一角"，也就是形旁在字形的某一角落。但也正因为少见，所以理解字源后才更发现其中的奥妙，你有同样的感受吗？
> 小链接："脱颖而出"，比喻优秀人才崭露头角。

"白"部

作为部首,读作"白部""白字旁"或"白字头"。部中的字多与白色、明晰有关,如"帛、皓"。

bái 白

解析:象形字,甲骨文像米粒的形状,米粒色白。另有说法认为甲骨文像太阳刚从地平面升起的样子。

本义:白色,如"白云""洁白"。

引申:① 明亮,如"白天"。② 清楚,如"明白""真相大白"。③ 说明,陈诉,如"表白""白山"等。

小拓展:以"白"作声符的形声字有"伯(bó/bǎi)、泊(bó/pō)、帛(bó)、舶(bó)、怕(pà)、迫(pò)、粕(pò)、拍(pāi)"等。

小辨析:"白"和"日(rì)"是形近字,注意区分。(组词:白,白色。日,日光)

bó 帛

详见第77页"巾"部"帛"字。

hào 皓

解析:形声字,从白(表示明晰),告声。

本义:明亮,光明,如"皓月当空"。

引申:洁白,如"皓首""明眸皓齿"。

小提示:虽然"皓"的声符是"告",但"皓"的正确读音是 hào,不要读成 gào。

小链接:"明眸皓齿",明亮的眼睛,洁白的牙齿。多用来形容女子外貌美丽。

小辨析:"皓"和"浩"是同音字,注意区分。(组词:皓,皓首。浩,浩瀚)

wǎn
皖

解析 形声字，从白，完声。
本义 星光明亮的样子。

- 小链接："皖"现用作安徽省的别称，因其境内西部有皖山（天柱山）而得名，如"皖南"。
- 小提示：虽然"皖"的声符是"完"，但"皖"的正确读音是 wǎn，不要读成 wán。
- 小辨析："皖"和"碗"是同音字，注意区分。（组词：皖，皖南。碗，饭碗）

"瓜"部

作为部首，读作"瓜部""瓜字旁"。部中的字多与瓜有关系，"瓜"部中只有"瓜、瓞、瓠、瓢、瓣、瓤"六个常用字。

guā
瓜

解析 象形字，金文像瓜藤上结有瓜果的样子。
本义 瓜类，如"西瓜""南瓜""黄瓜"。

- 小提示："瓜"的中间部分是由瓜果之形演变来的哟！
- 小拓展：以"瓜"作声符的形声字有"呱（guā/gū/guǎ）、孤（gū）、弧（hú）、狐（hú）"等。
- 小辨析："瓜"和"爪（zhuǎ/zhǎo）"是形近字，注意区分。（组词：瓜，南瓜。爪，鸡爪，爪牙）

hù
瓠

解析 形声字，从瓜（瓜类），夸声。
本义 瓠瓜。

小提示：虽然"瓠"的声符是"夸"，但"瓠"的正确读音是 hù，不要读成 kuā。

piáo
瓢

解析 形声字，从瓜（瓜类），票声。古人把制作瓢用的葫芦和瓜归为一类，故字从瓜。

本义 把瓢葫芦对半剖开做成的器具，用来舀水或米面等，如"水瓢"。

小提示："瓢"的声符是"票"，但"瓢"的正确读音是 piáo，不要读成 piào。
小辨析："瓢"和"飘（piāo）"是形近字，注意区分。（组词：瓢，水瓢。飘，飘动）

bàn
瓣

解析 形声字，从瓜，辡声。
本义 瓜类的籽实。
引申 植物的种子、果实或球茎等可以分开的小块儿，如"瓜瓣""豆瓣"等。

小提示："瓣"的第七笔是撇，不要写成竖。
小辨析："瓣"和"辨（biàn）"是形近字，注意区分。（组词：瓣，豆瓣。辨，分辨）

ráng
瓤

解析 形声字，从瓜，襄声。
本义 瓜果的肉，如"瓜瓤""橘瓤"。

小辨析："瓤"和"壤（rǎng）"是形近字，注意区分。（组词：瓤，瓜瓤。壤，土壤）

"鸟（鳥）"部

作为部首，读作"鸟部""鸟字旁"。部中的字多与鸟类有关系，如"鸣、鹜、鸠"。"鸟"

是"鸟"的繁体字形。

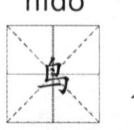

niǎo
鸟

解析 繁体为"鳥",象形字,小篆像鸟的形态。
本义 鸟,如"飞鸟""惊弓之鸟"。

> 小链接:"惊弓之鸟",《战国策》中记载,有一只受过箭伤、惊心未去的大雁,听到弓弦声就坠落下来。后用"惊弓之鸟"比喻受到惊吓,遇到一点动静就惶恐不安的人。
> 小拓展:以"鸟"作声符的形声字有"岛(dǎo)、袅(niǎo)、茑(niǎo)"等。
> 小辨析:"鸟"和"乌(wū)"是形近字,注意区分。(组词:鸟,飞鸟。乌,乌鸦)

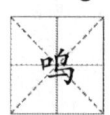

míng
鸣

解析 会意字,从鸟,从口。
本义 鸟叫,如"鸟鸣"。
引申 ①鸟兽、昆虫叫,如"虫鸣""蝉鸣"。②泛指发出声音,如"耳鸣""一鸣惊人"。③公开表达,如"鸣谢""百家争鸣"等。

> 小提示:"鸣"的正确读音是后鼻音 míng,不要读成前鼻音 mín。
> 小辨析:"鸣"和"鸡(jī)"是形近字,注意区分。(组词:鸣,鸣叫。鸡,公鸡)

zhèn
鸩

解析 形声字,从鸟,冘声。
本义 古代传说中的一种毒鸟,用其羽毛泡的酒可以毒杀人。
引申 用鸩的羽毛泡成的毒酒,如"饮鸩止渴"。

> 小提示:虽然"鸩"的声符是"冘",但"鸩"的正确读音是 zhèn,不要读错了。
> 小链接:"饮鸩止渴",用毒酒来解除口渴;比喻只图满足一时的需要而不考虑后患。
> 小辨析:"鸩"和"枕(zhěn)"是形近字,注意区分。(组词:鸩,饮鸩止渴。枕,枕头)

wù

鹜

解析 形声字，从鸟，孜声。
本义 鸭子，如"趋之若鹜"。

小链接："趋之若鹜"，表示像鸭子一样成群地跑过去，比喻很多人争相追逐。（含贬义）
小辨析："鹜"和"骛"是同音字，注意区分。"骛"的下面是"马"，本义是奔驰。（组词：骛，趋之如骛。骛，好高骛远）

"疒"部

作为部首，读作"病字头"。部中的字大多与疾病有关系，如"病、疼、痛"。

bìng

病

解析 形声字，从疒，丙声。
本义 重病。古代小病称为"疾"，重病称为"病"。
引申 ① 泛指疾病，处于不健康的状态，如"生病""治病"。② 错误，缺点，如"弊病""语病"。

小提示："病"的读音是后鼻音 bìng，不要读成前鼻音 bìn。
小链接："病入膏肓"，形容疾病已发展到不能治愈的程度（古人把心间脂肪称为"膏"，心脏和膈膜之间称为"肓"，认为这里是药力达不到的地方）；比喻形势严重到无法挽救的地步。
小辨析："病"和"柄（bǐng）"是形近字，注意区分。（组词：病，生病。柄，把柄）

téng

疼

解析 形声字，从疒，冬声。

本义 湿病。

引申 ① 泛指创伤、疾病等引起的难受的感觉，如"疼痛""牙疼"。② 喜爱，爱惜，如"疼爱""心疼"。

> **小提示**：虽然"疼"的声符是"冬"，"疼"的正确读音是 téng，不要读成 dōng。
> **小辨析**："疼"和"终（zhōng）"是形近字，注意区分。（组词：疼，心疼。终，终于）

tòng

痛

解析 形声字，从疒，甬声。

本义 疼，如"疼痛"。

引申 ① 悲伤，如"悲痛""痛心"。② 表示程度极深，如"痛哭""痛改前非"。

> **小提示**：虽然"痛"的声符是"甬"（不是"用"），"痛"的正确读音是 tòng，不要读成 yǒng。
> **小链接**："痛定思痛"，悲痛的心情平静之后，回味当时的痛苦，以吸取教训，警戒未来。
> **小辨析**："痛"和"桶（tǒng）"是形近字，注意区分。（组词：痛，痛苦。桶，木桶）

chī

痴

解析 形声字，从疒，知声。

本义 傻，笨，如"痴呆""痴人说梦"。

引申 沉迷，如"痴迷""痴情"等。

> **小提示**：虽然"痴"的声符是"知"，但"痴"的正确读音是 chī，不要读成 zhī。
> **小链接**："痴人说梦"，原义是对蠢人说梦话，他会信以为真。现多用来指说不着边际的荒唐话。
> **小辨析**："痴"和"蜘（zhī）"是形近字，注意区分。（组词：痴，痴呆。蜘，蜘蛛）

"立"部

作为部首，读作"立部""立字头"或"立字旁"。部中字的本义多与站立有关，如"站、竖、端"。

lì 立

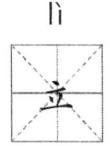

解析：象形字，甲骨文像人站在地面上的样子。
本义：站立不动，如"站立""立正"。
引申：建立，如"立法""成立"。

> 小拓展：以"立"作声符的形声字有"粒（lì）、笠（lì）、泣（qì）、翌（yì）、翊（yì）"等。
> 小辨析："立"和"土（tǔ）"是形近字，注意区分。（组词：立，站立。土，土地）

shù 竖

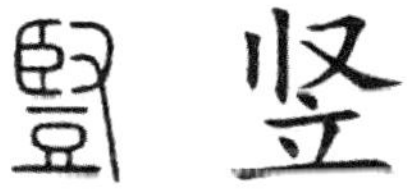

解析：繁体为"豎"，会意字，从豆，从立。"豆"表示牢固。繁体"豎"简化为"竖"。
本义：直立的样子，如"竖立""竖起"。
引申：① 上下或前后方向的，如"竖线"。② 汉字的笔画，形状是"丨"，如"第一笔竖"等。

> 小提示："竖"的读音是翘舌音 shù，不要读成平舌音 sù。
> 小辨析："竖"和"肾（shèn）"是形近字，注意区分。（组词：竖，竖立。肾，肾脏）

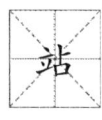

zhàn 站

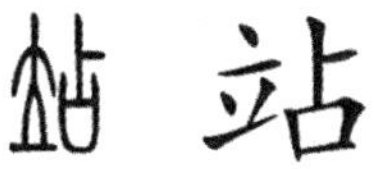

解析：形声字，从立，占声。
本义：直立，如"站立"。
引申：① 站台，如"公交站""火车站"。② 为办理某种业务而设立的工作点，如"气象站"等。

> 小提示：虽然"站"的声符是"占"，但"站"的正确读音是 zhàn，不要读成 zhān。
> 小辨析："站"和"沾（zhān）"是形近字，注意区分。（组词：站，站立。沾，沾水）

duān 端

解析 形声字，从立，耑声。
本义 直，如"端正"。
引申 ① 品行端庄正直，如"端庄"。② 事情的开头，如"开端"。③ 物体的一头，如"笔端"等。

> 小链接："端"的声符"耑（duān）"，字形是由种子向上长叶和向下生根之形演变而来。"耑"楷化后写成了上"山"下"而"，其实表达的意思跟"山"一点关系都没有。
> 小辨析："端"和"瑞（ruì）"是形近字，注意区分。（组词：端，端正。瑞，祥瑞）

"穴"部

作为部首，多在字的上边，读作"穴字头"或"穴宝盖"。部中字的本义多与孔洞有关，如"究、穿"。

xué 穴

解析 象形字，小篆像岩洞的形态，天然洞穴是原始人类重要的栖身之所。另有说法认为"穴"是形声字，从宀，八声。
本义 远古人类居住的岩洞或土室，窑洞，如"穴居""洞穴"。
引申 ① 动物的窝，如"蚁穴"。② 中医指人体可以针灸的部位，如"穴位""穴道"等。

> 小链接："穴居野处"，指居住在洞穴或山林荒野里；一般指远古人类的生活状态。
> 小辨析："穴"和"六（liù）"是形近字，注意区分。（组词：穴，洞穴。六，六个）

jiū 究

[解析] 形声字，从穴（表示洞穴中的空间有限），九声，九兼表义，九是最大的单数，有穷尽之意。
[本义] 穷尽。
[引申] ① 探求，推求，如"研究""深究"。② 追查，如"追究"等。

> 小提示："穴"在字的上面做部首时，下部的一撇一捺要写成左右两点。
> 　　　　虽然"究"的声符是"九"，但"究"的正确读音是 jiū，不要读成 jiǔ。
> 小辨析："究"和"挖（wā）"是形近字，注意细节的区分。（组词：究，研究。挖，挖地）

chuān

穿

[解析] 会意字，从穴（表示孔洞），从牙（表示用牙咬破、穿透）。
[本义] 穿透，使破成孔洞，如"穿孔""水滴石穿"。
[引申] ① 穿戴衣物类似通过孔洞，故引申表示穿戴，如"穿衣服""穿鞋"。② 通过（空隙、空地等），如"穿堂风"。③ 用作某些动词后，表示显露的状态，如"看穿""说穿"等。

> 小提示："穿"的上部是"穴"，不要写成"宀"哟！
> 小链接："水滴石穿"，水不断地往石头上滴，能把石头滴穿。比喻只要有坚硬的毅力，持之以恒，再难的事情也能做成。

tū

突

[解析] 会意字，从穴（表示洞穴），从犬（表示狗），表示狗从洞穴中猛然窜出。
[本义] 猛冲，如"突围""突破"。
[引申] ① 突然，如"突变""突发"。② 高于周围，如"突出""突起"等。

> 小提示："突"的下方是"犬（quǎn）"，不要写成"大"。
> 小辨析："突"和"哭（kū）"是形近字，注意细节的区分。（组词：突，突出。哭，哭泣）

"疋（฀）"部

"疋"古音读 shū，本义是足。"疋"部中字的本义多与足有关系，部中只有"胥、疍、蛋、楚、矗、疑"六个常用字。"฀"是"疋"的变体，读作"疏字旁"，"฀"部中只有"疏"一个字。

dàn 蛋

解析 小篆字形是形声字，从虫，延声。笔者觉得，楷体的"蛋"可以解析为会意字，从疋，从虫。因为蛋大多是椭圆形能四处滚动，就像有足一样能走动。

本义 禽类的卵。

引申 ① 泛指禽类、蛇、龟等产的卵，如"鸡蛋""蛋黄"。② 形状像蛋的东西，如"山药蛋儿""牛屎蛋儿"。③ 对某类人的蔑称，如"坏蛋""笨蛋"等。

> **小提示**："蛋"的第一笔是"一（横勾）"，不要写成"一（横）"！
> **小辨析**："蛋"和"胥（xù）"是形近字，注意区分。（组词：蛋，鸡蛋。胥，胥吏）

chǔ 楚

解析 形声字，从林（像树林般丛生），疋（shū）声。

本义 一种矮小丛生的木本植物，也叫荆。

引申 ① 古人曾用楚这种植物做成打人的刑杖，故引申指痛苦，如"痛楚""凄楚"。② 清晰，整齐，如"清楚""一清二楚"。③ 周代诸侯国名，"楚国"是战国七雄之一等。

> **小提示**："楚"的下部是声符"疋"，不要写成"足"。
> **小链接**："楚楚动人"，形容姿态容貌娇柔美好，打动人心。

shū 疏

解析 形声字，从㐬（像婴儿从孕妇肚里生出来了，表示畅通），疋（疋shū）声，疋兼表义。

本义 清除阻塞使畅通，如"疏导""疏通"。

引申 ① 分散，如"疏散"。② 彼此之间空隙大，如"稀疏"。③ 不亲近，关系远，如"生疏"。④ 粗心大意，如"疏忽"等。

> **小拓展**：以"疏"作声符的形声字有"蔬（shū）"等。
>
> **小辨析**："疏"和"流（liú）"是形近字，注意区分。（组词：疏，疏通。流，流动）

yí 疑

解析 会意字，甲骨文像一个人拄着拐杖来到岔路口，左右张望不知道该怎么走，表示疑惑。小篆是形声字，从子，从止，从匕，矢声。

本义 疑惑，不能确定，如"疑问""疑难"。

引申 不相信，如"半信半疑""怀疑"等。

> **小提示**："疑"字看似复杂笔画多，但如果知道了字形来源，再多练写几次，还会写错吗？马上试试？

"皮"部

作为部首，读作"皮部""皮字旁"。部中只有"皮、皱、鞍、颇、皴"五个常用字。

pí 皮

解析 会意字，金文像手持工具剥兽皮之形。

本义 兽皮，如"牛皮""羊皮"。

引申 ① 泛指动植物表面的一层组织，如"树皮""表皮"。② 加工过的兽皮，如"皮鞋"。③ 淘气，如"顽皮""调皮"等。

> **小提示**："皮"的第一笔是"一（横勾）"哟！

小拓展：以"皮"作声符的形声字有"彼（bǐ）、波（bō）、玻（bō）、披（pī）、疲（pí）、颇（pō）、破（pò）"等。

zhòu 皱

解析 形声字，从皮，刍声。
本义 脸上的皱纹，如"皱纹"。
引申 泛指物体上的褶纹，起皱纹，如"褶皱""皱眉"。

小提示：虽然"皱"的声符是"刍"，但"皱"的正确读音是 zhòu，不要读成 chú。
小辨析："皱"和"破（pò）"是形近字，注意区分。（组词：皱，皱纹。破，破坏）

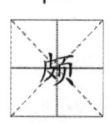

pō 颇

解析 形声字，从页（表示头部），皮声。
本义 头偏。
引申 ①泛指偏，不正，如"偏颇"。②表示程度较深，很，如"颇久""颇有名气"。

小提示："颇"的第一笔是"一（横钩）"，第五笔是"丶（点）"哟！
虽然"颇"的声符是"皮"，但"颇"的正确读音是 pō，不要读成 pí。
小辨析："颇"和"硕（shuò）"是形近字，注意区分。（组词：颇，偏颇。硕，丰硕）

cūn 皴

解析 形声字，从皮，夋（qūn）声。
本义 皮肤因受冻而裂开，如"皴裂""手皴了"。
引申 由皮肤皴裂变得粗糙，转指中国画的一种技法——"皴法"。这是国画的一种技法，画山石树木时，为显示山石和树干表皮的纹理褶皱，勾出轮廓后，再用淡干墨侧笔涂染。

小提示：虽然"皴"的声符是"夋"，但"皴"的正确读音是 cūn，不要读成 qūn。

小辨析："皴"和"波（bō）"是形近字，注意区分。（组词：皴，皴法。波，水波）

"癶"部

作为部首，"癶"是部中常用字，读作"登字头"。"癶"部中只有"癸、登、凳"三个常用字。

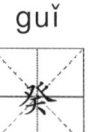

guǐ 癸

解析 象形字，甲骨文像两矢（箭）交错的样子。
本义 上古时期的一种兵器。
引申 假借表示天干的第十位，如"甲乙丙丁戊己庚辛壬癸"。

小提示："癸"的正确读音是 guǐ，不要读成 kuí。
小拓展：以"癸"作声符的形声字有"葵（kuí）、揆（kuí）、睽（kuí）"等。
小辨析："癸"和"祭（jì）"是形近字，注意两者细节的区分。"祭"的上部是由手拿肉的形态演变来的。（组词：癸，癸丑。祭，祭祀）

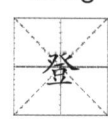

dēng 登

解析 会意字，从癶（表示双脚），从豆（表示豆器）。金文上部是"癶"（两只脚，表示上升之义），中间是"豆"（盛食物的豆器），下部是一双手，合起来是双手高高地举起食器，表示进献。
本义 由低处到高处，如"登高"。
引申 ①记载，如"登记""刊登"。②谷物成熟，如"五谷丰登"等。

小提示："登"的读音是后鼻音 dēng，不要读成前鼻音 dēn。
　　　　"登"的笔顺是 丿 ㇇ 𠃌 𠃌 癶 癶 癶 癶 登 登 登 登，共十二画。
小拓展：以"登"作声符的形声字有"凳（dèng）、瞪（dèng）、澄（dèng/chéng）、橙（chéng）"等。
小链接："登峰造极"，指登上高峰，到达顶点（造：到达）。比喻达到最高境界。

dèng 凳

解析 形声字，从几（形状像几案），登声，登兼表义。
本义 床凳，后高度有所增加，用为坐具。
引申 现在表示有腿没有靠背的坐具，如"凳子""板凳""条凳"。

> 小提示：虽然"凳"的声符是"登"，但"凳"的正确读音是 dèng，不要读成 dēng。
> "凳"字笔画虽然多，但如果弄明白字形来源，上"登"下"几"，是很有意思的一个字，对吧？

"矛"部

作为部首，读作"矛部""矛字头"或"矛字旁"。部中的字多与长矛、击刺有关系。"矛"部只有"矛、柔、矜、矞、蟊"。

máo 矛

解析 象形字，金文像长矛，上有锋利的矛头，下有长柄，柄上有圈用来系缨毛。
本义 古代的一种直刺兵器，如"长矛""矛盾"。

> 小链接："矛盾"，矛是进攻的武器，盾是防守的武器，表示互相抵触。
> 小拓展：以"矛"作声符的形声字有"茅（máo）、蟊（máo）、袤（mào）"等。
> 小辨析："矛"和"予（yǔ）"是形近字，注意区分。（组词：矛，长矛。予，给予）

jīn/qín 矜

解析 形声字，从矛，今声。
本义 长矛的柄，读 qín。
引申 读 jīn，表示以下意思：①假借表怜悯，同情，如"矜惜"。②表示慎重，拘谨，如"矜持"等。

- 小提示："矜"的右边是声符"今（jīn）"，不要写成"令（lìng）"。
- 小链接："矜功自伐"，自恃功劳大，自我夸耀。
- 小辨析："矜"和"吟（yín）"是形近字，注意区分。（组词：矜，矜持。吟，吟唱）

róu 柔

解析 形声字，从木，矛声。
本义 木质软弱不硬，能曲能直。
引申 ① 软，如"柔软"。② 软弱，如"优柔寡断"。③ 温和，如"柔和""温柔"。

- 小提示：虽然"柔"的声符是"矛"，但由于古今语音演变等原因，"柔"的读音是róu，不要读成máo。
- 小拓展：以"柔"作声符的形声字有"揉（róu）、糅（róu）"等。
- 小辨析："柔"和"朵（duǒ）"是形近字，注意区分。（组词：柔，温柔。朵，花朵）

máo 蝥

解析 形声字，从虫，矛声。
本义 吃苗根的害虫，如"蟊贼"。

- 小链接："蟊贼"本指吃庄稼的害虫。现比喻危害国家或人民的人。

"耒"部

作为部首，读作"耒部""耒字旁"。部中的字多与农具、耕种有关，如"耕、耘、耗"。

lěi 耒

解析 象形字，金文字形像一种挖土的农具的形态，中间一横木可以用脚蹬。
本义 古代翻土农具耒耜上的曲木柄，如"耒耜"。
引申 古代翻土农具，形状像杈。

> 小巧记：笔者猜想可能是因为用耒挖土后，挖松的土就可以垒起来，所以"耒"读作"lěi"。
> 小拓展：以"耒"作声符的形声字有"诔（lěi）"等。
> 小辨析："耒"和"未（wèi）"是形近字，"耒"有三横哟！（组词：耒，耒耜。未，未来）

gēng 耕

解析 会意字，从耒（表示农具），从井（表示井田，土地）。
本义 犁田，翻地，如"耕种""深耕细作"。
引申 比喻从事某种劳动，如"笔耕"。

> 小链接："精耕细作"，指精心细致地耕种和管理。
> 小辨析："耕"和"讲（jiǎng）"是形近字，注意区分。（组词：耕，耕地。讲，讲课）

hào 耗

解析 形声字，从耒（表示与农业有关），毛声。
本义 庄稼亏损，歉收。
引申 ①泛指减损，如"消耗"。②消磨，如"耗时间"等。

> 小提示：虽然"耗"的声符是"毛"，但"耗"的正确读音是 hào，不要读成 máo。
> 小链接：有些地方把老鼠叫做"耗子"，是因为老鼠耗损粮食。
> 小辨析："耗"和"蚝（háo）"是形近字，注意区分。（组词：耗，消耗。蚝，蚝油）

yún 耘

解析 形声字，从耒（表示农具），云声。

本义 除去田里的杂草，如"耕耘"。

小链接："耕耘"，本指翻土和锄草，后泛指农业生产劳动。

小辨析："耘"和"酝（yùn）"是形近字，注意分区。（组词：耘，耕耘。酝，酝酿）

"老（耂）"部

作为部首，读作"老部""老字头"。部中只有"老、耆、耄、耋"四个字。附形部首"耂"是"老"的简省字形，读作"老字头"。"耂"部中只有"考、老、孝、者、耆、煮、翥"七个常用字。

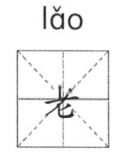

lǎo 老

解析 象形字，甲骨文像一个面朝左的驼背弯腰的长发老人手持拐杖的样子。之后的字形把拐杖写成了"匕"。

本义 年岁大，如"老人"。

引申 ① 处事老练成熟，如"老辣""老到"。② 用作词语前缀，与年龄无关，如"老师""老虎"等。

小提示："老"的笔顺是一 十 土 耂 老，共六画。下部是"匕"，不要写成"七"。

小拓展：以"老"作声符的形声字有"佬（lǎo）、姥（lǎo/mǔ）"等。

kǎo 考

解析 甲骨文是象形字，跟"老"一样，古代的"考、老"是一个字，后来才分化两个字。小篆是形声字，从老省，丂声。

本义 年纪大，如"寿考"。

引申 ① 指去世的父亲，如"如丧考妣"。② 常用义是测试，检查，如"考试""考察"。③ 推求，研究，如"考古""思考"等。

小拓展：以"考"作声符的形声字有"烤（kǎo）、拷（kǎo）、栲（kǎo）、铐（kào）"等。

小辨析："考"和"孝（xiào）"是形近字，注意区分。（组词：考，考试。孝，孝顺）

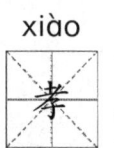

xiào
孝

解析 会意字，从老（表示老人）省，从子（表示小孩子），像小孩子搀扶着老人行走。
本义 孝顺父母，如"孝心""孝子""忠孝"。
引申 ① 孝顺，如"孝敬"。② 表示居丧的礼仪，如"守孝"等。

小拓展：以"孝"作声符的形声字有"哮（xiào）、酵（jiào）"等。
小辨析："孝"和"教（jiāo/jiào）"是形近字，注意区分。（组词：孝，孝心。教，教育）

qí
耆

解析 形声字，从老（表示年老），旨省声。
本义 年老，六十岁以上的年纪，如"耆年""耆老"。

小提示：虽然"耆"的声符是"旨"，但"耆"的正确读音是 qí，不要读成 zhǐ。
小拓展：以"耆"作声符的形声字有"鳍（qí）、嗜（shì）"等。
小辨析："耆"和"者（zhě）"是形近字，注意区分。（组词：耆，耆老。者，读者）

"耳"部

作为部首，读作"耳部""耳字旁"。部中字的本义多与耳朵、听有关，如"闻、聆、取、聪"。

ěr
耳

解析 象形字，甲骨文像耳朵的形状。
本义 耳朵，如"耳环""耳机"。

引申 ⑴形状像耳朵的，如"木耳""银耳"。⑵位置像耳朵一样在两侧的，如"耳房"等。

> **小提示**："耳"的笔顺是 一ГГГГ耳，共六画。
> **小拓展**：以"耳"作声符的形声字有"饵（ěr）、洱（ěr）、珥（ěr）"等。

qǔ
取

详见第45页"又"部"取"字。

wén
闻

解析 甲骨文是象形字，像人和夸大的耳朵，表示用耳仔细听声音。小篆是形声字，从耳，门声。
本义 听到，听见，如"听闻""耳闻目睹"。
引申 表示听见的事情、消息，如"新闻""奇闻"等。

> **小链接**：成语"闻鸡起舞"，《晋书》记载祖逖和刘琨同为司州主簿，常常互相勉励，听到鸡叫就起床舞剑。现在该成语被用来形容有志之士奋发自励。
> **小辨析**："闻"和"问（wèn）"是形近字，注意区分。（组词：闻，听闻。问，问号）

niè
聂

解析 繁体为"聶"，会意字，从三耳。"聶"简化为"聂"，下部的两个"耳"用笔画少的"又"代替。
本义 附耳小声说话，这个意义后写作"嗫"。
引申 现主要用作姓氏，如"姓聂"。

> **小拓展**：以"聂"作声符的形声字有"镊（niè）、蹑（niè）、摄（shè）、慑（shè）"等。虽然"摄、慑"的声符是"聂"，但由于古今语音演变等原因，"摄、慑"跟"聂"的读音只有声调是一样的了。

小辨析： "聂"和"轰（hōng）"是形近字，注意区分。（组词：聂，姓聂。轰，轰鸣）

"臣"部

作为部首，读作"臣部""臣字旁"。部中只有"臣、卧、臧"三个常用字。

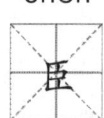

chén 臣

解析 象形字，甲骨文像一只竖着的眼睛。从侧面看，人在低头时眼睛才是竖着的，低头也是屈服之形。

本义 战俘，如"臣虏"。

引申 ① 君主时代做官的人，如"君臣""大臣"。② 古代官吏对君主的自称，如"下臣"等。

小提示： "臣"的笔顺是 一丅丆丅𦥑臣，共六画。
"臣"和"目"都是由眼睛的形态演变而来的。

小辨析： "臣"和"巨（jù）"是形近字，注意区分。（组词：臣，君臣。巨，巨大）

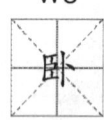

wò 卧

解析 小篆是会意字，从臣（像竖着的眼睛，因为人伏身休息时，从侧面看，眼睛是竖着的），从人。之后的字形，"人"变成了"卜"。

本义 伏身休息。

引申 ① 躺下，趴着，如"卧倒""仰卧"。② 与睡觉有关的，如"卧室""卧铺"。

小链接： "卧薪尝胆"，春秋时，越国被吴国打败，越王勾践成了俘虏。为了报仇，他每日睡在柴草上，饭前睡前都要尝食苦胆来激励自己。经过长期准备，越国终于强盛起来，打败了吴国。后用"卧薪尝胆"表示刻苦自励，发愤图强。（薪：柴草。胆：苦胆）

小辨析： "卧"和"仆（pú/pū）"是形近字，注意区分。（组词：卧，卧室。仆，仆人，前仆后继）

zāng 臧

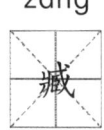

解析 甲骨文是会意字，从臣（表示竖着的眼睛），从戈（表示武器），表示戈刺入眼睛。上古时期，战俘往往会被刺瞎一只眼睛，沦为奴隶。小篆是形声字，从臣，戕（qiāng）声。

本义 战俘，奴隶。

引申 因为捕捉战俘，战胜敌人，就能天下太平，所以引申表示善、好之义，如"臧否"（此处"否"读 pǐ）。

小提示："臧"看似复杂，但明白了字形来源，还是很好理解的。"臧"的里面是"臣"（眼睛之形），不要写成"巨"。

小拓展：以"臧"作声符的形声字有"藏（zàng/cáng）"等。

小辨析："臧"和"减（jiǎn）"是形近字，注意区分。（组词：臧，臧否。减，减法）

"覀（西）"部

"覀"的字形跟"西"类似，在字的上边，读作"西字头"。"要"是部中常用字，也读作"要字头"。部中只有"西、要、栗、贾、票、覃、粟、覆"八个常用字。

xī 西

解析 象形字，甲骨文像鸟窝的形态。小篆上部增加了笔画表示鸟儿，像鸟儿停在窝里。

本义 鸟归巢栖息，这个意义后写作"栖"。

引申 ① 太阳西下鸟儿回巢，故假借表示西方、太阳落下的一边，如"东西南北""西边"。② 欧美等各国的通称，如"西服""西餐"。

小提示："西"的第五笔是"竖弯"，不要写成"竖弯钩"。

小拓展： 以"西"作声符的形声字有"栖（qī/xī）、硒（xī）、牺（xī）"等。

yāo/yào 要

解析 会意字，以人两手插腰表示腰。另有说法认为是象形字。
本义 腰，这个意义后写作"腰"。
引申 ① 假借表示胁迫，强求，如"要挟"。② 求，如"要求"。以上意义都读 yāo。
多音字 读 yào，表示重要，主要的部分，如"要点""纲要""重要"等。

小提示： "要"的上部是"覀"（字形中间是两短竖），不要写成"西"。
小辨析： "要"和"耍（shuǎ）"是形近字，注意区分。（组词：要，要求。耍，玩耍）

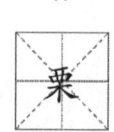

lì 栗

解析 象形字，甲骨文像栗子树的形态，树上长着许多带芒刺的栗子。
本义 栗树。
引申 ① 栗树的果实，如"板栗"。② 假借表示发抖，因害怕或寒冷而身体颤动，如"战栗""不寒而栗"。

小辨析： "栗"和"粟（sù）"是形近字，注意区分。（组词：栗，板栗。粟，粟米）

sù 粟

解析 会意字，小篆上部是籽实下垂的样子，从米。
本义 谷子，籽实去皮以后就是小米，如"粟米""沧海一粟"。

小链接： "沧海一粟"，大海里的一粒谷子。比喻极其渺小，微不足道。
小辨析： "粟"和"票（piào）"是形近字，注意区分。（组词：粟，粟米。票，车票）

"而"部

作为部首,读作"而部""而字旁"。部中只有"而、耐、恧、耍、恧、鸸"六个常用字。

ér
而

解析 象形字,甲骨文像胡须的形态。
本义 胡须。
引申 ① 假借用作连词,表示并列或递进关系,如"而且""聪明而勇敢"。② 词的后缀,如"然而"等。

小拓展:以"而"作声符的形声字有"鸸(ér)、鲕(ér)"等。
小辨析:"而"和"雨(yǔ)"是形近字,注意区分。(组词:而,而且。雨,下雨)

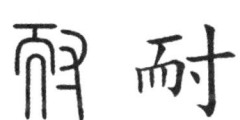

nài
耐

解析 会意字,从而(表示胡须),从寸(表示手),合起来表示用手剃去须发。
本义 古代一种剃去胡须的轻度刑罚。
引申 常用义是受得住,禁得起,如"耐用""耐寒""耐烦"。

小提示:"耐"右边的"寸"是由手的形态演变而来的。
小链接:"耐人寻味",经得起细细品味。指意味深长,值得仔细琢磨。
小辨析:"耐"和"取(qǔ)"是形近字,注意区分。(组词:耐,耐心。取,取得)

shuǎ
耍

解析 字形类别暂无定论。笔者觉得可以理解成会意字,从而(表示胡须),从女。巧记为一个小女孩在玩耍老人长长的胡须。
本义 戏耍。
引申 ① 戏弄,捉弄,如"耍弄""耍猴"。② 玩,游戏,如"玩耍"。

小辨析："耍"和"要（yāo/yào）"是形近字，注意区分。（组词：耍，玩耍。要，要求，必要）

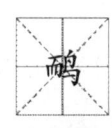

ér
鸸

解析 形声字，从鸟，而声。
本义 鸟名。"鸸鹋"是鸟名，外形像鸵鸟，嘴短而扁，脚有三个趾，善走，不能飞，生活于澳大利亚的草原和开阔的森林中。

小提示："鸸鹋"的读音是"ér miáo"。
小辨析："鸸"和"鸭（yā）"是形近字，注意区分。（组词：鸸，鸸鹋。鸭，鸭子）

"页（頁）"部

作为部首，读作"页部""页字旁"。部中字的本义多与头部、头的动作有关，如"顶、须、烦"。"頁"是"页"的繁体字形。

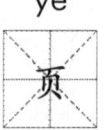

yè
页

解析 繁体为"頁"，象形字，甲骨文像一个夸大了头部的人。"頁"简化为"页"，只保留了大致轮廓。
本义 头部。
引申 ①假借表示篇、张，如"活页""扉页"。②量词，旧指线装书的一张纸，现指两面印刷的书本的一面，如"一页纸""第三页"。

小提示：虽然我们更熟悉"页码"的"页"，但一定要记住"页"的本义是头部哟！
小辨析："页"和"贝（bèi）"是形近字，注意区分。（组词：页，页码。贝，宝贝）

dǐng
顶

| 解 析 | 形声字，从页（表示头部），丁声。
| 本 义 | 头的最上部，如"头顶""秃顶"。
| 引 申 | ① 泛指物体的最上部，如"山顶""屋顶"。② 表示程度最高，最、极，如"顶好"等。

小提示：虽然"顶"的声符是"丁"，但"顶"的正确读音是后鼻音 dǐng，不要读成 dīng。
小链接："顶天立地"，头顶着天，脚踏着地。形容形象雄伟高大，气概非凡。

xū
须

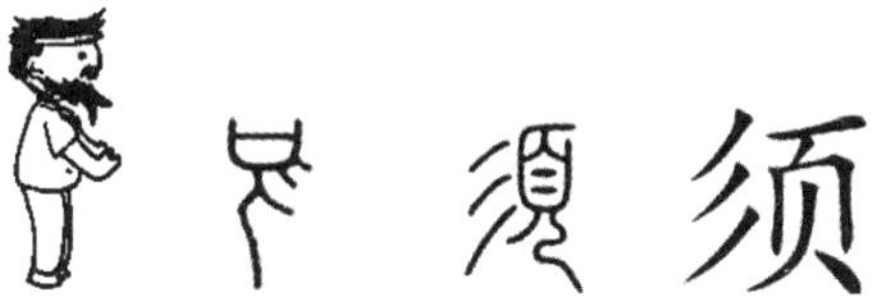

详见第 79 页"彡"部"须"字。

fán
烦

| 解 析 | 会意字，从页（表示头部），从火（表示火烧）。
| 本 义 | 发烧头疼。
| 引 申 | ① 苦闷，急躁，如"烦躁""心烦意乱"。② 表示多而乱，如"要言不烦"等。

小链接："要言不烦"，说话、写文章扼要简明，不啰嗦。
小辨析："烦"和"须（xū）"是形近字，注意区分。（组词：烦，烦恼。须，必须）

"至"部

作为部首，读作"至部""至字旁"。部中只有"至、到、郅、致、臻"五个常用字。

zhì
至

| 解析 | 会意字，甲骨文像射来的箭落到地面上，表示到达。
| 本义 | 到达，到，如"至今""宾至如归"。
| 引申 | ① 由到达引申为达到极点的，最好的，如"至尊""至高无上""如获至宝"。
② 极点，如"夏至""冬至"等。

| 小拓展 | 以"至"作声符的形声字有"窒（zhì）、桎（zhì）、侄（zhí）"等。

dào 到

| 解析 | 形声字，从至（表示到达），刂（刀）声。
| 本义 | 到达，如"到站""到家"。
| 引申 | ① 表示动作的结果，如"看到""听到""做到"。② 周到，周密，如"周到"等。

| 小提示 | "到"右边的"刂（刀）"是声符，是比较少见的声符在右边的形声字。
| 小拓展 | 以"到"作声符的形声字有"倒（dǎo/dào）、捯（dáo）"等。

zhì 致

| 解析 | 形声字，小篆从夂（表示脚），至声，至兼表义，表示到达。楷书字形中，"夂"演变成"攵"。
| 本义 | 送达，送到，如"致函"。
| 引申 | ① 表达情意等，如"致谢""致敬"。② 获得，如"致富"。③ 集中意志，如"专心致志"。④ 精细，如"精致""细致"等。

| 小链接 | "专心致志"，表示用心专一，精力集中。
| 小辨析 | "致"和"攻（gōng）"是形近字，注意区分。（组词：致，精致。攻，攻打）

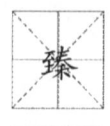

zhēn 臻

| 解析 | 形声字，从至（到达），秦声。

本义 至，到达，如"至臻""日臻完善"。

小提示：虽然"臻"的声符是"秦"，但由于古今语音演变等原因，"臻"的读音是 zhēn，不要读成 qín。

小辨析："臻"和"棒（bàng）"是形近字，注意区分。（组词：臻，至臻。棒，木棒）

"虍（虎）"部

"虍"像虎头之形，读作"虎字头"。"虎"是"虍"的附形部首，读作"虎部""虎字旁"。部中字的本义多与老虎及其特性有关，如"虐、虔、彪"。

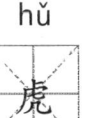

hǔ 虎

解析 象形字，甲骨文像张着大口的老虎的样子。
本义 老虎，如"虎穴""虎口"。
引申 比喻勇猛威武，如"虎将"等。

小提示："虎"的第三笔是"⼀（横勾）"，可以巧记为老虎锋利的牙齿。"虎"的下部是"几"，不要写成"儿"。

小拓展：以"虎"作声符的形声字有"琥（hǔ）、唬（hǔ）、虏（lǔ）"等。

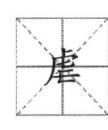

nüè 虐

解析 会意字，小篆从虍（表示老虎），从爪，从人，合起来表示虎爪伤人。
本义 虎爪伤人。
引申 残害，以残暴的方式对待，如"虐待""暴虐"。

小提示："虐"是易错字，下边的虎爪要向外。"虐"的读音是后鼻音 nüè，不要读成 lüè。

小辨析："虐"和"疟"是同音字，注意区分。（组词：虐，虐待。疟，疟疾）

qián

虔

详见第 174 页 "文" 部 "虔" 字。

biāo

彪

详见第 80 页 "彡" 部 "彪" 字。

"虫" 部

作为部首，读作 "虫部" "虫字旁" 或 "虫字底"。部中的字多与动物及其习性有关，如 "蚊、蜕、蛊"。

chóng

虫

解析 繁体为 "蟲"，会意字，从三虫。
本义 昆虫，如 "益虫" "害虫"。
引申 比喻某种人，有轻蔑或诙谐意，如 "糊涂虫" "书虫" "网虫"。

> **小链接**："虫"在古代是动物的通称，阅读古文时看到这些词语需要注意，如 "爬虫" "羽虫" "麟虫" "长虫"。比如 "羽虫"，就是指有羽毛的动物。
> **小辨析**："虫"和"中（zhōng/zhòng）"是形近字，注意区分。（组词：虫，虫子。中，中心，中意）

wén

蚊

| 解 析 | 形声字，从虫（昆虫），文声。
| 本 义 | 蚊子，如"蚊虫""蚊香""蚊帐"。

小链接："如蚊负山"，比喻力所不能及。
小辨析："蚊"和"纹"是同音字，注意区分。（组词：蚊，蚊子。纹，花纹）

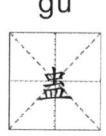

gǔ
蛊

| 解 析 | 繁体为"蠱"，会意字，从蟲（许多毒虫），从皿（器皿）。"蠱"简化为"蛊"，只保留一虫。
| 本 义 | 害人的毒虫。
| 引 申 | 迷惑，毒害，如"蛊惑""蛊惑人心"。

小链接：古代传说把许多毒虫放在器皿里，使互相咬杀，最后剩下不死的毒虫称作"蛊"，可用来毒害人。
小提示："蛊"的读音是gǔ，不要读成chóng。
小辨析："蛊"和"盅（zhōng）"是形近字，注意区分。（组词：蛊，蛊惑。盅，茶盅）

tuì
蜕

| 解 析 | 形声字，从虫，兑声。
| 本 义 | 蛇、蝉等脱皮，如"蜕皮"。
| 引 申 | ① 蛇、蝉等脱下的皮，如"蛇蜕""蝉蜕"。② 变化，如"蜕变"等。

小提示："蜕"的读音是tuì，不要读成tuō。
小辨析："蜕"和"脱（tuō）"是形近字，注意区分。（组词：蜕，蜕变。脱，脱离）

"肉"部

作为部首，读作"肉部""肉字底"。部中只有"肉、胬、胾、胔、脔"五个常用字。"肉"在字的左侧做部首时写作"月"，读作"肉月旁"，详见前面讲过的"月"部。

ròu

肉

详见第 17 页 "冂" 部 "肉" 字。

nǔ

胬

解析 形声字，从肉，奴声。
本义 胬肉（中医指眼结膜病变长出的肉状物）。

> 小提示：虽然"胬"的声符是"奴"，但"胬"的正确读音是 nǔ，不要读成 nú。
> 小辨析："胬"和"努"是同音字，注意区分。（组词：胬，胬肉。努，努力）

"缶"部

作为部首，读作"缶部""缶字旁"。部中只有"缶、缸、缺、钰、罂、罄、罅、罍、罐"九个常用字。

fǒu

缶

解析 象形字，甲骨文字形的下部"凵"像器皿形，上部是"午"（即"杵"）。
本义 古代一种盛酒水的陶瓦器，大腹小口。
引申 古代一种瓦制打击乐器，如"击缶""击缶而歌"。

> 小提示："缶"的读音是 fǒu，不要读成 yáo。"缶"的上部是"午"，不要写成"牛"。
> 小辨析："缶"和"否"是同音字，注意区分。（组词：缶，击缶。否，否定）

gāng

缸 缸

解析 形声字，从缶（表示容器），工声。
本义 盛东西的器物，圆筒状，底小口大，如"酱缸""水缸"。
引申 像缸的东西，如"汽缸"。

> 小提示：虽然"缸"的声符是"工"，但"缸"的正确读音是 gāng，不要读成 gōng。
> 小辨析："缸"和"虹（hóng）"是形近字，注意区分。（组词：缸，水缸。虹，彩虹）

quē

缺 缺

解析 形声字，从缶（表示容器），夬声，夬兼表义，夬有破损的意思。
本义 器物不完整，如"残缺""缺口"。
引申 缺少，如"缺乏""短缺"。

> 小提示："缺"的右边是"夬（jué）"，不要写成"央（yāng）"。
> 小辨析："缺"和"决（jué）"是形近字，注意区分。（组词：缺，缺少。决，决定）

guàn

罐 罐

解析 形声字，从缶（表示容器），雚声。
本义 盛物或汲水用的瓦器。
引申 泛指各种圆筒形的盛物器，如"陶罐""铁罐"。

> 小链接："罐"的右边是"雚"，字形有点复杂，详见以下解析：
>
> **guàn**
>
> 雚　雚 雚 雚 雚
>
> 从萑（像鸟头上有毛角之形），吅（xuān）声，这个意义后写作"鹳"，本义是一种外形像鹤的鸟。

"舌"部

作为部首，读作"舌部""舌字旁"。部中只有"舌、乱、刮、敌、舐、甜、鸹、辞、舔"九个常用字。

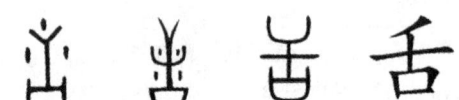

shé 舌

解析 象形字，甲骨文像舌头从口中向外伸出之形。
本义 舌头，如"舌苔""舌尖"。
引申 ① 说话时舌头要动，引申指言辞，如"唇枪舌剑"。② 像舌头的东西，如"火舌"等。

小链接："唇枪舌剑"，嘴唇如枪，舌头似剑。形容辩论时言语犀利，争辩激烈。
小辨析："舌"和"古（gǔ）"是形近字，注意区分。（组词：舌，舌头。古，古代）

shì 舐

解析 形声字，从舌（表示舌头），氏声。
本义 用舌头舔物，如"舐犊情深""老牛舐犊"。

小提示："舐"的右边是声符"氏（shì）"，不要写成"氐（dǐ）"。
小链接："舐犊情深"，老牛用舌头舔小牛；比喻疼爱子女。
小辨析："舐"和"纸（zhǐ）"是形近字，注意区分。（组词：舐，舐犊情深。纸，纸巾）

tián 甜

解析 会意字，从舌（舌头），从甘（甘甜），表示舌头尝到甜味。
本义 甜味，如"香甜""甜食"。
引申 表示使人感觉舒服的，如"甜美""甜言蜜语"。

小提示："甜"的右边是表示甘甜的"甘"，不要写成"日"。
小链接："甜言蜜语"，为了奉承或骗人而说动听的话。
小辨析："甜"和"酣（hān）"是形近字，注意区分。（组词：甜，甜美。酣，酣睡）

tiǎn 舔

解析　形声字，从舌（舌头），忝声。
本义　用舌头接触东西或取东西，如"舔食""舔奶油"。

小提示："舔"的右边是"忝"，下部是"心"的变形，右边是两点，不要写成"小"哟！
小辨析："舔"和"添（tiān）"是形近字，注意区分。（组词：舔，舔食。添，添加）

"竹（⺮）"部

"竹"在上方做部首时写成"⺮"，读作"竹字头"。部中的字多与竹子有关，如"笔、笑、筋"。

zhú 竹

解析　象形字，甲骨文像对生的两片竹叶之形。
本义　竹子，如"竹林""竹笋"。
引申　① 表示竹简，如"罄竹难书"。② 古代管乐器常用竹制成，引申指竹制管乐器，如"丝竹"。

小提示："竹"的第三笔是竖，第六笔是竖钩，左右两边是不一样的。
小拓展：以"竹"作声符的形声字有"竺（zhú）、筑（zhù）、笃（dǔ）"等。

bǐ 笔

解析 繁体为"筆",会意字,从竹(笔杆用竹制成),从聿(像手持笔)。"筆"后简化为"笔"。

本义 毛笔。

引申 ① 泛指写字画图的工具,如"铅笔""钢笔"。② 写,如"亲笔""代笔"等。

> 小提示:简体"笔"也是会意字,从竹,从毛,表示笔是用竹和动物毛制成的。
> 小辨析:"笔"和"毫(háo)"是形近字,注意细节的区分。(组词:笔,毛笔。毫,毫毛)

xiào 笑

解析 字形结构不明。笔者觉得可以解析为会意字,从竹(竹子),从夭(表示弯曲),合起来表示竹子被风吹弯且发出声响,跟人笑时常常弯腰发出笑声很相似。

本义 欢笑,如"笑容""逗笑""眉开眼笑"。

引申 讥笑,嘲笑,如"见笑""耻笑"。

> 小提示:"笑"的下部是"夭(yāo)",不要写成"天(tiān)"。
> 小辨析:"笑"和"哭(kū)"是形近字,注意细节的区分。(组词:笑,笑容。哭,哭泣)

jīn 筋

解析 会意字,从竹,从月(表示肉),从力,合起来表示身体内像竹子一样有弹力韧劲的是韧带。

本义 韧带,如"筋骨""蹄筋"。

引申 像筋的东西,如"钢筋""面筋"等。

> 小链接:"筋疲力尽",形容用尽力气,十分疲乏。
> 小辨析:"筋"和"勒(lēi/lè)"是形近字,注意区分。(组词:筋,筋骨。勒,勒紧,勒索)

"臼"部

作为部首,读作"臼部""臼字旁"。部中的字多与凹形器具、舂捣或坑陷有关。"臼"

部中只有"臼、臾、舀、舁、舀、舂、舄、舅"八个常用字。

jiù 臼

解析 象形字，小篆像臼之形，中间四画表示谷米。
本义 舂米用的器具，形状像盆，多用石头制成，中间部分凹下，如"石臼"。
引申 形状像臼的，如"臼齿""脱臼"。

> **小提示**："臼"的笔顺是 ⺊ ⺊ ⺊ ⺊ 臼 臼，共六画。
> **小拓展**：以"臼"作声符的形声字有"舅（jiù）、柏（jiù）"等。
> **小辨析**："臼"和"白（bái）"是形近字，注意区分。"臼"字的上部和中间都是分开的，只有分开才能把东西放进臼里。（组词：臼，石臼。白，白色）

yǎo 舀

详见第163页"爪"部"舀"字。

chōng 舂

解析 会意字，甲骨文字形像双手持杵舂捣臼中的东西。
本义 捣去谷物的皮壳，如"舂米"。
引申 泛指捣碎，如"舂药"。

> **小辨析**："舂"和"春（chūn）"是形近字，注意细节的区分。（组词：舂，舂米。春，春天）

jiù 舅

解析 形声字，从男，臼声。

本义 母亲的兄或弟，如"舅舅"。
引申 妻子的兄或弟，如"妻舅""小舅子"。

小提示："舅"的上部是声符"臼"，不要写成"白"。
小辨析："舅"和"甥（shēng）"是形近字，注意细节的区分。（组词：舅，舅舅。甥，外甥）

"自"部

作为部首，读作"自部""自字头"。部中的字多与鼻子有关。部中只有"自、臬、臭、息、鼻"五个常用字。

zì

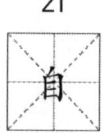

解析 象形字，甲骨文像鼻子的形状。
本义 鼻子，这个意义后来写作"鼻"。
引申 ① 笔者猜想是因为人们在说到自己时，往往会用食指指着自己的鼻子，故引申表示自己，如"自学""自习""自言自语"。② 从，由，如"自古以来"等。

小提示："自"里面的两短横是由鼻子上的纹路之形演变而来。
小辨析："自"和"白（bái）"是形近字，注意区分。（组词：自，自己。白，白色）

chòu/xiù

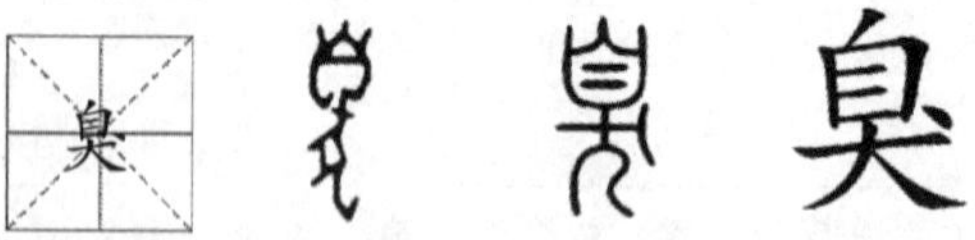

详见第126页"犬"部"臭"字。

xī

解析 会意字，从自（表示鼻子），从心，表示心气从鼻出。
本义 喘气，气的呼出与吸进，如"喘息""鼻息"。
引申 ① 停止，如"息怒"。② 休息，如"歇息"。③ 繁育，滋生，如"生息"。④ 消息，如"信息"等。

> **小拓展**：以"息"作声符的形声字有"熄（xī）、螅（xī）、媳（xí）"等。
> **小辨析**："息"和"态（tài）"是形近字，注意区分。（组词：息，休息。态，态度）

bí 鼻

解析 形声字，从自（"自"的古文字形像鼻子，是"鼻"的初文），畀声。
本义 鼻子，呼吸兼嗅觉器官，如"鼻孔""鼻音""鼻息"。
引申 ① 器物上面突出带孔的部分或带孔的零件，如"门鼻儿""针鼻儿"。② 创始，开端，如"鼻祖"。

> **小提示**："鼻"的下部是声符"畀"，不要写成"畁"。

"血"部

作为部首，读作"血部""血字旁"。部中只有"血、衃、衄、衅"四个常用字。

xuè/xiě 血

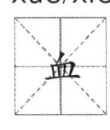

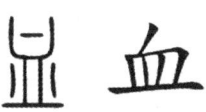

解析 象形字，甲骨文像器皿中盛着血的样子。另有说法认为是指事字。
本义 血液，祭祀时杀牲所取的血。
引申 ① 泛指血液，如"献血""血管"。② 有血统关系的，如"血亲""血统"。③ 比喻刚烈，热诚，如"血性""血气"。以上意义都读 xuè。
多音字 读 xiě，多用作口语，如"血淋淋""鸡血""一针见血"。

> **小拓展**：以"血"作声符的形声字有"恤（xù）"等。
> **小辨析**："血"和"皿（mǐn）"是形近字，注意区分。（组词：血，血液。皿，器皿）

xìn 衅

解析 楷书简体是会意字，从血（牲血），从半（表示分解牲畜之义），表示取牲血以祭祀。

本义 古代用牲畜的血涂器物的缝隙，表示血祭，如"衅钟""衅鼓"。

引申 由血祭涂缝引申为嫌隙，争端，如"挑衅""寻衅"。

> **小提示**："衅"的读音是前鼻音 xìn，不要读成 bàn。
> **小链接**："挑衅"，故意挑起矛盾或争端。
> **小辨析**："衅"和"畔（pàn）"是形近字，注意区分。（组词：衅，挑衅。畔，湖畔）

"舟"部

作为部首，读作"舟部""舟字旁"。部中的字多与船及其使用有关，如"船、舰、般"。

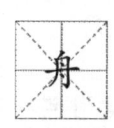

zhōu 舟

解析 象形字，甲骨文像小船的形状。
本义 船，如"小舟""扁舟""刻舟求剑"。

> **小提示**："舟"的笔顺是 ˊ ˊ ㄏ 月 舟 舟，共六画。第二笔是撇，不要写成竖。
> **小链接**：成语"刻舟求剑"，据《吕氏春秋》记载，一个楚国人乘船过江时，剑掉进江里，他就在掉剑处停船，在船舷上刻上记号。船靠岸后，他从刻记号处下水找剑，结果当然找不到。后用"刻舟求剑"比喻思想僵化，不懂得随客观情况的变化来处理事情。
> **小辨析**："舟"和"母（mǔ）"是形近字，注意区分。（组词：舟，小舟。母，母亲）

bān 般

| 解 析 | 会意字，从舟，从殳（像手拿着长杆），表示用长杆撑船使船旋转改变方向。
| 本 义 | 旋转。
| 引 申 | 假借表示样，种类，一样，如"这般""百般""般配"等。

小提示："般"的右上角的第二笔是横折弯，不要写成横折弯钩。
小辨析："般"和"搬"是同音字，注意区分。（组词：般，一般。搬，搬家）

jiàn
舰

| 解 析 | 形声字，从舟，见声。
| 本 义 | 军用的大型船只，如"军舰""战舰"。

小辨析："舰"和"现（xiàn）"是形近字，注意区分。（组词：舰，军舰。现，现在）

chuán
船

| 解 析 | 形声字，从舟，铅省声。
| 本 义 | 水上的主要运输工具，如"小船""渔船""帆船"。
| 引 申 | 空间交通工具，如"宇宙飞船""太空船"。

小提示："船"的右上角的第二笔是横折弯，不要写成横折弯钩。
小辨析："船"和"铅（qiān）"是形近字，注意区分。（组词：船，小船。铅，铅笔）

"色"部

作为部首，读作"色部""色字旁"。部中只有"色、艳、艴"三个常用字。

sè/shǎi
色

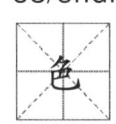

[解析] 会意字，小篆字形像一立一跪的两个人，表示跪着的人要看站立者的脸色行事。
[本义] 脸色，神情，如"气色""怒色"。
[引申] ① 颜色，如"白色""彩色"。② 景象，如"景色"。③ 女子的美貌，如"姿色"等。以上意思读 sè。
[多音字] 读 shǎi，用于口语，表示颜色，如"掉色""套色"。

> **[小辨析]**："色"和"邑（yì）"是形近字，注意区分。（组词：色，气色。邑，城邑）

yàn 艳

[解析] 会意字，从丰（表示丰富，丰满），从色。
[本义] 美丽而丰满。
[引申] ① 色彩鲜明，如"艳丽""鲜艳"。② 羡慕，如"艳羡"等。

> **[小辨析]**："艳"和"绝（jué）"是形近字，注意区分。（组词：艳，艳丽。绝，断绝）

"齐（齊）"部

作为部首，读作"齐部""齐字旁"。部中只有"齐、剂、斋"三个常用字。"齊"是"齐"的繁体字形。

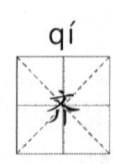

qí 齐

[解析] 繁体为"齊"，象形字，甲骨文像一个个麦穗长得很整齐的样子。小篆在字形下部增加了两横，表示地平面。繁体"齊"简化为"齐"，只保留大致轮廓。
[本义] 齐平，整齐一致，如"参差不齐"。
[引申] ① 一起，同时，如"齐唱"。② 同样，一致，如"齐心"。③ 完备，全，如

"齐全""齐备"等。

> 小提示：虽然"齐"的上部简化写成了"文"，但其实表达的意思跟"文"没什么联系。
> 小拓展：以"齐"作声符的形声字有"脐（qí）、斋（jī）、挤（jǐ）、剂（jì）、济（jǐ/jì）、荠（jì/qí）"等。

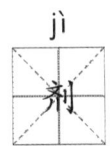

jì 剂

解析 形声字，从刂（刀），齐声，齐兼表义，表示整齐。
本义 剪齐。
引申 ① 调和，调节，如"调剂"。② 数种药物配合而成的药，如"药剂"。③ 量词，如"一剂药"等。

> 小提示：虽然"剂"的声符是"齐"，但"剂"的正确读音是 jì，不要读成 qí。

"衣（衤）"部

作为部首，读作"衣部""衣字旁"。附形部首"衤"是"衣"的变体，读作"衣字旁"。部中字的本义多与衣服及穿着有关，如"初、衮、裹"。

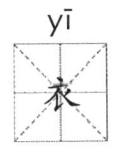

yī 衣

解析 象形字，甲骨文像衣服的形态，上部像衣领，下部像袖和衣襟。
本义 上衣。
引申 ① 泛指衣服，成为上衣下衣的统称，如"衣裳""衣料"。② 表示包在物体外面的东西，如"糖衣""地衣"等。

> 小提示："衣"的笔顺是 丶 亠 ナ オ ィ 衣，共六画。第五笔是短撇。
> 小链接："衣锦还乡"，旧指做官以后，穿着锦绣的官服回到故乡，显示荣耀。后泛指富贵后荣归故里。
> 小拓展：以"衣"作声符的形声字有"依（yī）、铱（yī）"等。
> 小辨析："衣"和"畏（wèi）"是形近字，注意区分。（组词：衣，衣服。畏，畏惧）

chū
初

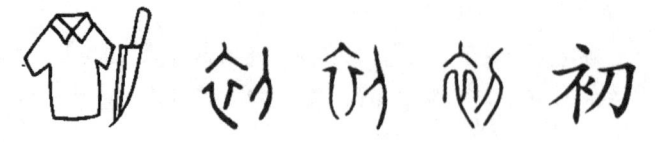

详见第 40 页"刀"部"初"字。

gǔn
衮

解析 形声字，从衣（衣服），公声。

本义 古代天子祭祀时所穿的绣有龙纹的礼服，如"衮服"。

> **小提示**：虽然"衮"的声符是"公"，但"衮"的正确读音是 gǔn，不要读成 gōng。
>
> **小链接**："滚"是形声字，从氵，衮声。"滚"的本义是大水涌流的样子。"滚"字看似复杂，也是易错字，但如果明白了字形来源，是不是一下就清晰了呢？

guǒ
裹

解析 形声字，从衣（衣服），果声。

本义 包，缠，如"包裹""裹脚""裹挟"。

> **小提示**："裹"字看似复杂，是因为声符"果"在形符"衣"的中间。
>
> **小链接**："裹足不前"，脚被缠住，不能前进。比喻因害怕或有顾虑而停步不前。

"羊（䒑、⺶）"部

作为部首，读作"羊部"。"羊"在汉字左侧或上方做偏旁时写作"䒑"或"⺶"，读作"羊字头"。部中字的本义多与羊、美、善等有关，如"羔、美、羹、羞、善"。

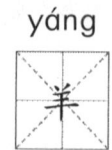

yáng
羊

| 解析 | 象形字，甲骨文像羊的头部，突出了弯曲的羊角。
| 本义 | 羊，如"山羊""绵羊""牛羊"。

小链接："羊毛出在羊身上"，比喻用在某人或某些人身上的钱物，实际上取自这个人或这些人自身。
小拓展：以"羊"作声符的形声字有"洋（yáng）、佯（yáng）、徉（yáng）、氧（yǎng）、恙（yàng）、样（yàng）、烊（yáng/yàng）、翔（xiáng）"等。
小辨析："羊"和"丰（fēng）"是形近字，注意区分。（组词：羊，山羊。丰，丰富）

gāo 羔

| 解析 | 会意字，从𦍌（羊），从灬（火），表示用火烤羊。
| 本义 | 小羊。最美味的烤羊是烤小羊，所以"羔"指小羊，如"羔羊""羔皮"。
| 引申 | 泛指某些幼小的动物，如"狼羔"。

小拓展：以"羔"作声符的形声字有"糕（gāo）"。
小辨析："羔"和"焦（jiāo）"是形近字，注意区分。（组词：羔，羊羔。焦，焦急）

xiū 羞

| 解析 | 会意字，从𦍌（羊），从丑（表示手持），合起来是手里拿着羊，表示进献食品的意思。
| 本义 | 进献食品。
| 引申 | ① 美味食物，这个意义后来写做"馐"，如"珍馐"。② 假借表示感到耻辱，如"羞耻""羞辱"。③ 表示难为情，如"害羞""羞涩"。

小提示："羞"字右下角的"丑"是由手演变而来的哟！
小辨析："羞"和"差"是形近字，注意区分。（组词：羞，羞耻。差，差别）

gēng 羹

| 解析 | 会意字，从羔（像火烤小羊），从美（味道美好）。
| 本义 | 带浓汁的肉或菜，如"肉羹"。
| 引申 | 表示煮或蒸成的汁状、糊状、冻状的食品，如"鸡蛋羹""羹汤"。

小提示："羹"字看似很复杂，但如果我们知道了它的字形来源，上"羔"小"美"，是不是就清晰多了？

"米"部

作为部首，读作"米部""米字旁"。部中字的本义多与粮食有关，如"粉、糖、精"。

mǐ
米

解析 象形字，甲骨文的上下像米粒的形态，中间的一画像筛形。
本义 粮食作物的籽实，通常指稻米，如"米饭""大米"。
引申 ①泛指去壳后的籽粒或像米的食物，如"小米""虾米"。②长度单位，1米等于100厘米。

小拓展：以"米"作声符的形声字有"咪（mī）、眯（mī/mí）、迷（mí）、麋（mí）"等。
小辨析："米"和"木（mù）"是形近字，注意区分。（组词：米，大米。木，树木）

fěn
粉

解析 形声字，从米，分声。
本义 古时候化妆用的粉，如"香粉""脂粉"。
引申 ①泛指各种细末，如"面粉""花粉"。②用淀粉制成的食品，如"凉粉"等。

小提示：虽然"粉"的声符是"分"，但"粉"的正确读音是 fěn，不要读成 fēn。
小链接："粉妆玉琢"，形容皮肤白嫩，像用白粉妆饰、白玉雕琢的一样。
小辨析："粉"和"纷（fēn）"是形近字，注意区分。（组词：粉，面粉。纷，缤纷）

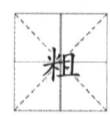

cū
粗

解析 形声字，从米，且声。
本义 糙米，粗粮。
引申 ① 粗糙，如"粗布"。② 表示疏忽，不周密，如"粗心""粗心大意"。③ 粗野，如"粗鲁"等。

> **小提示**：虽然"粗"的声符是"且"，但"粗"的正确读音是 cū，不要读成 qiě。
> **小链接**："粗茶淡饭"，简单普通的饭食，有时形容生活简朴。
> **小辨析**："粗"和"组（zǔ）"是形近字，注意区分。（组词：粗，粗心。组，组织）

jīng 精

解析 形声字，从米，青声。
本义 上等细米。
引申 ① 提炼出来的精华，如"香精"。② 完美，如"精良""精益求精"。③ 精神，如"精力"等。

> **小提示**：虽然"精"的声符是"青"，但"精"的正确读音是后鼻音 jīng，不要读成 qīng。
> **小链接**："精卫填海"，《山海经》中说，上古炎帝的女儿淹死在东海，灵魂化为精卫鸟，天天衔西山的树枝和小石头投入东海，誓把东海填平。后用"精卫填海"比喻有报仇雪恨的决心；也比喻不畏艰难，不达目的誓不罢休。
> **小辨析**："精"和"睛"是同音字，注意区分。（组词：精，精力。睛，眼睛）

"聿（肀）"部

作为部首，读作"聿部""聿字旁"。部中只有"聿、肆、肄、肇"四个常用字。附形部首"肀"部只有"肃"一个字。

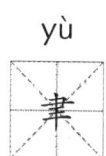

yù 聿

解析 会意字，甲骨文像手持笔的样子。

| 本义 | 笔，这个意义后写作"筆（笔）"。 |
| 引申 | 假借为文言助词，用于句首、句中或句尾，起协调音节的作用，如"岁聿其暮"。|

小提示："聿"字比较少见，正确读音是 yù，不要读成 lù。

sù 肃

解析	繁体为"肅"，会意字，从聿（可以理解为执笔办公），从淵。笔者觉得合起来表示执笔办公就像在深渊边上走路那样需要小心谨慎。
本义	恭敬，如"肃立""肃然""肃然起敬"。
引申	①严肃，如"肃静""肃穆"。②彻底清除，如"肃清"等。

小提示："肃"的笔顺是 ，共八画。
小拓展：以"肃"作声符的形声字有"箫（xiāo）、萧（xiāo）、啸（xiào）"等。
小辨析："肃"和"隶（lì）"是形近字，注意区分。（组词：肃，严肃。隶，奴隶）

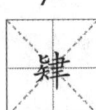

yì 肄

| 解析 | 形声字，从聿（手持笔），㚇声。|
| 本义 | 学习，练习，如"肄业"（特指在学校学习而没有达到规定的学习要求而中途离校）。|

小辨析："肄""疑（yí）""肆（sì）"是形近字，注意它们细节的区别。（组词：肄，肄业。疑，疑问。肆，放肆）

zhào 肇

| 解析 | 甲骨文是会意字，左为门，右为戈，合起来表示以戈将门击开。笔者觉得，虽然之后的字形变化很大，但还是能从字形演变中感受到字义，"户"是门户，"聿"在这里可以理解为手持武器来攻击。|

| 本义 | 开。 |
| 引申 | ① 开始，如"肇始""肇端"。② 发生，如"肇事""肇祸"。 |

小提示："肇"的右上角是"攵"，不要写成"又"或"口"。
小辨析："肇"和"罩"是同音字，注意区分。（组词：肇，肇始。罩，笼罩）

"艮"部

作为部首，读作"艮部""艮字旁"。部中只有"艮、良、艰、垦、恳"五个常用字。

gèn/gěn

解析	会意字，小篆字形从匕（人），从目（眼睛）。笔者认为字形像一个人睁大眼睛往后看的样子。
本义	暂无定论。笔者认为"艮"表示人回头看。
引申	假借为八卦之一，代表山，如"艮卦"。以上意义读 gèn。
多音字	读 gěn，方言中表示食物韧而不脆，如"发艮""艮萝卜"。

小拓展：以"艮"作声符的形声字有"根（gēn）、跟（gēn）、恳（kěn）、痕（hén）、很（hěn）、狠（hěn）、恨（hèn）、银（yín）、龈（yín）"等。
小辨析："艮"和"畏（wèi）"是形近字，注意区分。（组词：艮，发艮。畏，畏惧）

liáng

解析	字形结构暂无定论。笔者觉得是会意字，甲骨文下部是盛着食物的器皿，上部两条折线表示煮熟的食物散发的香气。
本义	香味。
引申	① 好，如"良药""优良""良辰美景"。② 表示程度深，很，如"良久""用心良苦"等。

小提示："良"的笔顺是 丶 𠃍 彐 艮 良 良，共七画。

小拓展：以"艮"作声符的形声字有"粮（liáng）、狼（láng）、朗（lǎng）、浪（làng）、阆（làng）、娘（niáng）、酿（niàng）"等。

小辨析："艮"和"良"是形近字，注意区分。（组词：艮，发艮。良，良好）

kěn　垦

解析：形声字，从土，艮声。
本义：翻土耕地，如"垦地"。
引申：开辟荒地，如"开垦""垦荒""垦殖"。

小提示：虽然"垦"的声符是"艮"，但"垦"的正确读音是 kěn，不要读成 gěn。

kěn　恳

解析：形声字，从心，艮声。
本义：诚信，真诚，如"诚恳""恳切"。

小提示："恳"的上边是声符"艮"，不要写成"良"。

"羽"部

作为部首，读作"羽部""羽字旁"。部中字的本义多与鸟、鸟的翅膀、鸟飞的动作有关，如"翅、翼、翎"。

yǔ　羽

解析：象形字，甲骨文像鸟的长毛。
本义：鸟的长羽毛。
引申：① 泛指鸟的毛，如"羽毛""羽翼"。② 表示古代五音之一，如"宫商角徵羽"。

小拓展：以"羽"作声符的形声字有"诩（xǔ）、栩（xǔ）"等。

小辨析："羽"和"朋（péng）"是形近字，注意区分。（组词：羽，羽毛。朋，朋友）

chì 翅

解析 形声字，从羽，支声。
本义 翅膀。
引申 ① 鸟类或昆虫的飞行器官，如"插翅难飞"。② 某些鱼类的鳍，如"鱼翅"（特指鲨鱼的鳍）。③ 物体上形状像翅膀的部分，如"风筝翅""纱帽翅"等。

小提示："翅"是半包围结构的字，第四笔捺一定要写得长一些。
虽然"翅"的声符是"支"，但由于古今语音演变等原因，"翅"的读音是 chì，不要读成 zhī。

小链接："插翅难飞"，插上翅膀也难飞走。形容极难逃脱被困的境地。

shàn/shān 扇

解析 会意字，从户（门户），从羽（鸟翅膀），表示门户的开关就像鸟翅膀的开合。
本义 门扇。
引申 ① 扇子，如"电扇""折扇"。② 量词，如"一扇门""两扇窗户"等。以上意义都读 shàn。
多音字 读 shān，用作动词，表示摇动扇子，如"扇风"。

小链接："羽扇纶巾"，手拿羽毛扇，头戴青丝巾。形容古代儒将举止潇洒、儒雅从容的风度。（"纶"在"羽扇纶巾"中要读 guān）

小辨析："扇"和"肩（jiān）"是形近字，注意区分。（组词：扇，扇子。肩，肩膀）

wēng 翁

解析 形声字，从羽（羽毛），公声。
本义 鸟脖颈上的毛。

引申 假借表示老头儿，如"老翁""塞翁失马"等。

> **小提示**：虽然"翁"的声符是"公"，但"翁"的正确读音是 wēng，不要读成 gōng。
> **小拓展**：以"翁"作声符的形声字有"嗡（wēng）、蓊（wěng）"等。
> **小辨析**："翁"和"瓮（wèng）"是形近字，注意区分。（组词：翁，老翁。瓮，瓮中捉鳖）

líng 翎

解析 形声字，从羽，令声。
本义 鸟羽，鸟类翅膀或尾巴上的长羽毛，如"雁翎""孔雀翎"。

> **小提示**：清代官员的帽子用孔雀毛等做装饰品，用以区别品级，称"花翎"。
> 虽然"翎"的声符是"令"，但"翎"的正确读音是后鼻音 líng，不要读成 lìng。
> **小辨析**："翎"和"栩（xǔ）"是形近字，注意区分。（组词：翎，翎毛。栩，栩栩如生）

qiáo/qiào 翘

解析 形声字，从羽，尧声。
本义 鸟尾的长羽毛。
引申 ① 常用义是向上高起，如"翘首""翘望"。② 高出于一般，如"翘楚"等。以上意义都读 qiáo。
多音字 读 qiào，用于口语，表示物体一端向上扬起，如"翘尾巴""板凳翘起来了"。

> **小提示**：虽然"翘"的声符是"尧"，但"翘"的正确读音是 qiáo/qiào，不要读成 yáo。
> **小链接**："翘首以待"，抬起头期盼等待。形容急切等待。
> **小辨析**："翘"和"翅（chì）"是形近字，注意区分。（组词：翘，翘首。翅，翅膀）

hàn 翰

解析 形声字，从羽（羽毛），倝（gàn）声。
本义 赤羽的山鸡。

引申 ① 鸟的长而硬的羽毛。② 古人用鸟长而硬的羽毛来写字，转指笔、诗文，如"挥翰""翰墨"。

小链接："瀚"是形声字，从氵，翰声。本义是瀚海，北方的大湖。引申指广大，如"浩瀚"。
小辨析："翰"和"韩（hán）"是形近字，注意区分。（组词：翰，翰墨。韩，韩国）

yì 翼

解析 形声字，从羽（羽翼），異声。
本义 翅膀，如"鸟翼"。
引申 ① 像翅膀的东西，如"机翼"。② 表示左右两侧中的一侧，如"左翼""侧翼"。

小提示："翼"的声符是"異（yì）"，而"異"是"异"的繁体字形，所以很少见。
小辨析："翼"和"粪（fèn）"是形近字，注意区分。（组词：翼，机翼。粪，粪土）

"糸（纟）"部

作为部首，读作"糸部""糸字旁"。"糸"在汉字左侧做偏旁时写作"纟"，读作"绞丝旁"。部中字的本义多与丝帛、编织、染色有关，如"系、索、紫、纂、纸、绩、级"。

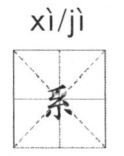

xì/jì 系

详见第5页"丿"部"系"字。

jí 级

解析 形声字，从纟，及声。
本义 丝的等级。
引申 ① 泛指等级，如"评级""高级"。② 年级，如"一年级""班级"。③ 石阶，如"石级"等。

> **小提示**："级"的笔顺是 ㇈ 乡 纟 纠 级 级，共六画。
>
> **小辨析**："级"和"极"是同音字，注意区分。（组词：级，年级。极，南极）

suǒ 索

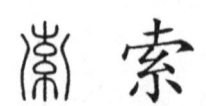

解析 象形字，金文像双手在搓制绳索。
本义 大绳子，如"绳索"。
引申 ① 泛指大绳索、大链条，如"铁索"。② 寻找，如"搜索""按图索骥"。③ 要，取，如"索要"等。

> **小链接**："按图索骥"，按照图像来寻找好马。原比喻办事拘泥成法，不知灵活变通。现多比喻按线索寻找。

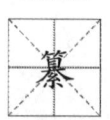

zuǎn 纂

解析 形声字，从糸，算声。
本义 赤色的丝带。
引申 由丝带的编织引申表示集中编排整理，编辑，如"编纂""纂修"。

> **小提示**：虽然"纂"的声符是"算"，但"纂"的正确读音是 zuǎn，不要读成 suàn。"纂"字看似复杂，但如果知道它其实就是一个上声下形的形声字，是不是字形一下就清晰了呢？
>
> **小辨析**："纂"和"篡（cuàn）"是形近字，注意区分。（组词：纂，编纂。篡，篡夺）

"麦"部

作为部首，读作"麦部""麦字旁"。部中只有"麦、麸、麴"三个常用字。

mài 麦

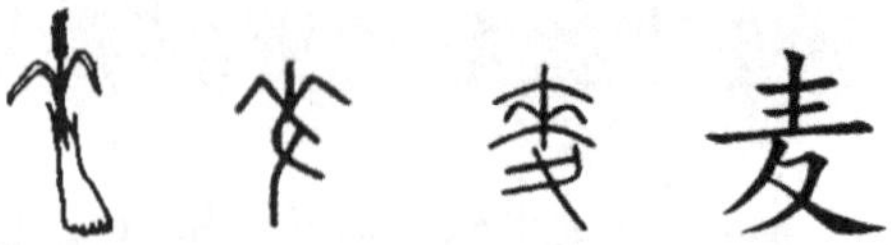

解析 繁体为"麥",会意字,从来(像小麦,本义是麦子),从夂(像脚,表示来到)。笔者猜想可能古人认为麦是上天所赐来到人间的粮食作物。
本义 往来。
引申 假借表示农作物麦子,如"麦芒""麦子"等。

小提示:"麦"下部的"夂"是由脚的形态演变来的,不要写成"夂"。
小辨析:"麦"和"表(biǎo)"是形近字,注意区分。(组词:麦,小麦。表,手表)

fū
麸

解析 形声字,从麦,夫声。
本义 麸子,也叫麸皮,小麦磨成面筛过后剩下的麦皮和碎屑。

小链接:"麸曲",将纯种霉菌掺入麸子而制成的固体曲,常用来酿酒。
小辨析:"麸"和"扶(fú)"是形近字,注意区分。(组词:麸,麸曲。扶,扶起)

"走"部

作为部首,读作"走部""走字旁"。部中字的本义多与奔走、行走有关,如"赶、趣"。

zǒu
走

解析 会意字,金文上部像甩开两臂奔跑的人形,下部的"止"是脚,表示人在跑。
本义 跑,如"奔走""走马观花"。
引申 ①行走,步行,如"走路"。②离开,如"搬走"。③来往,如"走动"等。

小链接:"走马观花",骑在奔跑的马上看花。比喻匆忙粗略地观察事物。
小拓展:以"走"作声符的形声字有"陡(dǒu)"等。
小辨析:"走"和"足(zú)"是形近字,注意区分。(组词:走,行走。足,足球)

gǎn

赶

- **解析** 形声字,从走(表示跑),干声。
- **本义** 奔跑,追逐,如"追赶"。
- **引申** 表示驱逐,如"赶走""驱赶"等。

> **小提示**:虽然"赶"的声符是"干",但"赶"的正确读音是 gǎn,不要读成 gān。
> **小链接**:"赶鸭子上架",比喻强迫做不会做或很难做到的事。
> **小辨析**:"赶"和"赵(zhào)"是形近字,注意区分。(组词:赶,赶快。赵,姓赵)

yuè

越

- **解析** 形声字,从走,戉(yuè)声。("戉"的字形像古时候的一种兵器)。
- **本义** 度过,越过,如"越墙""翻山越岭"。
- **引申** ① 表示超出,如"越级""越权"。② 超出一般的,如"卓越""优越"。③ 昂扬,如"激越"等。

> **小提示**:"越"的里面是声符"戉",不要写作"成"。
> **小链接**:"越俎代庖",《庄子》中说,即使厨师不做饭,掌管祭祀的人也不能放下祭器去代替厨师做饭(俎:盛放祭品的器皿。庖:páo,厨师)。后用"越俎代庖"比喻超出自己职责范围包办别人的事情。
> **小辨析**:"越"和"钺"是同音字,注意区分。(组词:越,超越。钺,斧钺)

qù

趣

- **解析** 形声字,从走,取声。
- **本义** 快速向某一方向奔去,奔赴。
- **引申** ① 意向,志向,如"志趣"。② 趣味,如"乐趣""风趣"。③ 有趣味的,如"趣事""趣闻"等。

> **小提示**:虽然"趣"的声符是"取",但"趣"的正确读音是 qù,不要读成 qǔ。
> **小辨析**:"趣"和"聚(jù)"是形近字,注意区分。(组词:趣,趣味。聚,聚集)

"赤"部

作为部首,读作"赤部""赤字旁"。部中字的本义多与红色有关。"赤"部只有"赤、郝、赦、赧、赪、赫、赭、赯"八个常用字。

chì
赤

解析 会意字,甲骨文从大,从火。笔者觉得字形以人被火烤得红通通之形来表示红色。
本义 比朱红稍浅的颜色。
引申 ① 泛指红色,如"赤豆""赤红""面红耳赤"。② 表示忠诚,如"赤诚"。③ 裸露,如"赤足"等。

小链接:"面红耳赤",形容着急、发怒或害羞、激动时满脸通红的样子。
小拓展:以"赤"作声符的形声字有"赥(chī)"等。
小辨析:"赤"和"亦(yì)"是形近字,注意区分。(组词:赤,赤红。亦,亦步亦趋)

shè
赦

解析 形声字,从攵,赤声。
本义 舍弃,放置。
引申 免除刑罚,如"赦免""大赦""十恶不赦"。

小提示:虽然"赦"的声符是"赤",但"赦"的正确读音是shè,不要读成chì。
小链接:"十恶不赦",形容罪大恶极,不能赦免。

hè
赫

解析 会意字,从二赤。

本义	火红的颜色。
引申	显著，盛大，如"显赫""赫赫有名"。

小提示："赫"的读音是 hè，不要读成 chì。
小链接："赫赫有名"，形容名声非常显赫。

zhě

赭

解析	形声字，从赤（红色），者声。
本义	红土。
引申	红褐色，"赭石"。

小链接："赭石"，我国古代使用的一种黄棕色矿物染料，主要用作颜料。
小辨析："赭"和"猪（zhū）"是形近字，注意区分。（组词：赭，赭石。猪，猪肉）

"豆"部

作为部首，读作"豆部""豆字旁"。部中的字多与食器、豆类植物有关。部中只有"豆、豇、豇、豉、壹、短、登、豁、豌"九个字。

dòu

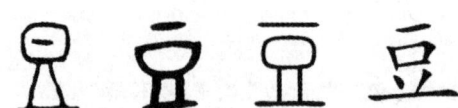

豆

解析	象形字，甲骨文像一种有高圈足的盛食器。
本义	古代盛食物的器皿，如"青铜豆"。
引申	①假借为豆类植物的总称，如"大豆""黄豆""豌豆"。②形状像豆的东西，如"土豆"等。

小拓展：以"豆"作声符的形声字有"逗（dòu）、痘（dòu）"等。
小辨析："豆"和"立（lì）"是形近字，注意区分。（组词：豆，大豆。立，站立）

duǎn
短

详见第 199 页 "矢" 部 "短" 字。

dēng
登

详见第 213 页 "癶" 部 "登" 字。

yī
壹

解析	小篆是形声字，从壶，吉声。以壶装液体而不泄露表示专一。
本义	专一。
引申	现用作数字 "一" 的大写，如 "壹元" "壹贰叁肆"。

小提示："壹" 的上部是 "士"（由壶盖之形演变而来的），不要写成 "土"。
小辨析："壹" 和 "壶（hú）" 是形近字，注意区分。（组词：壹，壹元。壶，酒壶）

"酉" 部

作为部首，读作 "酉部" "酉字旁"。部中字的本义多与酒、酿制有关，如 "酒、酣、酝"。

yǒu
酉

| 解析 | 象形字，甲骨文像盛酒的容器。 |
| 本义 | 盛酒的容器。 |

引申 ① 假借表示地支的第十位，如"子丑寅卯辰巳午未申酉戌亥"。② "酉时"，我国传统计时法指下午五点到七点。

> **小辨析**："酉"和"西（xī）"是形近字，注意区分。"酉"本义指酒瓶，字形中间的一短横可以巧记成酒瓶中的酒。（组词：酉，酉时。西，西方）

jiǔ 酒

解析 形声字，从氵，酉声，酉兼表义。
本义 酒，用粮食、水果等发酵制成的含乙醇的刺激性的饮料，如"白酒""啤酒""酒水"。

> **小提示**："酒"的笔顺是丶丶氵氵汀汀泗洒洒酒，共十画。
> **小链接**："酒足饭饱"，酒喝足了，饭吃饱了。形容吃喝痛快满足。
> **小辨析**："酒"和"洒（sǎ）"是形近字，注意区分。（组词：酒，酒水。洒，洒水）

yùn 酝

解析 形声字，从酉（表示酒），云声。
本义 酿酒，如"酝酿"。

> **小提示**：虽然"酝"的声符是"云"，但"酝"的正确读音是 yùn，不要读成 yún。
> **小链接**："酝酿"，本义是造酒过程中的发酵过程。比喻事前考虑或磋商使条件成熟。
> **小辨析**："酝"和"耘（yún）"是形近字，注意区分。（组词：酝，酝酿。耘，耕耘）

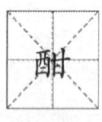

hān 酣

解析 形声字，从酉（表示酒），甘声，甘兼表义。
本义 酒喝得很尽兴，如"酣饮""酒酣耳热"。
引申 尽兴，痛快，如"酣畅""酣睡"。

> **小提示**：虽然"酣"的声符是"甘"，但"酣"的正确读音是 hān，不要读成 gān。
> **小辨析**："酣"和"甜（tián）"是形近字，注意区分。（组词：酣，酣畅。甜，香甜）

chóu 酬

解析 形声字，从酉（表示酒），州声。
本义 客人给主人敬酒后，主人再次给客人敬酒。
引申 ①报答，如"酬谢""酬劳"。②交际往来，如"应酬"。③报酬，如"稿酬""同工同酬"等。

小提示：虽然"酬"的声符是"州"，但"酬"的正确读音是 chóu，不要读成 zhōu。
小链接："壮志未酬"，宏伟的志向未能实现。
小辨析："酬"和"洲（zhōu）"是形近字，注意区分。（组词：酬，酬谢。洲，亚洲）

jiàng 酱

解析 形声字，小篆字形从酉（制作方法与酿酒相似），从月（表示肉），爿（qiáng）声。
本义 肉酱。
引申 ①豆、麦等发酵后做成的调味品，如"甜面酱""辣酱"。②像酱的食品，如"番茄酱""果酱"等。

小提示：因为"酱"的制作方式与酿酒相似，故"酱"从"酉"。
小辨析："酱"和"奖（jiǎng）"是形近字，注意区分。（组词：酱，果酱。奖，奖励）

kù 酷

解析 形声字，从酉（表示酒），告声。
本义 酒味浓厚。
引申 ①行为暴烈，残暴，如"残酷""酷刑"。②表示极，程度深，如"酷爱""酷暑"。

小链接："酷"也用作英语 cool 的音译，表示洒脱、个性、时尚，如"这个明星很酷"。
小提示：虽然"酷"的声符是"告"，但由于古今语音演变等原因，"酷"的读音是 kù，不要读成 gào。

小辨析："酷"和"梏（gù）"是形近字，注意区分。（组词：酷，残酷。梏，桎梏）

zuì 醉

解析 形声字，从酉（表示酒），卒声，卒兼表义。
本义 喝酒以自己的度量为限度。
引申 ①饮酒过量，如"喝醉"。②表示沉迷，过分爱好，如"醉心""沉醉""陶醉"。

小提示：虽然"醉"的声符是"卒"，但"醉"的正确读音是 zuì，不要读成 zú。
小链接："醉生梦死"，糊里糊涂地混日子，像喝醉了酒或在睡梦中一样。
小辨析："醉"和"粹（cuì）"是形近字，注意区分。（组词：醉，陶醉。粹，精粹）

"辰"部

作为部首，读作"辰部""辰字旁"。部中只有"辰、辱、唇、晨、蜃"五个常用字。

chén 辰

解析 字形结构暂无定论。笔者认为是象形字，甲骨文像用蛤蚌类的壳制成的农具。
本义 蚌镰，一种农具。
引申 ①假借表示地支的第五位，如"子丑寅卯辰巳午未申酉戌亥"。②"辰时"，我国传统计时法的上午七点到九点。③表示时日，如"生辰""诞辰"。④日、月、星的统称，如"星辰"等。

小提示："辰"的笔顺是一厂厂户后辰，共七画。
小拓展：以"辰"作声符的形声字有"宸（chén）、晨（chén）、唇（chún）、娠（shēn）、震（zhèn）、赈（zhèn）、振（zhèn）"等。
小辨析："辰"和"衣（yī）"是形近字，注意区分。（组词：辰，星辰。衣，大衣）

chún 唇

解析 形声字，从口（嘴），辰声。笔者认为辰兼表义，表示嘴唇可以像蚌壳一样开合。

本义 嘴唇，如"唇膏""唇亡齿寒"。

小提示："唇"是半包围结构的字，上部"辰"的第二笔撇要写得长一些。
小链接："唇枪舌剑"，嘴唇如枪，舌头似剑。形容论辩时言辞犀利，争辩激烈。
小辨析："唇"和"蜃（shèn）"是形近字，注意区分。（组词：唇，嘴唇。蜃，海市蜃楼）

rǔ 辱

解析 会意字，从辰（农具蚌镰），从寸（手），表示手拿蚌镰锄草。

本义 除草，这个意义后写做"耨"。

引申 ① 假借表示羞耻，与"荣"相对，如"耻辱""屈辱"。② 使受侮辱，如"凌辱"等。

小链接："辱"字下部的"寸"是由手演变而来的哟！
小拓展：以"辱"作声符的形声字有"褥（rù）、缛（rù）、蓐（rù）"等。

chén 晨

解析 会意字，金文像两只手和农具蚌镰，表示清晨持农具去田间劳作。楷书字形从日，从辰，表示太阳升起开始劳作。

本义 早晨，如"晨光""清晨"。

小链接："晨钟暮鼓"，寺院中报时是清晨敲钟，晚上击鼓。后多用来形容寺庙里时日的推移；也比喻催人警醒的话。
小辨析："晨"和"宸"是同音字，注意区分。（组词：晨，早晨。宸，宸宇）

"豕"部

作为部首，读作"豕部""豕字旁"。部中字的本义多与猪有关，如"家、豪、豢"。

shǐ

豕

解析 象形字，甲骨文像猪的样子。
本义 猪，如"豕突狼奔"。

> 小链接："豕突狼奔"，像猪那样冲撞，像狼那样奔跑。形容成群的坏人乱冲乱撞，到处骚扰；或形容敌人逃跑时惊慌失措的样子。

jiā

家

详见第90页"宀"部"家"字。

huàn

豢

解析 形声字，从豕（猪），关声。
本义 饲养牲畜，如"豢养"。

> 小提示："豢"的读音是 huàn，不要读成 juàn。
> 小链接："豢养"，本指喂养牲畜；也比喻收买培植（帮凶）。
> 小辨析："豢"和"拳（quán）"是形近字，注意区分。（组词：豢，豢养。拳，打拳）

háo

豪

解析 形声字，从豕（表示猪），高省声。

本义 豪猪。笔者认为可能是因为豪猪肩部至尾长满长而硬的刺，看起来比家猪"高"，所以读作"háo"。

引申 ① 常用义是豪杰，表示才能出众的人，如"文豪""英豪"。② 性情豪爽，气魄大，如"豪放"。③ 有权有势的，如"富豪"。④ 强横不讲理的，如"土豪"等。

小提示："豪"字的声符是"高"，但为了字形更规整，写的时候要去掉"高"下部的"口"哟！
小拓展：以"豪"作声符的形声字有"壕（háo）、嚎（háo）、濠（háo）"等。
小辨析："豪"和"毫（háo）"是形近字，注意区分。（组词：豪，豪杰。毫，毫毛）

"卤（鹵）"部

作为部首，读作"卤部""卤字旁"。部中只有"卤、鹾"两个常用字。"鹵"是"卤"的繁体字形。

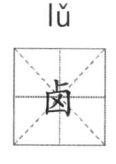

lǔ

详见第 15 页"卜"部"卤"字。

cuó

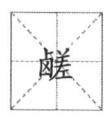

解析 形声字，从卤，差声。
本义 咸盐。
引申 表示咸，如"鹾鱼"。

小辨析："鹾"和"搓（cuō）"是形近字，注意区分。（组词：鹾，鹾鱼。搓，揉搓）

"里"部

作为部首，读作"里部""里字旁"。部中只有"里、厘、重、野、量、童、釐"七个常用字。

lǐ

解析 会意字，从田，从土。有田有土才能居住生活并形成聚居的地方。
本义 民户聚居的地方，如"故里""邻里"。
引申 ① 表示一定范围之内，如"这里""夜里"。② 里面，内部，如"里外""由表及里"等。

> 小提示："里"的笔顺是 丨 冂 日 日 甲 里 里，共七画。第五笔是竖。
> 小拓展：以"里"作声符的形声字有"理（lǐ）、鲤（lǐ）、锂（lǐ）、狸（lí）、厘（lí）"等。

zhòng/chóng

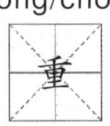

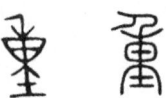

解析 金文是形声字，从人，从土，东（繁体为"東"）声，東兼表义（表示橐），人站在地上背橐囊表示负重。
本义 分量大，沉重，如"重物""笨重"。
引申 ① 重要，如"重任"。② 程度深，如"严重"。③ 重视，如"尊重""看重"等。以上意义都读 zhòng。
多音字 读 chóng，表示以下意思：① 重复，如"重合"。② 再，新，如"重新""重整旗鼓"等。

> 小提示："重"的笔顺是 丿 一 宀 宀 肀 重 重 重 重，共九画。
> 小链接："重整旗鼓"，重新整顿旗帜和战鼓。比喻失败后重新组织力量再干。（重，此处读 chóng）
> 小辨析："重"和"童（tóng）"是形近字，注意区分。（组词：重，重要。童，儿童）

"足（⻊）"部

作为部首，读作"足部""足字旁"。"足"在汉字左侧做偏旁时写作"⻊"，读作"足字旁"。部中的字多与腿脚及其动作有关，如"趾、跳、躁"。

zú 足

解析 象形字，甲骨文上边像膝盖的形态，下边像脚的形态。另有说法认为是会意字。

本义 脚和小腿。

引申 ① 脚，如"画蛇添足"。② 假借表示充裕，如"充足"。③ 值得，多用于否定，如"微不足道"等。

- 小提示："足"的正确读音是平舌音 zú，不要读成翘舌音 zhú。
- 小拓展：以"足"作声符的形声字有"促（cù）、捉（zhuō）"等。
- 小辨析："足"和"定（dìng）"是形近字，注意区分。（组词：足，足球。定，一定）

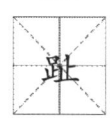

zhǐ 趾

解析 形声字，从足，止声，止兼表义。

本义 脚，如"趾高气扬"。

引申 表示脚趾头，如"脚趾""趾骨"。

- 小提示："趾"的右边是声符"止"，不要写成"正"。
- 小链接："趾高气扬"，走路时把脚抬得很高，神气十足。形容狂妄自大、得意忘形的样子。
- 小辨析："趾"和"址"是同音字，注意区分。（组词：趾，脚趾。址，地址）

tiào 跳

解析 形声字，从足，兆声。

本义 跃，腿用力使身体离开地面，如"跳高""跳跃"。

引申 ① 越过，如"跳级"。② 一起一伏地动，如"心跳""眼跳"。

- 小提示："跳"的笔顺是 丶 丨 ㇆ 丨 一 ㇆ 一 足 趴 跳 跳 跳 跳，共十三画。
- 小链接："跳梁小丑"，在舞台上跳跳蹦蹦，以滑稽取笑的丑角。比喻上蹿下跳猖狂捣乱的卑劣小人。

> 小辨析:"跳"和"桃（táo）"是形近字，注意区分。（组词：跳，跳高。桃，桃子）

zào
躁

解析 形声字，从足，喿声。
本义 举止急躁。
引申 泛指性急，不冷静，如"烦躁""急躁""躁动"。

> 小辨析:"躁、操（cāo）、燥（zào）、噪（zào）、藻（zǎo）"是形近字，注意区分。（组词：躁，躁动。操，操作。燥，干燥。噪，噪音。藻，海藻）

"邑（阝右）"部

"邑"在汉字右侧做偏旁时写作"阝"，读作"右耳朵"或"双耳旁"。但必须重点说明的是，该部中的字多与城市、地名、姓氏、行政区域有关，如"都、邵、邦、郊"。部中字的意思跟耳朵一点关系都没有，不要因为字的外形而影响了对字义的理解！

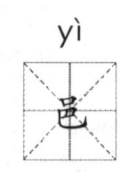

yì
邑

解析 会意字，从囗（像城郭形），从卩（像跪着的人形），合起来表示人聚居之地。
本义 人聚居的地方，居民点。
引申 ① 城市，如"城邑""都邑"。② 县，如"邑令"等。

> 小提示："邑"字下部的"巴"是由跪着的人形演变而来的哟！
> 小拓展：以"邑"作声符的形声字有"浥（yì）、挹（yì）、悒（yì）"等。
> 小辨析："邑"和"色（sè）"是形近字，注意区分。（组词：邑，城邑。色，白色）

bāng
邦

| **解析** | 形声字，从阝（表示城邑），丰声。笔者认为甲骨文是会意字，古代曾经围绕封界栽种树苗，表示界限以内为邦国。
| **本义** | 古代诸侯封国。
| **引申** | 泛指国家，如"友邦""邻邦""邦交"。

> **小提示**：虽然"邦"的声符是"丰"，但由于古今语音演变等原因，"邦"的读音是 bāng，不要读成 fēng。
>
> **小拓展**：以"邦"作声符的形声字有"帮（bāng）、梆（bāng）、绑（bǎng）"等。

nà/nā 那

| **解析** | 形声字，从阝（表示城邑），冄（rǎn）声。
| **本义** | 古代地名。
| **引申** | 假借用作指示代词，指代较远的人或事物，如"那人""那里""那边"等。以上意义都读 nà。
| **多音字** | 读 nā，表示姓氏，如"姓那"。

> **小提示**："那"的笔顺是 フ ヨ ヨ 月 那 那，共六画。
> "那"的左边是由"冄"之形演变来的，不要写成"月"。读音是鼻音 nà，不要读成边音 là。
>
> **小拓展**：以"那"作声符的形声字有"娜（nà/nuó）、挪（nuó）"等。

lín 邻

| **解析** | 繁体为"鄰"，形声字，从阝（表示城邑），粦声。"鄰"简化为"邻"。
| **本义** | 古代的一种居民组织。"五家为邻"。
| **引申** | ① 邻居，住处接近的人家，如"邻里""左邻右舍"。② 接近，靠近，如"邻国"等。

> **小提示**："邻"的读音是前鼻音 lín，不要读成后鼻音 líng。
>
> **小辨析**："邻"和"瓴（líng）"是形近字，注意区分。（组词：邻，邻居。瓴，高屋建瓴）

shào 邵

解析 形声字，从阝（城邑），召声。
本义 春秋时代晋国地名。
引申 表示姓氏，如"姓邵"。

> 小链接：人的姓有一部分是从地名演变而来的，所以一些表示姓的字有"阝"（右耳朵，表示城邑），如"邵、郭、邓、邱、邹、邢、郝、郑、邝"。
> 小提示：虽然"邵"的声符是"召"，但"邵"的正确读音是 shào，不要读成 zhāo。
> 小辨析："邵"和"绍"是同音字，注意区分。（组词：邵，姓邵。绍，介绍）

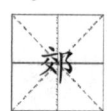

jiāo 郊

解析 形声字，从阝（城邑），交声，交兼表义。
本义 "距国百里为郊"，国都城外百里以内的地区。
引申 泛指城市周围的地区，如"郊区""郊游""郊外"。

> 小链接："交"，象形字，甲骨文像人两足相交的形态，本义是交叉、相交。
> 小辨析："郊"和"效（xiào）"是形近字，注意区分。（组词：郊，郊外。效，效果）

dū/dōu 都

解析 形声字，从阝（城邑），者声。
本义 大城市，如"都市""都会"。
引申 表示首都，如"国都""建都"。以上意义都读 dū。
多音字 读 dōu，用作副词，表示总括、完全，如"都要""都同意"等。

> 小提示：虽然"都"的声符是"者"，但由于古今语音演变等原因，"都"的读音是 dū，不要读成 zhě。
> 小辨析："都"和"堵（dǔ）"是形近字，注意区分。（组词：都，都市。堵，堵车）

bǐ 鄙

解析 形声字，从阝（城邑），啚声，啚兼表义。笔者想重点讲讲"啚"，上面像城邑，下面像粮仓（古代种粮食的田地在都城之外），合起来表示都邑四周的土地。

本义 都邑四周的土地。

引申 ① 边邑，边远的地方，如"边鄙"。② 粗俗，低劣，如"卑鄙"。③ 轻视，看不起，如"鄙视"。④ 谦辞，用于自称，如"鄙人"等。

> **小提示**："鄙"是特别容易写错的字，但如果知道了字形来源，再多练写几次，还会写错吗？
>
> **小巧记**："鄙"的左边是"啚"，可以拆解巧记为"啚=口十回"，如果一个"口"字都要写"十回"才能写会，是会被"鄙"视的。（拆解记忆法也是识记汉字的一种方式，在理解汉字字源的前提下，笔者认为如果拆解恰当，也可以偶尔使用）

"身"部

作为部首，读作"身部""身字旁"。部中的字多与身体及其动作有关。部中只有"身、射、躬、躯、躲、躺"六个常用字。

shēn 身

解析 象形字，甲骨文像女子怀孕、腹部突出的形态。

本义 身孕。

引申 ① 转指人、动物的躯体，如"身体""身高""身强力壮"。② 自身，自己，如"以身作则""身临其境"。③ 物体的主要部分，如"机身""车身"等。

> **小提示**："身"的笔顺是 ノ 亻 𠂉 斤 自 身 身，共七画。
>
> **小链接**："身经百战"，亲身经历过许多战斗。形容久经锻炼，具有丰富的实践经验。
>
> **小辨析**："身"和"牙（yá）"是形近字，注意区分。（组词：身，身体。牙，门牙）

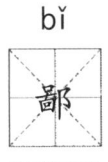

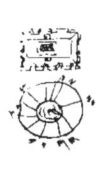

qū
躯

解析 形声字，从身，区声。
本义 身体，如"身躯""躯体""七尺之躯"。

> **小提示**："身"在成为构字部件后，下部的"撇"就不能穿过旁边的"横折钩"了，你发现了吗？
> **小辨析**："躯"和"驱"是同音字，注意区分。（组词：躯，躯体。驱，驱赶）

duǒ
躲

解析 形声字，从身，朵声。
本义 躲藏身体，如"躲藏"。
引申 泛指隐藏，避开，如"躲雨""躲车""明枪易躲，暗箭难防"。

> **小链接**："明枪易躲，暗箭难防"，明处来的枪容易躲开，暗中射来的箭难以提防。比喻公开的攻击容易应对，暗地里的中伤难以辨别。
> **小辨析**："躲"和"跺（duò）"是形近字，注意区分。（组词：躲，躲藏。跺，跺脚）

tǎng
躺

解析 形声字，从身，尚声。
本义 身体横倒，如"横躺""躺下"。

> **小提示**：虽然"躺"的声符是"尚"，但"躺"的正确读音是 tǎng，不要读成 shàng。
> **小辨析**："躺"和"淌"是同音字，注意区分。（组词：躺，躺下。淌，流淌）

"采"部

作为部首，读作"番字头"或"释字旁"。部中只有"悉、釉、番、释"四个常用字。

biàn

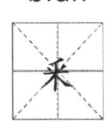

采

解析	象形字，甲骨文像兽趾爪在地上留下的印迹。
本义	野兽的趾爪印。
引申	古人狩猎，可以通过观察趾爪印来获得猎物的各种信息，引申为辨别。

小提示：笔者猜想可能是因为古人可以通过观察趾爪印来分辨是什么动物，所以"采"读"biàn"。"采"下部的"米"字是由兽趾印迹之形演变而来，跟"大米"没有意义关系！

小辨析："采"和"采（cǎi）"是形近字，注意区分。"采"是上下结构，上部是"爫"（手），下部是"木"，表示用手采摘。

xī

悉

解析	会意字，从心，从采（表示辨别）。
本义	周到，详尽。
引申	① 详尽地知道，知道，如"熟悉""知悉"。② 全，尽，如"悉心""悉数"等。

小提示："悉"的上部是"采"，不要写成"采"。

小辨析："悉"和"思（sī）"是形近字，注意区分。（组词：悉，熟悉。思，思想）

fān/pān

番

解析	象形字，金文上部像兽的脚趾或留下的脚印，下部像脚掌。
本义	兽类的脚掌，这个意义后写作"蹯"。
引申	① 作者猜可能是因为兽的脚掌在行走时轮换向前，所以假借表示轮换，更替，如"轮番"。② 量词，用于动作的遍数，相当于"回""次"，如"三番五次"。③ 外国或外族，如"番邦""番茄"。以上意义都读 fān。
多音字	读 pān，用作地名，"番禺"（位于广东省广州市）。

小提示："番"的上部是"采"，不要写成"采"。

小拓展： 以"番"作声符的形声字有"翻（fān）、幡（fān）、潘（pān）、蟠（pán）、播（bō）"等。

shì 释

解析 繁体为"釋"，形声字，从采（分辨），睪（yì）声。"釋"简化为"释"。

本义 分辨，分解。

引申 ① 说明，解释，如"注释"。② 放开，放下，如"爱不释手""如释重负"。③ 佛教创始人释迦牟尼，泛指佛教，如"释门""释宗"等。

小辨析： "释"和"译（yì）"是形近字，注意区分。（组词：释，解释。译，翻译）

"谷"部

作为部首，读作"谷部""谷字旁"。部中只有"谷、郤、欲、鹆、䅽、豁、谿"七个常用字。

gǔ 谷

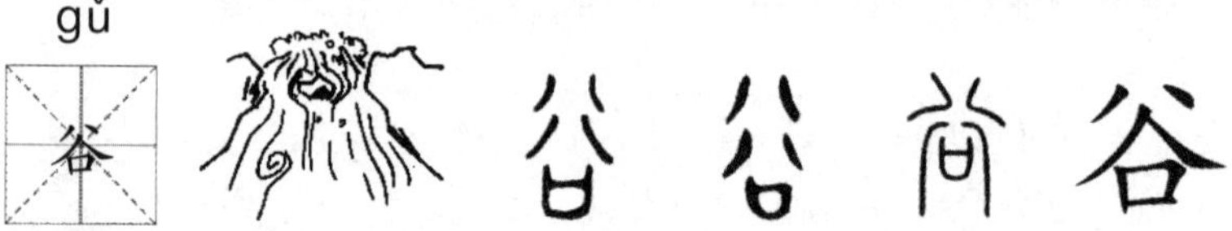

解析 会意字，甲骨文下面像谷口，上面像水流出的形态。

本义 山谷，两山之间的夹道或水道，如"峡谷""河谷"。

引申 ① 用作"穀"的简化字，表示粮食的总称，如"稻谷""五谷"。② 特指谷子，籽实去皮后叫小米。

小拓展： 以"谷"作声符的形声字有"俗（sú）、浴（yù）、欲（yù）、裕（yù）、鹆（yù）"，由于古今语音演变等原因，它们的读音跟声符"谷（gǔ）"已经有很大差别了，古代造字时应该是相同或相似的。

yù 欲

| 解析 | 形声字，从欠（张开嘴之形），谷声。笔者认为谷兼表义，表示欲望如山谷般难以填满。
| 本义 | 欲望，如"食欲""欲壑难填"。
| 引申 | ① 想要，希望，如"欲盖弥彰""畅所欲言"。② 将要，如"摇摇欲坠""山雨欲来风满楼"。

> 小提示：虽然"欲"的声符是"谷"，但由于古今语音演变等原因，"欲"的读音是 yù，不要读成 gǔ。
>
> 小链接："欲壑难填"，贪婪的欲望像沟壑一样难以填满。形容贪欲太大，难以满足。
>
> 小辨析："欲"和"饮（yǐn）"是形近字，注意区分。（组词：欲，欲望。饮，饮料）

yù

鹆

| 解析 | 形声字，从鸟，谷声。
| 本义 | 鸲（qú）鹆，俗称"八哥"，羽毛黑色有光泽，雄鸟经过训练能模仿人的某些语音。

> 小提示："鹆"的读音是 yù，不要读成 gǔ。
>
> 小辨析："鹆"和"鸣（míng）"是形近字，注意区分。（组词：鹆，鸲鹆。鸣，鸣叫）

huò/huō

豁

| 解析 | 形声字，从谷，害声。
| 本义 | 开阔的山谷。
| 引申 | ① 开阔，宽敞，如"豁然开朗"。② 开朗，如"豁达"。③ 免除，如"豁免"。以上意义都读 huò。
| 多音字 | 读 huō，表示以下意思：① 裂开，缺损，如"豁口"。② 舍弃，如"豁出性命"。

> 小提示：虽然"豁"的声符是"害"，但由于古今语音演变等原因，"豁"的读音是 huò，不要读成 hài。
>
> 小链接："豁然开朗"，形容由狭小幽暗顿时变得宽敞明亮，比喻（经过别人的指点或自己的思考）突然明白和领悟。
>
> 小辨析："豁"和"瞎（xiā）"是形近字，注意区分。（组词：豁，豁达。瞎，瞎说）

"豸"部

作为部首,读作"豸字旁"。部中的字多为兽类名,如"豺、豹、貂"。

zhì 豸

解析 象形字,甲骨文像大口长脊的野兽之形。
本义 长脊的野兽。
引申 假借表示没有脚的虫,如"虫豸"。

> 小提示:作为部首,"豸"和"犭"要注意区分,"豸"的上部是张着的大口演变而来。
> 小辨析:"豸"和"豕(shǐ)"是形近字,注意区分。(组词:豸,虫豸。豕,豕突狼奔)

bào 豹

解析 形声字,从豸,勺声。
本义 豹,像虎而小,毛黄褐或赤褐色,多有黑色斑点,性凶猛,如"豹子""金钱豹""管中窥豹"。

> 小提示:虽然"豹"的声符是"勺",但"豹"的正确读音是 bào,不要读成 sháo。
> 小链接:"豹头环眼",形容人的相貌威武勇猛。
> 小辨析:"豹"和"钓(diào)"是形近字,注意区分。(组词:豹,豹子。钓,钓鱼)

chái 豺

解析 形声字,从豸,才声。
本义 豺狗,像狼而嘴较短,性凶猛,常成群侵袭家畜。

> 小提示:虽然"豺"的声符是"才",但"豺"的正确读音是翘舌音 chái,不要读成平舌音 cái。

小链接:"豺狼",豺和狼都是凶兽。比喻凶恶残忍的人。
小辨析:"豺"和"材(cái)"是形近字,注意区分。(组词:豺,豺狼。材,木材)

diāo

貂 貂

解析 形声字,从豸,召声。
本义 貂,嘴尖,尾巴长,皮毛黄黑色或带紫色,如"貂毛""水貂"。

小提示:虽然"貂"的声符是"召",但"貂"的正确读音是 diāo,不要读成 zhāo。
小链接:"狗尾续貂",古代侍从官员以貂尾为冠饰,后朝廷封官太滥,貂尾不足,只好以狗尾替代,民谚以"貂不足,狗尾续"来讽刺。后用"狗尾续貂"比喻以坏续好,前后不相称。
小辨析:"貂"和"招(zhāo)"是形近字,注意区分。(组词:貂,貂毛。招,招手)

"龟(龜)"部

"龟"部只有"龟"一个字。"龜"是"龟"的繁体字形。

guī/jūn/qiū

龟 龜 龟

解析 繁体为"龜",象形字,甲骨文像龟侧面之形。
本义 乌龟,读 guī,如"龟壳"。
多音字 ① 读 jūn,同"皲",表示皮肤因寒冷或干燥而破裂,裂开许多缝,如"龟裂"。② 读 qiū,"龟兹(cí)"是汉代西域国名,在今新疆库车一带。

小提示:"龟"的笔顺是 ノ 𠂆 𠂇 𠂊 ⺈ 龟,共七画。
小拓展:以"龟"作声符的形声字有"阄(jiū)"。
小链接:"龟年鹤寿",像乌龟和仙鹤一样长寿。常用作老人生日时的贺词。
小辨析:"龟"和"电(diàn)"是形近字,注意区分。(组词:龟,乌龟。电,闪电)

"角"部

作为部首，读作"角部""角字旁"。部中字的本义多与兽角或用角制成的酒器有关，如"解、触、觞、觥"。

jiǎo/jué 角

解析 象形字，像兽角之形。

本义 兽角，如"牛角""羊角"。

引申 ① 形状像兽角的，如"豆角""皂角"。② 物体边沿相连接的地方，如"墙角""桌角"等。以上意义都读 jiǎo。

多音字 读 jué，表示以下意思：① 兽的角有防御、攻击的功能，引申出竞争，竞赛，如"角斗""角逐"。② 演员，如"主角""配角""角色"。③ 古代五音之一，如"宫商角徵羽"。

> **小链接** 古代饮酒器最初是用动物角做成的，因为一些动物角中空可以盛酒，其大小也便于人手握持，所以许多饮酒器都有"角"旁。
>
> **小拓展** 以"角"作声符的形声字有"桷（jué）、确（què）"。
>
> **小辨析**："角"和"用（yòng）"是形近字，注意区分。（组词：角，牛角。用，使用）

shāng 觞

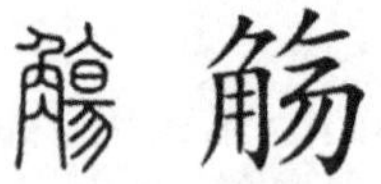

解析 繁体为"觴"，形声字，从角，傷省声。

本义 古代饮酒器具，如"举觞称贺""引壶觞以自酌"。

> **小提示** 别把"觞"右上角的一撇一横写丢了。
>
> **小链接** "滥觞"，原指江河发源地的水很少，只能浮起酒杯。后比喻事物的起源，如"古代神话是中国文学的滥觞"。
>
> **小辨析**："觞"和"伤"是同音字，注意区分。（组词：觞，滥觞。伤，悲伤）

chù 触

解析 繁体为"觸",形声字,从角,蜀声。"觸"简化为"触"。

本义 用角相抵。

引申 ① 碰撞,接触,如"触电""触觉""一触即发"。② 触动,引发,如"感触""触发"。

> 小链接:"触类旁通",接触某一事物并掌握其规律后,就能推知同类的其他事物。
> 小辨析:"触"和"烛(zhú)"是形近字,注意区分。(组词:触,触动。烛,烛光)

gōng 觥

解析 形声字,从角,光声。

本义 古代饮酒的器皿,多用兽角制成,也有青铜和木制的,如"觥爵""觥筹交错"。

> 小提示:虽然"觥"的声符是"光",但因为古今语音演变等原因,"觥"要读 gōng,不能读成 guāng。
> "觥"的右边是声符"光",不要写成"先"。
> 小链接:"觥筹交错",酒杯和酒筹交错起落(筹:喝酒时行令用的竹片等物品)。形容相聚饮酒的热闹场面。
> 小辨析:"觥"和"恍(huǎng)"是形近字,注意区分。(组词:觥,觥筹交错。恍,恍惚)

jiě/jiè/xiè 解

解析 会意字,从牛,从角,从刀。甲骨文像用手分解牛体。小篆字形变双手为刀,表示用刀分解牛体。

本义 用刀分割牛或其他动物的肢体,如"分解""庖丁解牛"。

引申 ① 消除,如"解除""解忧"。② 分析,说明,如"解说""讲解"等。以上意义都读 jiě。

多音字 ① 读 jiè,表示押送,押运,如"押解"。② 读 xiè,武术的套路,如"解数";

用于地名，姓氏。

小提示："解"字看似笔画多，但知道了字形来源后，真是很有意思的一个字啊！

小链接：成语"庖丁解牛"，一位叫丁的厨师非常轻松地解剖了一头牛。比喻经过反复实践，掌握了事物的客观规律，做事得心应手，运用自如。（庖：páo，厨师）

小拓展：以"解"作声符的形声字有"蟹（xiè）、懈（xiè）、邂（xiè）"等。

"言（讠）"部

"言"作为部首，读作"言部""言字底"。"言"在汉字左侧做偏旁时写作"讠"，读作"言字旁"。部中字的本义多与说话、言论有关，如"誉、誓、誊、詹、说、语、诞"。

yán

解析 象形字或指事字，像舌头前伸的样子。另有说法认为是形声字，从口，辛（qiān）声。

本义 说，如"言谈""言之有理"。

引申 ① 说出的话，如"名言""言论"。② 汉语的一个字或一句话，如"五言诗""千言万语"等。

小拓展：以"言"作声符的形声字有"喑（yàn）"。

小链接："言必信，行必果"，说话一定要守信用，做事一定要有成效。

shuō/shuì

解析 形声字，从讠，兑声，兑兼表义。"兑"的甲骨文像人开口说话的形态。

本义 解释。

引申 ① 陈述，用言语表达意思，如"说话"。② 观点，主张，如"学说"。③ 介绍，如"说媒"等。以上意义都读 shuō。

多音字 读 shuì，表示劝说使听从自己的意见，如"说服""游说"。

小链接："说一不二"，指说话算数；也形容独断专行。
小辨析："说"和"悦（yuè）"是形近字，注意区分。（组词：说，说话。悦，喜悦）

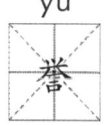

yù 誉

解析 繁体为"譽"，形声字，从言，與（"与"的繁体字形）声。"譽"简化为"誉"。
本义 称赞，称颂，如"赞誉"。
引申 美名，名声，如"名誉""荣誉""信誉"。

小辨析："誉"和"举（jǔ）"是形近字，注意区分。（组词：誉，名誉。举，举重）

zhān 詹

解析 形声字，从言（说话），从八（话向外扩散），厃（yán）声。
本义 话多。
引申 现在只用作姓氏，如"姓詹"。

小提示："詹"的读音是翘舌音 zhān，不要读成 yán。
"詹"的中间有一个"八"的变形，表示话向外扩散，别忘记了哟！
小拓展：以"詹"作声符的形声字有"瞻（zhān）、赡（shàn）、檐（yán）"等。

"辛"部

作为部首，读作"辛部""辛字旁"。部中的字多与刑罚、争讼有关。部中只有"辛、辜、辞、辟、辣、辨、辩、瓣、瓣"九个常用字。

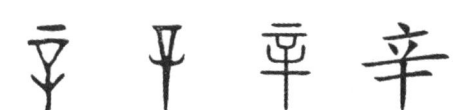

xīn 辛

解析 象形字，甲骨文像錾凿一类的工具的形态。还有说法认为像古时在奴隶或囚犯的脸上刺记号的刑具。

本义 罪。

引申 ① 常用义是辣，如"辛辣"。② 劳苦，辛苦，如"艰辛"。③ 悲伤，如"辛酸"。④ 天干的第八位，如"甲乙丙丁午己庚辛壬癸"。

> **小拓展**：以"辛"作声符的形声字有"锌（xīn）、莘（xīn/shēn）"等。
> **小辨析**："辛"和"幸（xìng）"是形近字，注意区分。（组词：辛，辛苦。幸，幸福）

bì/pì 辟

解析 会意字，甲骨文左边像屈膝的人，右边像刑具，合起来表示施加刑罚。

本义 法度。

引申 由法度转指执法的君主，如"复辟"，这些意义都读 bì。

多音字 读 pì，表示以下意思：① 开辟，如"开天辟地"。② 透彻，如"精辟"。③ 驳斥，排除，如"辟谣"。

> **小链接**："开天辟地"，神话传说盘古氏把混沌一片的宇宙开辟出天和地，创造了世界。比喻有史以来第一次。
> **小拓展**：以"辟"作声符的形声字有"譬（pì）、僻（pì）、霹（pī）、劈（pī/pǐ）、壁（bì）、璧（bì）、避（bì）、臂（bì/bei）"等。

là 辣

解析 形声字，从辛，刺（là）省声。

本义 辛味，辣椒、姜、蒜等刺激性味道，如"辣椒""辣酱""麻辣"。

引申 表示凶狠，狠毒，如"毒辣""心狠手辣"。

> **小提示**："辣"的读音是边音 là，不要读成鼻音 nà。
> **小辨析**："辣"和"辞（cí）"是形近字，注意区分。（组词：辣，辣味。辞，言辞）

biàn 辨

| 解析 | 形声字，从刀，辡（biàn）声。
| 本义 | 分别，区分，分析，如"辨别""辨析""明辨是非"。

小提示："辨"字中间的部分是由"刀"演变而来的哟！
　　　　"明辨是非"，明确地分辨正确与错误。
小辨析："辨"和"辩"是同音字，注意区分。（组词：辨，分辨。辩，辩论）

"青"部

作为部首，读作"青部""青字旁"。部中只有"青、靓、鹊、靖、静、靛"六个常用字。

qīng

| 解析 | 形声字，小篆从丹（表示颜色），生声。笔者认为还可以理解为从生（像草木出生），井声。
| 本义 | 蓝色，如"青天"。
| 引申 | ① 绿色，如"青草"。② 黑色，如"青丝"。③ 年纪轻，如"青年""青春"等。

小提示："青"的读音是后鼻音qīng，不要读成前鼻音qīn。
小拓展：以"青"作声符的形声字有"清（qīng）、蜻（qīng）、晴（qíng）、情（qíng）、请（qǐng）、精（jīng）、菁（jīng）、睛（jīng）、靖（jìng）、倩（qiàn）"等。
小链接："青梅竹马"，唐代李白《长干行》："郎骑竹马来，绕床弄青梅。同居长干里，两小无嫌猜。"后用"青梅竹马"形容男女在儿时玩耍游戏，天真无邪。
小辨析："青"和"胄（wèi）"是形近字，注意区分。（组词：青，青年。胄，肠胃）

jìng

| 解析 | 形声字，从立（站立），青声。

本义 立容安静。

引申 ① 安定，平安，如"安靖"。② 使安定，平定动乱，如"绥靖""靖难"。

小提示：虽然"靖"的声符是"青"，但"靖"的正确读音是后鼻音 jìng，不要读成 qīng。

小链接："绥靖"，使用安抚手段以保持地方平静。

jìng

静 静 静

解析 形声字，从青（表示与颜色有关），争声。可能从习惯上看，"静"的声符应该是"青"，但笔者查了好几种资料声符都是"争"，这可能是因为古今语音演变的原因。关键是感悟"形声字"这一概念。

本义 色彩鲜明。

引申 ① 常用义是停止不动，如"静止""静物"。② 没有声响，如"寂静""夜深人静"。③ 内心安定，如"镇静"等。

小辨析："静"和"净"是同音字，注意区分。（组词：静，安静。净，洁净）

diàn

靛 靛 靛

解析 形声字，从青，定声。

本义 靛蓝，一种蓝色的染料。

引申 表示深蓝色，如"靛青"。

小提示：虽然"靛"的声符是"定"，但"靛"的正确读音是 diàn，不要读成 dìng。

小辨析："靛"和"淀"是同音字，注意区分。（组词：靛，靛青。淀，沉淀）

"朝"部

作为部首，读作"朝字旁"。"朝"没有读音，是不独立成字的构字部件。"朝"部来源

于"倝",部中的字大多是以"倝(gàn)"为声符构成的形声字,部中只有"乾、韩、戟、朝、斡、翰"六个字。

qián 乾

解析 形声字,从乙(像草木屈曲生长),倝(gàn)声。笔者认为倝兼表义,表示日光促使草木向上生长。

本义 冒出,上出。

引申 假借为八卦之一,代表天,如"乾卦""乾坤"。

> **小提示**:虽然"乾"的声符是"倝",但"乾"的正确读音是 qián,不要读成 gàn。
>
> **小链接**:"乾坤",《周易》中的两个卦名,表示阳阴对立;后借指天地、日月等。

zhāo/cháo 朝

解析 会意字,甲骨文从日,从月,"日"上下是草,表示日月同现于草木之中,日始出而月尚存之时。

本义 早晨,如"朝霞""朝阳""朝思暮想"。

引申 日,天,如"有朝一日"。以上意思都读 zhāo。

多音字 读 cháo,表示以下意思:① 古代臣子在早晨拜见君主,引申为朝拜,朝见,如"朝廷""上朝"。② 朝代,如"宋朝"。③ 对着,向,如"坐北朝南"等。

> **小提示**:"朝"字左边"日"字上下的两个"十",是由草木之形演变而来的。
>
> **小拓展**:以"朝"作声符的形声字有"潮(cháo)、嘲(cháo)"。
>
> **小辨析**:"朝"和"胡(hú)"是形近字,注意区分。(组词:朝,朝阳。胡,胡豆)

hàn 翰

详见第 250 页"羽"部"翰"字。

"雨（⻗）"部

作为部首，读作"雨部"。"雨"在汉字上方做偏旁时写作"⻗"，读作"雨字头"。部中字的本义多与云、雨等有关，如"雷、雪、霍"。

yǔ
雨

解析 象形字，甲骨文像雨滴下落的样子。
本义 从云层中落向地面的水，如"雨水""下雨""暴雨"。

小链接："雨过天晴"，雨后天气变晴；比喻情况由坏变好。
小辨析："雨"和"而（ér）"是形近字，注意区分。（组词：雨，下雨。而，而且）

xuě
雪

解析 小篆是形声字，从雨，彗声。
本义 可喜的瑞雪。
引申 ①泛指雪，如"雪花"。②颜色或光彩像雪的，如"雪白"。③洗去，除去，如"雪耻""雪恨"等。

小链接："雪中送炭"，雪天给人送炭取暖。比喻在别人急需的时候给予帮助。
小辨析："雪"和"虐（nüè）"是形近字，注意细节的区分。"雪"的下部是手，"虐"的下部是虎爪。（组词：雪，雪白。虐，虐待）

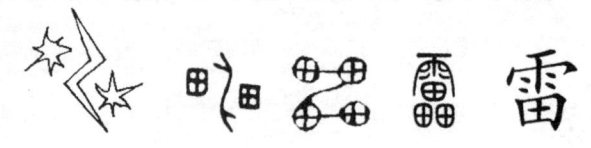

léi
雷

解析 象形字，甲骨文中间像闪电，两旁像雷声滚滚回转的形态。小篆加"雨"会意。

| 本义 | 雷声，云层放电时发出的巨大响声，如"打雷""春雷"。
| 引申 | 表示军事上用的爆炸武器，如"地雷""鱼雷"。

> 小链接："雷厉风行"，像打雷一样猛烈，像刮风一样急速。比喻执行任务声势大，行动快。
> 小拓展：以"雷"作声符的形声字有"镭（léi）、蕾（lěi）、擂（léi/lèi）"等。
> 小辨析："雷"和"奋（fèn）"是形近字，注意区分。（组词：雷，打雷。奋，奋斗）

huò 霍

| 解析 | 会意字，从雨，从隹（表示短尾巴的鸟），表示鸟在雨中飞。雨突然来临，鸟儿奋力飞起时发出的声音。
| 本义 | 鸟疾飞发出的声音。
| 引申 | ①迅速，快，如"霍然""挥霍"（本义是迅速的样子，引申指用钱浪费）。②用作象声词，如"磨刀霍霍向猪羊"等。

> 小提示："霍"的下面是"隹"字（zhuī，表示短尾巴的鸟），不是"住"字哟。
> 小拓展：以"霍"作声符的形声字有"藿（huò）"。
> 小辨析："霍"和"雀（què）"是形近字，注意区分。（组词：霍，挥霍。雀，麻雀）

"非"部

作为部首，读作"非部""非字旁""非字头"或"非字底"。部中只有"非、韭、剕、棐、辈、斐、悲、蜚、裴、翡、靠、靡"等十二个常用字。

fēi 非

| 解析 | 会意字，甲骨文像两个翅膀左右分开的样子。
| 本义 | 相背，如"非法""非礼"。
| 引申 | ①错误，不对，如"是非""为非作歹"。②责怪，反对，如"非议"等。

> 小提示："非"的笔顺是 丨丨丨丨 𠃌 非 非 非，共八画。

小拓展： 以"非"作声符的形声字有"啡（fēi）、扉（fēi）、绯（fēi）、匪（fěi）、斐（fěi）、翡（fěi）、悱（fěi）、痱（fèi）、悲（bēi）、辈（bèi）"等。

jiǔ 韭

解析 象形字，像地上长着韭菜的形态。"一"表示地面。

本义 韭菜。《说文》中说"一种而久者故谓之韭"。韭菜生命力很强，可以活很久，所以叫"jiǔ"菜。

小提示： "韭"字上部的"韭"是由韭菜之形演变而来，跟"非（相背）"没有意义关联。

小辨析： "韭"和"非（fēi）"是形近字，注意区分。虽然它俩楷书字形只相差了一横，但其实字形来源差别很大。（组词：韭，韭菜。非，是非）

bēi 悲

解析 形声字，从心，非声。笔者认为非兼表义，表示因现实与愿望相违背而悲伤。

本义 伤心，哀痛，如"悲伤""悲喜交集"。

引申 怜悯，如"慈悲""悲天悯人"。

小提示： 虽然"悲"的声符是"非"，但"悲"的正确读音是 bēi，不要读成 fēi。

小链接： "悲欢离合"，悲伤、欢乐、离别、团聚；泛指人生的种种经历、遭遇和感受。

bèi 辈

解析 形声字，从车（兵车），非声。笔者认为非兼表义，表示兵车像鸟翅膀左右展开。

本义 分成行列的车。

引申 ① 分成行列就好像分了等级，所以引申为辈分，如"长辈""同辈""晚辈"。
② 等，类（指人），如"等闲之辈"等。

小提示： 虽然"辈"的声符是"非"，但"辈"的正确读音是 bèi，不要读成 fēi。

小辨析： "辈"和"斐（fěi）"是形近字，注意区分。（组词：辈，长辈。斐，斐然）

"齿（齒）"部

作为部首，读作"齿部""齿字旁"。部中的字多与牙齿、年龄有关，如"龈、龇、龄"。"齒"是"齿"的繁体字形。

chǐ 齿

解析 繁体为"齒"，甲骨文是象形字，像张口露出上下牙的样子。小篆字形在上边增加了声旁"止（zhǐ）"，变成形声字。"齒"简化为"齿"，下部的四颗牙齿只保留了一颗。

本义 门牙。

引申 ①泛指牙齿，"齿龈""唇亡齿寒"。②像齿一样排列的东西，如"齿轮""锯齿"等。

> 小提示：虽然"止"是"齿"的声符，但由于古今语音演变等原因，"齿"要读chǐ，不能读成zhǐ。
> 小链接："唇亡齿寒"，嘴唇没有了，牙齿会感到寒冷。比喻双方互相依存，利害相关。
> 小辨析："齿"和"缶（fǒu）"是形近字，注意区分。（组词：齿，牙齿。缶，击缶）

líng 龄

解析 形声字，从齿，令声。因为牙齿的生长跟年龄有关，所以"龄"字从"齿"旁。

本义 岁数，如"年龄""老龄"。

引申 年限，年数，如"工龄""学龄""树龄"等。

> 小提示：虽然"龄"的声符是"令"，但"龄"的正确读音是后鼻音líng，不要读成lìng。
> 小辨析："龄"和"玲"是同音字，注意区分。（组词：龄，年龄。玲，玲珑）

yín 龈

解析 形声字，从齿，艮声。

本义 用牙齿咬。
引申 表示牙龈，俗称牙床，也就是牙根上的肉。

> **小提示**："龈"的声符"艮（gèn）"，不要写成"良（liáng）"。虽然"艮"是"龈"的声符，但由于古今语音演变等原因，两者的读音现在没那么像了，但造字时读音应该是相同或相似的。"龈"的读音是 yín，不要读成 gèn。
>
> **小辨析**："龈"和"银"是同音字，注意区分。（组词：龈，牙龈。银，金银）

wò

龌 龌

解析 形声字，从齿（牙齿），屋声。
本义 "龌龊（chuò）"，本义是牙齿细密、紧挨着，假借表示肮脏不干净，比喻人的品质恶劣。

> **小提示**：虽然"龌"的声符是"屋"，但"龌"的正确读音是 wò，不要读成 wū。
>
> **小辨析**："龌"和"幄"是同音字，注意区分。（组词：龌，龌龊。幄，帷幄）

"黾（黽）"部

作为部首，读作"黾部""黾字旁"。部中只有"黾、鼋、鼍、鼍"四个常用字。"黽"是"黾"的繁体字形。

měng/mǐn

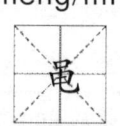

黾

解析 繁体为"黽"，象形字，甲骨文像一只蛙的形态。
本义 蛙，读 měng。
引申 读 mǐn，因为蛙的腹部鼓鼓的，像鼓足气力的样子，所以假借表示努力勤勉，如"黾勉""黾勉从事"。

> **小提示**："黾"的楷书字形虽然是上"口"下"电"，但其实是由蛙形演变而来的哟！
>
> **小拓展**：以"黾"作声符的形声字有"绳（shéng）、渑（shéng/miǎn）、蝇（yíng）"。

小辨析:"黾"和"邑(yì)"是形近字,注意区分。(组词:黾,黾勉。邑,城邑)

yuán

鼋

解析 形声字,从黾(外形像蛙),元声。
本义 鼋鱼,即鳖。

小提示:"鼋"的下部是"黾",不要写成"鱼"。
小辨析:"鼋"和"鳖(biē)"是形近字,注意区分。(组词:鼋,鼋鱼。鳖,龟鳖)

méng

鄳

解析 形声字,从阝(城邑),黾(měng)声。
本义 古地名,在今河南省。

小提示:虽然"鄳"的声符是"黾",但"鄳"的正确读音是 méng,不要读成 měng。"鄳"的部首是"阝",表示城邑。虽然部首常被读作"右耳朵",是因为其外形跟耳朵之形相似,但意义跟耳朵一点关系都没有,这点需要注意!

tuó

鼍

解析 形声字,从黾,單(单)省声。
本义 鼍龙,即扬子鳄,俗称猪婆龙,是我国特有的动物。

小提示:"鼍"的正确读音是 tuó,不要读成 shòu。"鼍"的下部是"黾",不要写成"鱼"。
小链接:"江汉之鱼鳖鼋鼍为天下富。"(《墨子》)

"隹"部

作为部首,读作"隹部""隹字旁"。部中字的本义与鸟类有关,如"雀、焦、集"。

zhuī 隹

解析 象形字,像短尾鸟的形态。
本义 短尾巴的鸟。
引申 泛指鸟类。"隹"字很少单独使用,常作为构字部件。

> **小拓展**:以"隹"作声符的形声字有"锥(zhuī)、椎(zhuī/chuí)、谁(shuí/shéi)、堆(duī)、推(tuī)、唯(wéi)、维(wéi)、帷(wéi)、惟(wéi)"等。
> **小辨析**:"隹"和"住(zhù)"是形近字,注意区分。"隹"是象形字。"住"是形声字,从亻,主声。

què/qiāo/qiǎo 雀

详见第69页"小"部"雀"字。

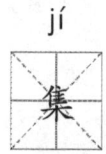

jí 集

解析 会意字,从隹,从木(树木),像鸟在树上。
本义 群鸟停在树上。
引申 ①聚集,会合,如"集合""集会""集思广益"。②汇集多篇文章编成的书,如"文集""诗集"。③集市,如"赶集"等。

> **小提示**:"集"虽然只写了一个"隹"(鸟),但表示的是很多鸟在树上哟!
> **小链接**:"集思广益",集中大家的智慧,广泛采纳各种有益的意见。

jiāo 焦

解析 会意字,从隹,从灬(火),像用火烤鸟。

本义：被火烧。

引申：① 东西经火烧烤而变黄或变焦，如"烧焦""焦土"。② 心里着急，烦躁，如"焦急""焦躁"等。

> **小拓展**：以"焦"作声符的形声字有"蕉（jiāo）、礁（jiāo）、樵（qiáo）、瞧（qiáo）、憔（qiáo）"等。
>
> **小辨析**："焦"和"羔（gāo）"是形近字，注意区分。（组词：焦，焦急。羔，羊羔）

"阜（阝左）"部

"阜"在汉字左侧做部首时写作"阝"，读作"左耳朵"或"双耳旁"。该部中的字多与山丘、升降、险陡有关，如"降、阶、限、陡、防"。

重点小提示："阝左"读作"左耳朵"或"双耳旁"，是因为其外形跟耳朵相似，但表达的意思跟耳朵没有关系！为了更好地理解该部中的字，可以把"阝"巧记为侧立的两个小山包，记住了吗？

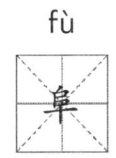

fù 阜

解析：象形字，甲骨文像土山高大而上平，可以一层一层向上。

本义：土山。

引申：物资多，丰厚，如"物阜民丰"。

> **小链接**："物阜民丰"，物产丰富，人民富足。
>
> **小辨析**："阜"和"卓（zhuó）"是形近字，注意区分。（组词：阜，物阜民丰。卓，卓越）

ē/ā 阿

解析：形声字，从阝（阜，表示土山），可声。

本义：山的弯曲处，如"山阿"。

引申：由山的弯曲引申表示人的屈从，迎合，如"阿谀奉承""刚直不阿"。以上

意义都读 ē。

多音字 读 ā，表示词语前缀，如"阿姨""阿姐""阿哥"。

小巧记：虽然我们更熟悉"阿"读 ā，但除了用作词语前缀时读作 ā，"阿"都读作 ē，本义是山的弯曲处。

小辨析："阿"和"何（hé）"是形近字，注意区分。（组词：阿，阿胶。何，如何）

jiàng/xiáng 降

解析 会意字，从 阝（阜，表示土山），从夅（像两只脚向下之形）。

本义 从高处往下走。

引申 ① 落下，降落，如"降雨""下降"。② 使落下，如"降价""降级"等。以上意义都读 jiàng。

多音字 读 xiáng，表示投降，降服，如"归降""降服"。

小提示："降"是易错字，右边的"夂"和"牛"是由两只脚向下的样子演变而来。

小辨析："降"和"绛（jiàng）"是形近字，注意区分。（组词：降，下降。绛，绛红）

xiàn 限

解析 会意字，从 阝（阜，表示土山），从艮（像人回头看），合起来表示人的视线被土山阻隔。

本义 险阻，阻隔。

引申 ① 规定的范围，如"期限""界限"。② 规定出范围，如"限制"等。

小提示："限"的右边是"艮"，不要写成"良"。

小辨析："限"和"很（hěn）"是形近字，注意区分。（组词：限，限制。很，很好）

"金（钅）"部

"金"在汉字左侧做偏旁时写作"钅"，读作"金字旁"。部中的字多与金属有关，大致分为五类：① 各种金属名称，如"钢、铁、铅"。② 金属生产工具，如"锄、铲、锤、锹"。③ 金属用具，如"锅、镜、针"。④ 金属乐器，如"钟、锣、钹"。⑤ 金属元素名称，如"钇、钋、钌"。

jīn 金

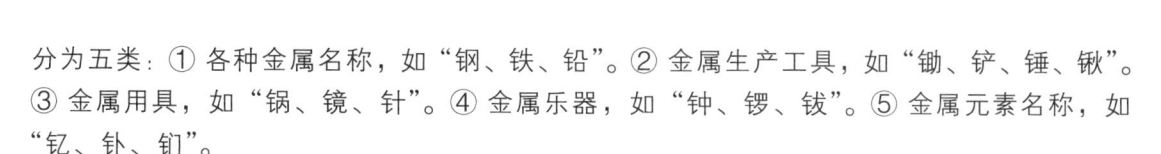

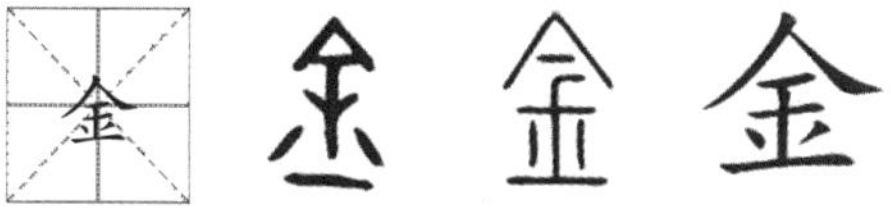

解析 形声字，金文从土，左右两画表示金属矿物生于土，今声。另有说法认为是会意字。

本义 金属的总称，如"五金""冶金"。

引申 ① 金属元素，符号 Au，是贵重的金属，如"黄金""白金"。② 钱，如"现金""奖金"等。

小提示："金"的笔顺是 丿 人 人 今 今 今 余 金，共八画。

小拓展：以"钅（金）"作声符的形声字有"锦（jǐn）、钦（qīn）"等。

小辨析："金"和"全（quán）"是形近字，注意区分。（组词：金，金色。全，全部）

gāng/gàng 钢

解析 形声字，从钅（金属），冈声。

本义 铁和碳的合金，如"钢铁""炼钢""钢筋"。以上意义都读 gāng。

多音字 读 gàng，表示把刀放在布、皮、石或缸沿上摩擦使锋利，如"钢了几下刀"。

小提示："钢"的右边是声符"冈"，不要写成"网"。

小辨析："钢"和"纲"是同音字，注意区分。（组词：钢，钢铁。纲，纲要）

jǐn 锦

解析 形声字，从帛（布帛、丝织品），钅（金）声。

本义 有彩色花纹图案的丝织品，如"锦缎""锦旗"。

引申 色彩艳丽，如"锦鸡""锦霞"。

小链接："锦上添花"，在漂亮的锦缎上再绣上花，比喻好上加好。

小辨析:"锦"和"棉(mián)"是形近字,注意区分。(组词:锦,锦旗。棉,棉花)

jìng

镜

解析 形声字,从钅(金属),竟声。
本义 古代镜子多用铜磨制而成,故"镜"从"钅",如"铜镜"。
引申 泛指利用光学原理制成的各种器具,如"眼镜""望远镜""显微镜"。

小提示:"镜"的右边是"竟",不要写成"竞"。"镜"的读音是后鼻音 jìng,不是前鼻音 jìn。
小链接:"镜花水月",镜里的花,水里的月。比喻虚幻不实的东西。
小辨析:"镜"和"境(jìng)"是形近字,注意区分。(组词:镜,眼睛。境,环境)

"鱼(魚)"部

作为部首,读作"鱼部""鱼字旁"。部中字的本义多与鱼或水中生物有关,如"鲨、鲜、鲁"。"魚"是"鱼"的繁体字形。

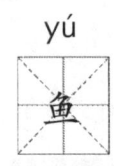

yú

鱼

解析 繁体为"魚",象形字,甲骨文像鱼的形态。
本义 鱼,生活在水中的脊椎动物,如"大鱼""鱼肉""鲫鱼"。
引申 某些像鱼类的水栖动物,如"鲸鱼""鱿鱼"。

小链接:"鱼目混珠",把鱼眼掺杂在珍珠里面。比喻以假充真。
小辨析:"鱼"和"龟(guī)"是形近字,注意区分。(组词:鱼,小鱼。龟,乌龟)

lǔ

鲁

| 解析 | 象形字，甲骨文像鱼在器皿中的样子。笔者认为可能表示鱼的味道嘉美。另有说法认为是会意字。

| 本义 | 嘉，美。

| 引申 | ① 大概是因为鱼在器皿中代表着鱼被捉住或被吃了，所以常用义是愚钝、莽撞，如"鲁莽""粗鲁"。② 山东的别称，如"鲁菜"。

| 小提示 | "鲁"的下部是"日"，不要写成"口"。
| 小拓展 | 以"鲁"作声符的形声字有"橹（lǔ）、撸（lū）、噜（lū）"等。

xiān/xiǎn

鲜 鲜

| 解析 | 形声字，从鱼，羴（shān）省声。
| 本义 | 活鱼，鲜鱼。
| 引申 | ① 泛指供食用的活鱼、虾等，如"鱼鲜"。② 新鲜的，如"鲜果""鲜奶"。③ 味道鲜美的食物，如"尝鲜"。④ 有光彩的，如"鲜艳""鲜明"等。以上意义都读 xiān。
| 多音字 | 读 xiǎn，表示少，如"鲜有""鲜为人知"。

| 小提示 | "鲜"常常被理解成"鱼羊鲜"（鱼和羊一起煮出来的味道就是鲜），把"鲜"当成了会意字。其实"鲜"是形声字，"鲜"右边的"羊"是声符"羴"演变而来的。笔者认为，为了更高效地记忆汉字，偶尔使用拆解记忆法是可以的。但只有真正理解了汉字的"六书"，象形、指事、会意、形声、转注、假借，才能更好地学习汉字。因为磨刀不误砍柴工，掌握原理很重要！

shā

鲨 鲨

| 解析 | 形声字，从鱼，沙声。
| 本义 | 一种小鱼。
| 引申 | 转指海洋中的鲨鱼，体型较大，性凶猛，行动敏捷，捕食其他鱼类，如"鲨鱼"。

| 小辨析 | "鲨"和"鳖（biē）"是形近字，注意区分。（组词：鲨，鲨鱼。鳖，龟鳖）

"隶"部

"隶"部中现只有"隶"一个常用字。

lì

隶

解析 会意字，小篆像手抓住一条尾巴之形，这个意义后来写作"逮"。
本义 奴隶的一个等级。
引申 ① 泛指被奴役的人，如"奴隶""仆隶"。② 封建时代的衙役，如"隶卒"。③ 附属，如"隶属"。④ 隶书，如"汉隶"。

小提示："隶"的笔顺是 ⺈ ⺈ ⺈ 丮 丮 丮 隶 隶，共八画。
小链接："隶书"，汉字字体的一种。由篆书简化演变而成，笔画平直方正，便于书写，奠定了楷书的基础。产生于秦，盛行于汉魏。最初为隶人（指官府中办理文书的小吏）所用，故称"隶书"。
小辨析："隶"和"律（lǜ）"是形近字，注意区分。（组词：隶，隶书。律，法律）

"革"部

作为部首，读作"革部""革字旁"。部中字的本义多与皮革有关，如"鞋、靴、勒、靶、鞠"。

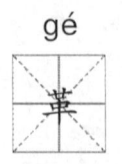

gé

革

解析 象形字，金文像剥下来的完整兽皮的形态。
本义 去了毛的兽皮，如"皮革"。

引申 ① 革是经过加工改造的兽皮，故引申为改变，如"改革""变革"。② 除去，如"革除""革职"等。

小提示："革"的笔顺是 一十廾廾芢芢苦莒革，共九画。
小链接："洗心革面"，清除掉思想上的污秽，改变原来的面貌。表示痛改前非，重新做人。

lè/lēi
勒

解析 形声字，从革（皮革制品），力声。也有说法认为金文像用手张开革的样子。
本义 套在马头上的笼头和横在马口中的嚼子。
引申 ① 收住缰绳不让牲口前进，如"悬崖勒马"。② 泛指强制，如"勒令""勒索"。以上意义都读 lè。
多音字 读 lēi，用于口语，表示用绳子套住，使劲拉紧，如"勒紧""勒紧裤腰带"。

小链接："悬崖勒马"，行至陡峭的山崖边勒住缰绳，使马停下。比喻面临危险及时回头。
小辨析："勒"和"肋（lèi）"是形近字，注意区分。（组词：勒，勒紧。肋，肋骨）

xuē
靴

解析 形声字，从革（皮革制品），化声。
本义 骑乘马时穿的长筒皮鞋。
引申 泛指带长筒的鞋，如"靴子""皮靴""长筒靴"。

小提示：虽然"靴"的声符是"化"，但"靴"的正确读音是 xuē，不要读成 huà。
小辨析："靴"和"讹（é）"是形近字，注意区分。（组词：靴，靴子。讹，讹诈）

xié
鞋

解析 形声字，从革（皮革制品），圭声。
本义 鞋，穿在脚上、走路时着地的东西，如"皮鞋""棉鞋""拖鞋"。

小提示：虽然"鞋"的声符是"圭"，但由于古今语音演变等原因，"鞋"的读音是 xié，不要读成 guī。

小辨析："鞋"和"桂（guì）"是形近字，注意区分。（组词：鞋，皮鞋。桂，桂花）

"面"部

作为部首，读作"面部""面字旁"。部中只有"面、勔、靦"三个字。

miàn
面

解析 **本义** **引申**

象形字，甲骨文外部像脸的轮廓，里面是眼睛，合起来表示面部。

脸，如"面容""泪流满面"。

① 当面，面对面，如"面谈""面试"。② 事物的外表，如"表面""地面"。③ 用作"麵"的简化字，表示小麦或其他粮食磨成的粉，如"面粉""磨面"等。

小链接："面不改色"，脸色不变，形容临危不惧，从容自若。
汉代张衡《思玄赋》："勔自强而不息兮。"

小拓展：以"面"作声符的形声字有"缅（miǎn）、湎（miǎn）、腼（miǎn）"等。

小辨析："面"和"而（ér）"是形近字，注意区分。（组词：面，面包。而，而且）

小提示：虽然"勔"的声符是"面"，但"勔"的正确读音是 miǎn，不要读成 miàn。

"韭"部

作为部首，读作"韭部""韭字旁"。部中只有"韭、齑"两个字。

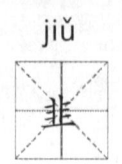

jiǔ
韭

详见第 286 页"非"部"韭"字。

jī

齑

解析 形声字，从韭，齐声。
本义 捣碎成末的姜、蒜、韭菜等。
引申 细，碎，如"齑粉"。

小提示：虽然"齑"的声符是"齐"，但"齑"的正确读音是 jī，不要读成 qí 哟！

"骨"部

作为部首，读作"骨部""骨字旁"。部中的字大多与骨骼有关，如"骷、骸、髅、髓"。

gǔ/gū

骨

解析 会意字，从冎（由骨架相互支撑之形演变而来），从月（表示肉）。
本义 人或动物的骨骼。
引申 ① 泛指骨头，如"骨骼""肋骨"。② 比喻人的品格，气概，如"骨气"等。以上意义都读 gǔ。
多音字 读 gū，用于"骨朵儿"（没有开放的花朵）、"骨碌碌"（形容快速转动的样子）。

小提示："骨"的笔顺是 丨 𠃍 冂 冂 冖 凸 骨 骨 骨，共九画。
小拓展：以"骨"作声符的形声字有"滑（huá）、猾（huá）、鹘（gǔ/hú）"等。

hái

骸

解析 形声字，从骨，亥声。

本义 小腿骨。
引申 ① 泛指骨头，如"尸骸""残骸"。② 身体，如"形骸""放浪形骸"。

小提示：虽然"骸"的声符是"亥"，但"骸"的正确读音是 hái，不要读错了。
小辨析："骸"和"孩"是同音字，注意区分。（组词：骸，残骸。孩，孩子）

"香"部

作为部首，读作"香部""香字旁"。部中只有"香、䣛、馞、馧、馥、馨"六个常用字。

xiāng 香

解析 会意字，小篆从黍（表示谷物），从甘（表示香甜美味），合起来表示谷类熟后的香味。
本义 谷类熟后的香味。
引申 ① 气味好闻，如"香水""香花"。② 受欢迎，受重视，如"吃香"。③ 香料，如"檀香"等。

小提示："香"的下部是"日"，不要写成"口"。
小辨析："香"和"杳（yǎo）"是形近字，注意区分。（组词：香，香味。杳，杳无音信）

fù 馥

解析 形声字，从香，复声。
本义 香气浓郁，如"馥郁"。

小链接：晋代陆机《拟西北有高楼》："芳气随风结，哀响馥若兰。"
小提示："馥"的右边是声符"复"，不要写成"夏"。

xīn 馨

【解析】形声字，从香，殸（qìng）声。
【本义】传布很远的香气，如"馨香""芳馨""温馨"。

小提示："馨"的读音是前鼻音 xīn，不要读成后鼻音 xīng。"馨"的右上部是"殳"，不要写成"攵"。
小辨析："馨"和"磬（qìng）"是形近字，注意区分。（组词：馨，馨香。磬，售磬）
小链接：为了更好地理解"馨"的声符"殸（qìng）"，笔者在此讲讲"磬"字。

qìng
磬

【解析】会意字，从石，从殸。甲骨文左上方像悬挂的一件乐器，右下方表示以手执物敲击。小篆增加了"石"。
【本义】古代的一种打击乐器，用石或玉制成，挂在架上，敲击发声，如"编磬"。
【引申】佛教打击乐器，用铜制成，形状像钵。

小提示："磬"的读音是后鼻音 qìng，不要读成前鼻音 qìn。
小辨析："磬"和"罄"是同音字，注意区分。（组词：磬，编磬。罄，售罄）
小链接："罄（qìng）"是形声字，从缶（表示器皿），殸（qìng）声。本义是器皿空了、东西没有了，如"售罄"。引申为用尽，全部拿出，如"罄竹难书"（用尽竹子做竹简也难以写完，形容罪行多得不可胜数）。

"鬼"部

作为部首，读作"鬼部""鬼字旁"。部中的字多与鬼神有关，如"魄、魅、魔"。

guǐ
鬼

【解析】象形字，甲骨文上部像很大的鬼头的形态，下部像跪着的身体的形态。小篆字形增加了"厶"，笔者猜想可能是古人认为鬼的阴气重。
【本义】迷信指人死后的灵魂，如"鬼神""鬼怪"。

引申 ①阴险，不正大光明，如"捣鬼""鬼鬼祟祟"。②对某些人的蔑称，如"酒鬼""胆小鬼"等。

小提示："鬼"的笔顺是 ⺊ ⺄ ⼎ ⼎ 白 甶 鬼 鬼 鬼，共九画。
小拓展：以"鬼"作声符的形声字有"瑰（guī）、魁（kuí）、愧（kuì）、嵬（wéi）、槐（huái）"等。

---

mèi 魅

解析 形声字，从鬼，未声。
本义 传说中的精怪，如"鬼魅"。
引申 表示诱惑，吸引，如"魅力""魅惑"。

小提示：虽然"魅"的声符是"未"，但由于古今语音演变等原因，"魅"的读音是 mèi，不能读成 wèi。
小辨析："魅"和"昧"是同音字，注意区分。（组词：魅，魅力。昧，暧昧）

---

pò 魄

解析 形声字，从鬼，白声。
本义 迷信指依附人的形体而存在的精神，如"魂魄"。
引申 精力，胆识，如"气魄""魄力"。

小链接：古人把能够脱离形体而存在的精神称为"魂"，依附于形体而能独立存在的精神称为"魄"。
小提示：虽然"魄"的声符是"白"，但"魄"的正确读音是 pò，不要读成 bái。
小辨析："魄"和"粕"是同音字，注意区分。（组词：魄，气魄。粕，糟粕）

---

mó 魔

解析 形声字，从鬼，麻声。
本义 魔鬼，如"恶魔""妖魔"。
引申 奇异，神奇，如"魔力""魔术""魔法"。

- **小提示**：虽然"魔"的声符是"麻"，但由于古今语音演变等原因，"魔"的读音是 mó，不要读成 má。
- **小辨析**："魔"和"磨（mó/mò）"是形近字，注意区分。（组词：魔，魔力。磨，磨刀，推磨）

"食（饣）"部

"食"在汉字左侧做偏旁时写作"饣"，读作"食字旁"。部中的字多与食物、饮食有关，如"饭、馅"。

shí 食

- **解析**：象形字，甲骨文下边像盛食物的器皿的形态，上边像盖子的形态。另有说法认为是会意字。
- **本义**：吃的东西，如"面食""丰衣足食"。
- **引申**：① 吃，吃饭，如"食欲""废寝忘食"。② 供食用的，如"食物""食盐"等。

- **小提示**："食"的笔顺是 丿 人 亽 今 今 今 食 食 食，共九画。
- **小拓展**：以"饣（食）"作声符的形声字有"蚀（shí）、饰（shì）"等。
- **小链接**："食古不化"，学习古代的东西不能融会贯通、灵活运用，就像吃东西不消化一样。
- **小辨析**："食"和"良（liáng）"是形近字，注意区分。（组词：食，食品。良，良好）

fàn 饭

- **解析**：形声字，从饣（食物），反声。
- **本义**：吃。
- **引申**：① 做熟的谷类食品，特指大米饭，如"稀饭"。② 每天按顿吃的食物，如"早饭""晚饭"等。

- **小提示**：虽然"饭"的声符是"反"，但"饭"的正确读音是 fàn，不要读成 fǎn。
- **小辨析**："饭"和"贩"是同音字，注意区分。（组词：饭，早饭。贩，商贩）

shì 饰

解析 形声字，从巾（佩巾），从人，饣（食）声。笔者认为也可以理解为人用佩巾等修饰自己。

本义 修正装点使美观，如"装饰""修饰"。

引申 ① 装饰品，如"首饰""衣饰"。② 遮掩，如"掩饰""文过饰非"。③ 扮演，如"饰演"等。

> **小提示：** "饰"左边的"饣（食）"是只是声符，所以"饰"表达的意思跟"食物"没有关系。
>
> **小链接：** "文过饰非"，用各种借口来掩饰自己的过失和错误。

xiàn 馅

解析 形声字，从饣（食物），臽声，臽兼表义，表示陷入。

本义 馅料（包在面食、点心等食物里的肉、菜、糖等东西），如"肉馅""馅饼""饺子馅"。

> **小提示：** "馅"的笔顺是 ノ 𠂉 饣 饣 饣 饣 饣 饣 馅 馅 馅，共十一画。
>
> "馅"的右边是声符"臽（xiàn）"，不要写成"舀（yǎo）"。
>
> **小辨析：** "馅"和"陷"是同音字，注意区分。（组词：馅，馅饼。陷，陷阱）

"音"部

作为部首，读作"音部""音字旁"。部中的字多与乐音、声音有关。部中只有"音、章、竟、歆、韵、意、韶、赣"八个字。

yīn 音

解析 会意字，从言，从一（表示声音从口而出）。另有说法认为是指事字。

本义 声音，多指乐器发出的声音，如"音乐"。
引申 ①语音，音节，如"乡音""口音"。②消息，如"佳音""回音""福音"。

> **小拓展**：以"音"作声符的形声字有"喑（yīn）、愔（yīn）、歆（xīn）"等。
> **小辨析**："音"和"辛（xīn）"是形近字，注意区分。（组词：音，音乐。辛，辛苦）

jìng 竟

解析 会意字，从音，从儿（表示人）。
本义 "乐曲尽为竟"，即"竟"的意思本为乐曲结束。
引申 ①结束，完毕，如"未竟的事业"。②终究，到底，如"有志者事竟成"。③出乎意料，如"竟然"。④自始至终，如"竟日"等。

> **小拓展**：以"竟"作声符的形声字有"镜（jìng）、境（jìng）"等。
> **小辨析**："竟"和"竞"是同音字，注意区分。（组词：竟，竟然。竞，竞争）

yùn 韵

解析 形声字，从音，匀声。
本义 和谐悦耳的声音，如"琴韵悠扬"。
引申 ①风致，情趣，如"神韵""风韵"。②韵母，字音中声母、介音以外的部分，如"押韵"等。

> **小提示**：虽然"韵"的声符是"匀"，但"韵"的正确读音是yùn，不要读成yún。
> "韵"的右边是声符"匀"，不要写成"勾"。
> **小辨析**："韵"和"钧（jūn）"是形近字，注意区分。（组词：韵，神韵。钧，千钧一发）

sháo 韶

解析 形声字，从音，召声。
本义 传说中虞舜时代的乐曲名。
引申 美，美好，如"韶华""韶光"。

> 小提示：虽然"韶"的声符是"召"，但"韶"的正确读音是 sháo，不要读成 zhāo。
>
> 小辨析："韶"和"昭（zhāo）"是形近字，注意区分。（组词：韶，韶华。昭，昭示）

"首"部

作为部首，读作"首部""首字旁"。部中只有"首、馗、馘"三个字。

shǒu 首

解析 象形字，甲骨文像头的形状。金文突出了头发和目。小篆突出了头发和鼻子。

本义 头，如"昂首""首饰"。

引申 ① 领导人，带头的，如"首领""首长"。② 第一，最高的，如"首要"。③ 开头，开始，如"首先""首创"。④ 量词，用于诗歌、歌曲等，如"一首歌""两首诗"等。

> 小提示："首"下部的"自"是由鼻子之形演变而来的哟！
>
> 小链接："首屈一指"，屈指计数时总是首先弯下大拇指，表示第一，因此用"首屈一指"来表示居于首位。（"首"不要写成"手"，"屈"不要写成"曲"）
>
> 小辨析："首"和"自（zì）"是形近字，注意区分。（组词：首，首先。自，自己）

kuí 馗

解析 会意字，从九（单数中最大的，表示数量多），从首（道，此处表示道路）。

本义 四通八达的道路，同"逵"。

引申 "钟馗"是民间传说能驱鬼避邪的神。

> 小链接：传说唐玄宗患病时，曾在白天梦到一名叫钟馗的大鬼捉住小鬼，并吃掉了它。唐玄宗梦醒后病好了，便召人画钟馗的像。后来民间也在门上贴钟馗像，用以驱鬼避邪。现多用来指敢于同邪恶作斗争的人物。
>
> 小辨析："馗"和"道（dào）"是形近字，注意区分。（组词：馗，钟馗。道，道路）

"髟"部

"髟"不独立使用，作为部首，读作"鬓字头""髦字头"。部中的字多与长发、须毛有关，如"鬓、髦、鬃、髯"。

máo 髦

解析 会意字，从髟（表示头发下垂），从毛。
本义 古代幼儿垂在前额的短发。
引申 表示儿童，如"髦稚"（儿童）。

> 小链接："时髦"，本义指一个时期的杰出人物，由毛发的秀美特出比喻人物的杰出。今指人的衣着或其他事物新颖时尚。
> 小辨析："髦"和"毫（háo）"是形近字，注意区分。（组词：髦，时髦。毫，毫毛）

rán 髯

解析 形声字，从髟，冉声，冉兼表义。"冉"是"髯"的本字。
本义 两腮的胡子。
引申 泛指胡子，如"美髯""虬髯"。

> 小链接："髯口"，戏曲演员演出时所戴的假胡子。
> 小提示：虽然"髯"的声符是"冉"，但"髯"的正确读音是 rán，不要读成 rǎn。
> 小辨析："髯"和"苒（rǎn）"是形近字，注意区分。（组词：髯，美髯。苒，荏苒）

zōng 鬃

解析 形声字，从髟，宗声。
本义 马颈上的长毛。

引申 马、猪等动物颈部的长毛，如"猪鬃""鬃毛"。

小提示： "鬃"的读音是平舌音 zōng，不要读成翘舌音 zhōng。

小辨析： "鬃"和"崇（chóng）"是形近字，注意区分。（组词：鬃，鬃毛。崇，崇高）

bìn 鬓

解析 形声字，从髟，宾声。

本义 脸旁边靠近耳朵的头发，如"鬓发""鬓角""双鬓"。

小提示： 虽然"鬓"的声符是"宾"，但"鬓"的正确读音是 bìn，不要读成 bīn。

小链接： 宋代陆游《诉衷情》："胡未灭，鬓先秋，泪空流。"

小辨析： "鬓"和"摈"是同音字，注意区分。（组词：鬓，鬓角。摈，摈弃）

"鬲"部

作为部首，读作"鬲部""鬲字旁"。部中的字多与炊具、饮食有关，如"融、鬻、鬶"。

lì/gé 鬲

解析 象形字，像古代一种炊具的形状。有三个空心足，外形似鼎。

本义 古代的一种炊具，如"陶鬲""青铜鬲"。以上意义读 lì。

多音字 读 gé，表示水名、人名，如"鬲津"（古水名）、"胶鬲"（殷末周初的贤士）

小拓展： 以"鬲（gé）"作声符的形声字有"隔（gé）、嗝（gé）、膈（gé）、镉（gé）"等。

小辨析： "鬲"和"南（nán）"是形近字，注意细节的区分。"鬲"字下部里面只有一短横，"南"字下部里面是两短横。（组词：鬲，陶鬲。南，南瓜）

róng 融

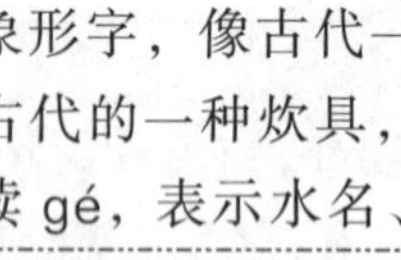

解析 形声字，从鬲（炊具），虫声。笔者觉得虫兼表义，表示炊气上升时如飞虫在空中浮动。

本义 烹煮时的炊气上升。

引申 ① 融化，如"消融""雪融"。② 调和，融合，如"融洽""融会贯通"。③ 流通，如"金融"。

- 小提示："虽然"融"的声符是"虫"，但"融"的正确读音是 róng，不要读成 chóng。
- 小链接："融会贯通"，融合多方面的知识或道理从而得到全面透彻的理解。
- 小辨析："融"和"隔（gé）"是同音字，注意区分。（组词：融，消融。隔，隔开）

guī 鬹

解析 形声字，从鬲，规声。

本义 古代一种陶制炊具，有嘴、柄和三个空心的足，外形像鼎。

- 小提示："鬹"字看似复杂，其实就是上声下形的形声字，一讲就明白了，对吧？

yù 鬻

解析 会意字，小篆从米，从䰜（表示与烹煮有关）。楷书字形变成了上"粥"下"鬲"。

本义 粥，煮粥。

引申 假借表示卖，如"卖儿鬻女""卖官鬻爵"。

- 小链接："卖官鬻爵"，指当权者出卖官职爵位，以收受钱财。
- 小提示："鬻"的上部是"粥"，"粥"两旁的"弓"是模拟煮粥时蒸汽上升之形，与弓箭之义无关。

"鬥"部

"鬥"现简化为"斗"。部中的字多与争斗有关，如"鬧（闹）"。

dòu 鬥斗

解析 繁体"鬥"，象形字，甲骨文像两个人相搏之形。繁体"鬥"简化为"斗"。
本义 对打，如"搏斗""格斗"。
引申 ① 竞争，争胜，如"斗争""斗智"。② 为了一定的目的而努力，如"奋斗"等。

> 小提示：其实繁体 "鬥"是一个很有意思的象形字，甲骨文一看就知道是两个人面对面相搏之形。楷书繁体字形"鬥"跟"門"很相似，但也依稀还能看出两人打架打斗之形。
> 繁体"鬥（dòu）"简化为"斗（dǒu）"，属于汉字简化方法中的近音替代。"斗"是象形字，本义是舀酒器，详见前面讲过的"斗"部。

nào 鬧闹

解析 繁体为"鬧"，会意字，从市（集市），从鬥（像两人搏斗之形）。笔者觉得字形表示集市人多，搏斗时是吵闹喧哗的。
本义 吵闹，不安静，如"喧闹"。
引申 ① 搅扰，扰乱，如"闹事"。② 发生病、灾等不好的事，如"闹病"。③ 发泄，如"闹情绪"等。

> 小提示："鬧"简化为"闹"，虽然没有了两人争吵打闹之形，但"闹"也是会意字，从门，从市（集市多为做生意的地方，往往也是很热闹的地方）。
> 小辨析："闹"和"闻（wén）"是形近字，注意区分。（组词：闹，吵闹。闻，见闻）

"高"部

作为部首，读作"高部""高字旁"。部中只有"高、鄗、敲、膏、鬶"五个字。

gāo 高

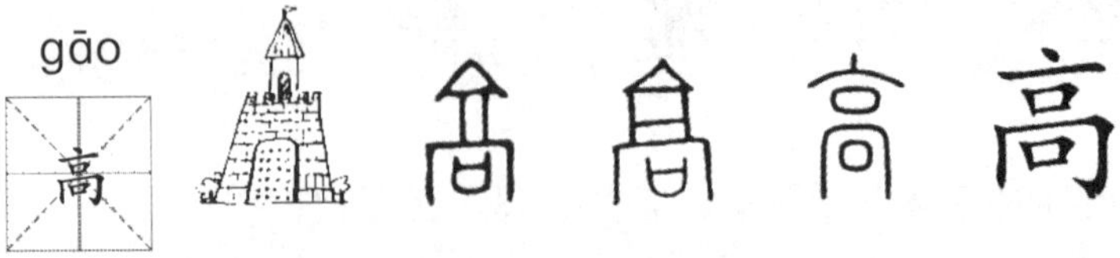

解 析	会意字，甲骨文像一个建筑的形态，楼台层叠，表示上下距离大。另有说法认为是象形字。
本 义	高，跟"低"相对，如"高低""高大""高山"。
引 申	① 高度，如"身高"。② 在一般标准或平均程度之上的，如"高速""高龄"。③ 地位、等级在上的，如"高级""高等"。④ 敬辞，用于称跟对方有关的事物，如"高见""高寿"等。

小拓展：以"高"作声符的形声字有"稿（gǎo）、搞（gǎo）、犒（kào）"等。

小链接："高山流水"，《列子·汤问》记载：春秋时俞伯牙善弹琴，钟子期善欣赏。俞伯牙弹琴，内心时而向往着高山，时而向往着流水，只有钟子期能理解琴声的含义。后用"高山流水"一词比喻知音难得或乐曲高妙。

gāo/gào

解 析	形声字，从月（表示肉），高声。
本 义	油脂，脂肪，如"脂膏""焚膏继晷"。
引 申	① 浓稠的糊状物，如"牙膏""药膏"。② 肥沃，如"膏腴"等。以上意义都读 gāo。
多音字	读 gào，表示以下意思：① 往机械上经常转动的地方加润滑油，如"膏油"。② 毛笔蘸上墨汁后在砚台上理顺毛，弄匀墨，如"膏笔""膏墨"。

小提示："膏"字看似笔画多，但如果明白了它的造字原理，上声下形的形声字，是不是一下就记住了？

小辨析："膏"和"豪（háo）"是形近字，注意区分。（组词：膏，牙膏。豪，豪放）

"黄"部

作为部首，读作"黄部""黄字旁"。部中只有"黄、黇、黉"三个字。

huáng

| 解析 | 形声字，小篆从田，芇（guāng）声。
| 本义 | 土地本来的颜色。
| 引申 | ① 像金子或向日葵花的颜色，如"黄色""黄豆"。② 某些黄色的东西，如"蛋黄""牛黄"。③ 用作黄帝的简称，传说中的我国上古帝王，如"炎黄子孙"等。

小提示："黄"字中间是"由"，不要写成"田"。
小拓展：以"黄"作声符的形声字有"潢（huáng）、簧（huáng）、磺（huáng）、蟥（huáng）、横（héng/hèng）、黉（hóng）"等。

hóng 黉

| 解析 | 繁体为"黌"，形声字，从学（繁体为"學"）省，黄声。
古代：学校，如"黉门"。

小链接：《后汉书·仇览传》："农事既毕，乃令子弟群居，还就黉学。"
小提示：虽然"黉"的声符是"黄"，但由于古今语音演变等原因，"黉"的正确读音是 hóng，不要读错了。

"麻"部

作为部首，读作"麻部""麻字旁"。部中的字都是以麻为声符的形声字。

má 麻

| 解析 | 会意字，金文像屋檐下晒着一缕缕纤麻。
| 本义 | 麻的纤维，可用来织布、制作绳索，如"麻布""麻绳"。
| 引申 | ① 麻类植物的统称，如"亚麻""蓖麻"。② 感觉不灵敏，麻木，如"发麻"等。

小提示："麻"字里的"林"是由麻纤维之形演变而来的，跟树林之义没有关系哟！
小拓展：以"麻"作声符的形声字有"嘛（má/ma）、摩（mó/mā）、魔（mó）、磨（mó/mò）"等。

小链接："心乱如麻"，形容思绪乱得像一团麻。
小辨析："麻"和"床（chuáng）"是形近字，注意区分。（组词：麻，麻布。床，大床）

mó/mò
磨

解析 形声字，从石，麻声。
本义 磨制石器。古时候"玉谓之琢，石谓之磨"，磨制玉器是"琢"，磨制石器是"磨"。
引申 ① 泛指摩擦，如"磨刀""磨墨"。② 折磨，不顺利，如"好事多磨"。③ 消失，如"磨灭"。④ 拖延，如"磨时间"等。以上意义都读 mó。
多音字 读 mò 时，主要表示以下意思：① 把粮食研磨成粉的工具，如"石磨""推磨"。② 用磨研磨，如"磨面"等。

小提示：虽然"磨"的声符是"麻"，但"磨"的正确读音是 mó，不要读成 má。"磨"是半包围结构的字，上部"麻"第三笔的撇要写得长一些。
"琢磨"，本义是雕琢、打磨（玉石），比喻对诗文等反复加工，精益求精。
小链接："磨杵成针"，传说唐代李白小时候弃学回家，路见老妇磨铁棒做针，深受启发，从此发愤读书。该成语比喻只要有毅力和恒心，再困难的事也能做成。
小辨析："磨"和"摩（mó）"是形近字，注意区分。（组词：磨，磨面。摩，摩擦）

mǐ/mí
靡

解析 形声字，从非（分开之形），麻声。
本义 无，没有，如"靡日不思"。
引申 倒下，如"风靡"（比喻事物迅速地流行开来，像草木随风而倒一样）等。以上意义都读 mǐ。
多音字 读 mí，表示浪费，如"靡费""奢靡"。

小巧记：记少不记多，"靡"只有在表示浪费时读 mí，如"奢靡、靡费"，其他时候都读 mǐ。
小链接："靡靡之音"，柔弱、绵软的声音。特指含有低级趣味、萎靡颓废的歌曲。
小辨析："靡"和"糜（mí）"是形近字，注意区分。（组词：靡，风靡。糜，糜烂）

"鹿"部

作为部首，读作"鹿部""鹿字旁"。部中的字多与鹿或类似鹿的动物有关，如"麋、麝、麒"。

lù
鹿

解析 象形字，甲骨文像鹿之形。
本义 鹿，如"驯鹿""梅花鹿"。
引申 古代狩猎有逐鹿的习俗，引申用于政治、军事和权力之争，如"逐鹿中原""鹿死谁手"等。

> **小提示：**"鹿"的笔顺是`丶一广户户产声庐鹿鹿鹿`，共十一画。
> **小拓展：**以"鹿"作声符的形声字有"麓（lù）、辘（lù）、漉（lù）"等。

mí
麋

解析 形声字，从鹿，米声。
本义 麋鹿。雄的有角，角像鹿，头像马，身像驴，蹄像牛。性温顺，以植物为食。原产我国，是稀有的珍贵动物，也称"四不像"。

> **小提示：**虽然"麋"的声符是"米"，但"麋"的正确读音是 mí，不要读成 mǐ。
> "麋"是半包围结构的字，第3笔"丿（撇）"需要写得长一些。
> **小辨析：**"麋"和"糜"是同音字，注意区分。（组词：麋，麋鹿。糜，糜烂）

qí
麒

解析 形声字，从鹿，其声。

本义 麒麟，古代传说中一种象征祥瑞的动物，形状像鹿，头上有角，全上有鳞甲。

小提示："麒麟"的读音是 qí lín，不要读成 qí líng。
小辨析："麒"和"棋"是同音字，注意区分。（组词：麒，麒麟。棋，下棋）

shè
麝

解析 形声字，从鹿，射声。
本义 麝。哺乳动物，外形像鹿，比鹿小，无角，前肢短，后肢长。雄的有獠牙，脐下有香腺，能分泌麝香。也称香獐。

小链接："麝香"，雄麝腺囊的分泌物，干燥后为棕色的颗粒状或块状，有特殊的香气。是名贵的香料，也可以做药材。
小提示："麝"是半包围结构的字，第3笔"丿（撇）"需要写得长一些。

"鼎"部

作为部首，读作"鼎部""鼎字旁"。部中只有"鼎、鼐、鼒"三个字。

dǐng
鼎

解析 象形字，像鼎的形状。上部是鼎耳，中间是鼎身，下部是鼎足。
本义 古代烹煮食物的炊具，多是三足两耳，如"钟鼎"。
引申 ① 相传夏禹收九州之金铸成九鼎，成为传国的重器，故引申象征王位、政权，如"问鼎""定鼎"。② 表示大，如"鼎力""鼎鼎大名"等。

小提示："鼎"的笔顺是 丨冂冂目目甲甲見県鼎鼎鼎，共十二画。
"鼎"字看似复杂，其实它是一个很漂亮的汉字，甲骨文就是鼎之形。知道了"鼎"的造字原理后，再看它是不是更形象了呢？
小链接："三足鼎立"，像鼎的三条腿那样站立着。比喻三方面势均力敌。

nài

解析 形声字，从鼎，乃声。
本义 大鼎。

> 小提示：虽然"鼐"的声符是"乃"，但"鼐"的读音是 nài，不要读成 nǎi。
> 小链接：《诗·周颂·丝衣》："自堂徂基，自羊徂牛，鼐鼎及鼒。"

"黑"部

作为部首，读作"黑部""黑字旁"。部中的字多与黑色或污点有关，如"墨、黛、黜"。

hēi

解析 会意字，金文上部像积满黑灰的烟囱，下部是火（或"炎"），表示炉火把烟囱熏黑了。
本义 黑色，像煤或墨的颜色，如"黑发""黑豆"。
引申 ① 光线不充足，如"天黑""黑灯瞎火"。② 秘密的，非法的，如"黑市"。③ 恶毒，如"黑心"等。

> 小提示："黑"的笔顺是丨ㅁㅁㅁ日甲甲里里黑黑黑，共十二画。
> 小链接："黑灯瞎火"，形容黑夜没有灯光或星月。
> 小拓展：以"黑"作声符的形声字有"嘿（hēi）"等。

mò

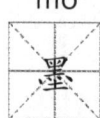

解析 会意字，从黑，从土，表示墨块像黑色的土。
本义 书写用的黑，如"笔墨""墨汁"。

引申 ①黑色或近于黑色的，如"墨镜"。②诗文、书画，如"墨宝"。③比喻知识，如"胸无点墨"等。

> **小提示**："墨"的下部是"土"，不要写成"王"。
>
> **小链接**："墨守成规"，战国时期墨子善于守城，人称善守为"墨守"。后用"墨守成规"形容固守现成的规矩不肯改进。

chù 黜

解析 形声字，从黑，出声。笔者认为从"黑"表示罢黜的原因跟污点有关。

本义 罢免，革除官职，如"罢黜""贬黜"。

> **小链接**："黜陟（chù zhì）"，指官吏的升降。降职称"黜"，升官称"陟"。唐代韩愈《送李愿归盘谷序》："理乱不知，黜陟不闻。"
>
> **小辨析**："黜"和"绌"是同音字，注意区分。（组词：黜，罢黜。绌，相形见绌）

dài 黛

解析 形声字，从黑，代声。

本义 青黑色的颜料，古代女子用来画眉，如"眉黛""粉黛"。

引申 形容颜色青黑，如"黛绿""黛蓝"。

> **小提示**："黛"的上部是声符"代"，不要写成"伐"。
>
> **小链接**："粉黛"用来借指美女。唐代白居易《长恨歌》："回眸一笑百媚生，六宫粉黛无颜色。"
>
> **小辨析**："黛"和"袋"是同音字，注意区分。（组词：黛，粉黛。袋，口袋）

"黍"部

作为部首，读作"黍部""黍字旁"。部中只有"黍、黏"两个字。

shǔ 黍

解析 甲骨文是象形字，像黍的形态。金文是会意字，从禾，从氺（水，黍可用于酿酒）。

本义 黍子，草本植物，籽实去皮后叫黄米，煮熟后有黏性，也可酿酒。

小链接 《诗·王风·黍离》："彼黍离离，彼稷之苗。"

小辨析 "黍"和"柒（qī）"是形近字，注意区分。"黍"的下部是"氺（水的变形）"，表示黍可用于酿酒。"柒"是象形字，像漆树上有汁液从开口处向下滴落的样子，这个意义后写作"漆"。

nián 黏

解析 形声字，从黍（黍米有黏性），占声。

本义 胶合，使相附着，如"黏合"。

引申 像胶水或糨糊一样能使两个物体粘合的性质，如"黏液""黏附"。

小提示 "黏"的右边是声符"占"，不要写成"古"哟！虽然"黏"的声符是"占"，古代造字时两者的读音应该是相同或相似的，但由于古今语音演变等原因，"黏"的正确读音是 nián，不要读成 zhān。

"鼓"部

作为部首，读作"鼓部""鼓字旁"。部中只有"鼓、瞽、鼗（拨浪鼓）、鼙（军用小鼓）、鼛（敲鼓声）"五个字。

gǔ 鼓

| 解析 | 象形字，甲骨文像手拿着鼓槌击鼓的样子。
| 本义 | 乐器名，一面或两面蒙皮，中空，击打发生，如"打鼓"。
| 引申 | ① 敲鼓，如"一鼓作气"。② 振奋，激发，如"鼓舞""鼓动""鼓励"等。

小提示："鼓"的右边是"支"，不要写成"攴"。
小链接："一鼓作气"，《左传·庄公十年》："夫战，勇气也。一鼓作气，再而衰，三而竭。"原指作战时擂第一通鼓，士气就振作起来了。现多形容做事时要鼓足干劲，趁势一次做完。

gǔ
瞽 瞽

| 解析 | 形声字，从目（眼睛），鼓声。
| 本义 | 瞎，如"瞽者"。
| 引申 | 形容不明事理，没有见识的，如"瞽说"（不明事理的言论）。

小链接：古代乐师多由盲人担任，因此称乐官为瞽。

"鼠"部

作为部首，读作"鼠部""鼠字旁"。部中的字多与鼠类动物有关，如"鼯、鼩、鼹"。

shǔ
鼠 鼠 鼠

| 解析 | 象形字，甲骨文像老鼠的形态。
| 本义 | 老鼠，俗称耗子，体小尾长，门齿发达，繁殖力强，能传染疾病，如"鼠疫"。

小提示："鼠"的笔顺是 ′ ✓ ｆ ｒ ｒ 臼 臼 鱼 鼡 鼡 鼠 鼠 鼠，共十三画。
"鼠"上部的"臼"是老鼠张着嘴的头的样子演变而来的，下部是四肢和尾巴。
小链接："鼠目寸光"，比喻目光短浅。

yòu 鼬

解析 形声字，从鼠，由声。

本义 哺乳动物，有黄鼬、白鼬、香鼬、臭鼬等不同种类。"黄鼬"俗称黄鼠狼，身体细长，毛黄褐色，遇见敌人能由肛门附近分泌臭气自卫，常捕食田鼠。

小辨析："鼬"和"柚"是同音字，注意区分。（组词：鼬，黄鼬。柚，柚子）

wú 鼯

解析 形声字，从鼠，吾声。

本义 鼯鼠，哺乳动物，外形像松鼠，前后肢之间有薄膜，能从树上滑翔下来。住在树洞中，昼伏夜出。

小辨析："鼯"和"梧"是同音字，注意区分。（组词：鼯，鼯鼠。梧，梧桐）

yǎn 鼹

解析 形声字，从鼠，晏声。

本义 鼹鼠，哺乳动物，外形像鼠，趾有钩爪，善掘土，生活在土中。

小提示：虽然"鼹"的声符是"晏"，但"鼹"的正确读音是 yǎn，不要读成 yàn。笔者认为大概因为鼹鼠生活在土里，常常把自己遮掩起来，所以叫"yǎn"鼠。

"鼻"部

作为部首，读作"鼻部""鼻字旁"。部中的字多与鼻子有关，如"劓、鼾、齁"。

bí

鼻

详见第 237 页"自"部"鼻"字。

yì

劓

解析 会意字，从鼻，从刂（刀）。
本义 古代割掉鼻子的酷刑，如"劓刑"。

> **小提示**："劓"的读音是 yì，不要读成 bí。
> **小辨析**："劓"和"刑（xíng）"是形近字，注意区分。（组词．劓，劓刑。刑，刑罚）

"龠"部

"龠"的本义是古代一种吹奏的管乐器。部中只有"龠、龢"两个字。

yuè

龠

解析 象形字，甲骨文像一种编管组成的乐器的形态，中部有孔。这个意义后来写作"籥"。
本义 古代一种用竹管编排制成的吹奏乐器，类似后世的排箫。

> **小提示**："龠"字虽然看似复杂，但如果明白了字形来源，"龠"是很有意思的一个字，对吧？
> **小拓展**：以"龠"作声符的形声字有"籥、瀹"等。

hé

解 析	形声字，从龠，禾声。
本 义	乐声和谐，这个意义后归入"和"，如"和谐"。
引 申	用于人名，如"翁同龢"，他是清代人。

小辨析："龢"和"和"是同音字，注意区分。"龢"现在很少见，只见于人名，如"翁同龢"。

参考书目

[1] 人民教育出版社辞书研究中心. 汉字源流精解字典[M]. 北京：人民教育出版社, 2015.
[2] 左民安. 细说汉字[M]. 修订版. 北京：中信出版社, 2015.
[3] 裘锡圭. 文字学概要[M]. 修订本. 北京：商务印书馆, 2013.
[4] 薛晓光. 商务馆小学生汉字部首图解字典[M]. 北京：商务印书馆, 2012.
[5] 魏励. 汉字部首解说[M]. 北京：商务印书馆国际有限公司, 2017.
[6] 商务印书馆辞书研究中心. 商务馆小学生笔画部首结构全笔顺字典[M]. 北京：商务印书馆, 2012.
[7] 李行建. 现代汉语规范词典[M]. 北京：外语教学与研究出版社, 2014.
[8] 顾建平. 汉字图解字典[M]. 上海：东方出版中心, 2008.
[9] 黄伟嘉, 敖群. 汉字部首例解[M]. 北京：商务印书馆, 2008.
[10] 中国社会科学院语言研究所. 新华字典[M]. 11版. 北京：商务印书馆, 2011.